# 문화지능 CQ
## 리더십

KB065751

LEADING WITH CULTURAL INTELLIGENCE
: The Real Secret to Success – Second edition

# LEADING WITH Cultural Intelligence

## 문화지능 CQ 리더십

데이비드 리버모어 지음 | 홍종열 옮김

: The Real Secret to Success
– Second edition

꿈꿀권리

# 추 천 사

문화지능(CQ)에 관한 데이비드 리버모어의 책에 추천의 글을 쓰게 된 것을 기쁘게 생각한다. 그동안 우리는 과학적 근거에 기반해 문화지능 측정과 연구를 개척해 왔다. 데이비드 역시 전 세계의 리더들과 함께 오랜 기간 작업을 하면서 구축한 경험과 데이터를 바탕으로 독자적인 과학적 지식 체계를 만들어 가고 있다.

기술적이고 수리적인 학문적 작업들을 일반인들도 쉽게 이해할 수 있도록 풀어서 설명하는 일은 결코 쉽지가 않다. 데이비드는 문화지능에 관한 이 작업을 그의 저서들을 통해 훌륭히 수행해 오고 있다. 그는 실증에 기반한 연구의 중요성을 실감하고 일화들을 열거하기보다는 과학적 근거에 기반한 연구에 중점을 두어 왔다.

이 책 『문화지능 CQ 리더십』 초판이 나온 이래로 전 세계에서 문화지능을 활용하는 학자와 실무자들이 크게 증가하고 있다. 데이비드는 이번 두 번째 판을 통해 더 많은 예시와 새로운 연구 결과들을 추가시켰다. 여기에는 문화지능의 예측변수와 그에 따른 결과들이 보다 보강 된 모델도 포함되어 있다. 『문화지능 CQ 리더십』은 최신의 문화지능 이론과 연구를 토대로 경영 일선의 실무자들을 위한 글로벌 리더십의 실질적이고 실용적인 지식을 체계적으로 제시하고 있다.

이 책은 어떤 조직이든 상관없이 리더의 위치에 있는 모든 사람들에게 유용할 것이다. 특히 글로벌 리더라면 그 활용도가 더 높을 것이다. 또한 다문화팀 구성원, 인사 관리자, 경영 교육 및 개발 전문가, 조직문화 연구자, 경영학과 심리학 등 다양한 학문 분야의 학생들에게도 많은 도움이 되리라 본다. 오늘날 다문화적인 글로벌 환경에서 리더십이 직면하고 있는 도전과제와 그 효과적인 대응을 고민하는 모든 이들에게 분명 가치가 있는 책임에 틀림없다.

21세기를 지나며 계속적으로 그 가치가 입증될 『문화지능 CQ 리더십』에 추천의 글을 쓸 수 있는 영광을 가져 다시 한 번 감사한 마음이다.

**순 앙 박사**
경영학과 교수/문화지능 리더십 센터, 싱가포르 난양기술대학교

**린 밴 다인 박사**
경영학과 교수/미시간 주립대학교

# 차 례

**PART III**

# 문화지능 지렛대의 힘

# 프 롤 로 그

프라하에서 열린 어느 심포지엄에서 차세대 리더십에 관해 참가자들과 이야기를 나눌 때의 일이다. 심포지엄 이틀째 되던 날 체코에서 근무하던 미국인 동료가 내게 이런 질문을 했다. "데이비드, 이 그룹에서 누가 가장 탁월한 리더가 될 것 같은가?"

나는 그리 어렵지 않다는 듯이 답변을 했다. "아, 그건 쉬운 질문이네. 바츨라프와 브랑카 정도. 저 두 명을 보면 당연히 그게 예상되지 않는가." 그렇게 말할 줄 알았다며 그녀가 말을 이어갔다. "여기가 미국이라면 그들은 훌륭한 리더가 될 수도 있을 거야. 그러나 미국에서 리더들에게 중요한 덕목인 카리스마, 열정, 유머, 직관력이 이곳에서는 장애가 될 수도 있어." 그러면서 그녀는 다른 사람들을 차세대 리더감으로 지목을 했고, 2년이 지난 후 그들은 훌륭한 리더가 되어 있었다. 나는 당시 그녀의 말을 믿을 수가 없었을 뿐더러 그녀가 지목한 사람들이 그렇게 되리라고는 전혀 짐작도 할 수 없었다.

리더십과 경영에 관한 상당수의 책들을 보면 전 세계에서 보편적으로 통용될 수 있는 리더십과 그 기술들을 설명하고 있다. 그러나 매우 낙관적이고 긍정적인 이 설명이 세계화로 인해 더욱 촉진되고 있는 문화다양성의 세계에서 과연 얼마나 현실적일지 의문이 들 수밖에 없다. 다른 한편 글로벌 리더들이 세계의 모든 문화적 차이점들을 파악할 수 있는 시간과 여유가 많지 않다는 것도 문제이다. 게다가 기존의 문화적 차이에 대한 전통적인 접근법들은 여러 가지 문제점을 안고 있다. 예를 들어, 중국인들은 모두 다 이렇고, 인도인들은 모두 다 저렇다고 말할 수 있을까. 필요에 따라 어쩔 수 없는 설명을 대강은 할 수 있겠지만 절대 온전할 수 없다. 상대의 문화를 보다 더 민감하게 대하면서 함께 일을 해나간다는 것도 충분하지가 않다. 상대방의 문화에 대한 민감함이 필요는 하지만 그것은 시작일 뿐 효과적인 방법론이 될 수는 없기 때문이다. 그렇다면 과연 어떻게 해야만 할까?

이 책은 문화지능을 활용한 글로벌 리더십에 대해 설명하고 있다. *문화지능(CQ)은 다양한 문화적 상황을 효과적으로 대처해 갈 수 있는 개인의 능력에 관한 것이다.*(역자 주: 문화지능은 원어로 'Cultural Intelligence'이지만 여러 형태의 지능지수 가운데 하나라는 의미에서 'CQ(Cultural Quotient)'라는 용어로 흔히 지칭됨) 여기에는 국가 간 문화적 차이뿐만 아니라 인종, 조직, 세대, 젠더 등의 다양한 하위문화의 상황들도 포함된다.[1] 효과적인 글로벌 리더십을 위한 하나의 모델을 제시하고 있다. 70개국 이상의 국가에서 4만명이 넘는 글로벌 전문가들로부터 얻은 자료에 근거한 학문적 연구를 기반으로 하고 있다. 문화지능은 누구든지 배우고 계발할 수 있는 지능의 한 형태이다. 이 책은 당신이 스스로의 문화지능을 계발하여 글로벌화 된 세계에서 리더로서의 역량을 효과적으로 발휘하는 데 도움이 되고자 한다. 우리가 마주하는 모든 문화의 지식과 금기들을 습득할 수는 없다. 많은 문화를 접하면 접할수록 그것이 얼마나 힘든 일인지 알 수 있을 것이다. 그러나 새로운 문화의 사람들을 만나고 함께 일을 해나가고자 하는 분명한 동기를 가지고 있다면 어떨까. 그리고 그 동기를 동력삼아 다문화적 상황에서 효과적인 만남과 업무를 수행해 갈 수 있다면 어떨까. 문화지능은 모두가 그렇게 해낼 수 있다고 말한다. 누구든지 시대가 요구하고 있는 글로벌 리더가 될 수 있다고 말이다.

## 왜 문화지능인가?

이 책은 당신을 문화지능의 세계로 안내하고자 한다. 학문적 연구 성과에 기반한 효과적인 글로벌 리더십에 일관되게 발견되는 능력, 특히 상호 문화적 상황에서 활용되는 네 가지 모델이 제시될 것이다. 어느 누구도 문화 간 차이를 완벽하게 극복할 수는 없다. 그러나 앞으로 제시될 네 개의 능력을 발전시켜 나감으로써 다양한 글로벌 조직을 이끌어가는 하나의 역량을 향상시킬 수 있을 것이다. 만약 학교나 다른 기타 기관에서 이미 문화지능을 배웠다면 그 내용을 다른 사람들과 공유할 수 있는 매개체로 이 책을 활용할 수 있다.

글로벌 경영과 이문화 리더십에 관한 많은 책들이 나와 있고, 그간의 나의 연구 역시 기존의 여러 책들로부터 도움을 받아 왔다. 그런데 이 분야의 서적들이 계속 늘어나고 있음에도 불구하고 국제 벤처 기업의 70%에 달하는 수가 문화적 차이로 인해 문을 닫고 있다.[2] 전 세계에 보편적으로 적용될 수 있다고 생각되는 리더십과 그 원리는 오늘날의 현실에 맞지 않는 매우 단순한 접근법이다. 또한 문화와 리더십에 관한 매우 복잡한 설명들 역시 현실과는 동떨어진 상아탑의 수사학처럼 보일 때가 많다.

이 책 『문화지능 CQ 리더십』은 다양한 문화적 맥락에서 성공적으로 수행될 수 있는 일관된 연구 기반의 모델을 제시하고 있다. 기업, 정부 그리고 비영리 단체를 포함하여 다양한 글로벌 환경에서 일하는 전문가들을 위해 활용 가능하다. 이 책에서 소개될 네 개의 역량으로 구성된 문화지능 모델은 어떤 다문화적 상황에서도 적용 가능할 것이다.

## 개정판을 내며

『문화지능 CQ 리더십』의 첫 번째 판은 나로 하여금 세계 각지의 글로벌 리더들과 만날 수 있는 기회를 열어주었다. 믿기 어려울 만큼 많은 리더들을 만날 수 있는 기회였으며 다양한 문화적 맥락에 대한 그 동안의 고민과 연구들을 실제 현장의 사람들과 깊이 공유하고 생각해 볼 수 있었다. 그러는 과정에서 다시 추가되고 수정되어야 할 내용들이 축적되어 갔으며 6년이라는 시간이 지난 지금 두 번째 판을 내게 되었다.

물론 개정판을 새롭게 내게 되었지만 문화지능을 구성하고 있는 네 가지 능력에 대한 이해와 리더십과의 관계에 관한 핵심 내용은 초판과 다름이 없다. 그러나 각 장 마다 제시되고 있는 세부 내용들은 새롭게 업데이트되었다. 새로운 사례들과 이야기는 물론 추가된 연구 성과가 포함되었다. 그리고 지금부터 다시 6년이 지난다면 같은 작업이 반복되어 새로운 개정판이 나올 것 같은 예감이 든다.

## 실증적 연구 성과 모델

문화지능 모델은 경험과 실증을 바탕으로 한 연구에 그 기반을 두고 있다. 경영학과 교수인 크리스토퍼 얼리와 순 앙은 문화지능의 개념 모델을 개발하기 위해 다양한 지능에 대한 연구를 토대로 작업을 했다.[3] 그러한 개념적 틀에 기초하여 순 앙은 린 밴 다인과 함께 20개 항목의 문화지능척도(Cultural Intelligence Scale)를 만들었는데, 여러 문화권에서의 문화지능을 측정하기 위함이었다.[4] 샘플 작업을 통한 이 척도의 검토 과정에서 전 세계의 전문가와 학생들이 참여하게 된다. 문화지능은 상호문화적 만남을 위한 효과적 방법에 관한 것으로서 결국 다양한 문화적 환경에의 적응력 개발이 주요 내용이다. 2003년 이후 문화지능과 관련된 학문적 성과들이 전 세계에서 백 여 권 이상의 저널에 발표되면서 상당한 주목을 받기 시작했다. 경영학과 교육학 분야에서의 실증적 연구가 주를 이루었으나 차츰 그 영역을 넓혀 의료, 엔지니어링, 법률, 사회사업, 과학, 정신 의학, 공공서비스, 종교 분야 등으로 계속 확장되고 있다.[5]

이 책 전반에 걸친 내용은 나를 포함한 많은 연구자들의 노력의 결과이다. 나의 초기 연구는 단기간 동안 해외로 나가는 그룹을 대상으로 했다. 여기에는 단기 유학생, 자원봉사자, 비즈니스 여행가들이 주를 이루었다. 이때 분명히 알게 된 것은 다른 문화를 접하려는 사람들이 상대의 문화에 대해 너무나도 모른다는 사실이었다. 그래서 제안한 것 중 하나가 상대 문화에 대한 준비, 가령 언어, 관습, 문화에 대한 지식의 필요성이었다. 물론 상대 문화에 대해 완벽한 준비를 한다는 것이 힘들지만 말이다. 나 역시 다른 많은 글로벌 전문가들처럼 당시 넓게 여행을 했지만 깊게는 이해하지 못하고 있었다.

여기에 하위문화(subculture)에 대한 이해의 부족까지 겹쳐지면서 빈약한 지식의 깊이를 실감할 수밖에 없었다. 여기서 하위문화란 한 문화 내에서 나타나는 조직문화 간 차이, 세대 간 차이, 성별 차이, 이데올로기 차이 등과 같은 내용을 말한다. 정기적으로 비행기를 타고 해외에 나가지 않더라도 우리는 한 나라 안에서도 문화 간 차이에 대한 여러 상황에 직면하게 된다. 지역 간 차이, 민족 간 차이 등 서로 다른 커뮤니티 간의 문화 간 차이를 겪게 된다.

넓지만 깊게 이해하지 못하는 사람들에게 타문화 이해와 글로벌 경영에 관한 전통적인 접근법은 현실감이 떨어지는 것 같아 보였다. 어떻게 문화가 미치고 있는 그 막강한 영향력의 현실을 보다 깊이 이해할 수 있을까. 어떻게 이 문제를 현실적으로 보다 체감될 수 있는 방향으로 풀어갈 수 있을까.

나는 싱가포르의 난양 비즈니스 스쿨에서 순 앙 교수를 만날 당시 이 문제에 빠져있었다. 한 동료가 내게 순 앙 교수를 소개시켜 주었는데 우리는 금방 친구가 되었다. 순 앙 교수는 자신의 연구 결과와 성과들을 내게 아낌없이 제공해 주었고 미시간 주립 대학교에 있는 린 밴 다인 교수도 소개시켜 주었다. 그렇게 수년이 지난 지금 우리 세 명은 다른 많은 동료 연구자들과 함께 계속해서 문화지능에 관한 보다 깊고 넓은 연구 성과들을 만들어가고 있다.

# 이 책을 어떻게 읽을 것인가

『문화지능 CQ 리더십』은 문화지능을 이해하고 향상시키는 가이드북이다. 더불어 글로벌 시대의 리더십을 위한 방향 제시의 나침반 역할을 할 것이다. 누구도 이 여정의 끝에 도달할 수 없을지 모르지만 끊임없는 노력이야말로 성장하고 발전하는 자신을 만나게 해 줄 것이다. 경험이 많은 리더는 자신이 직접 겪었던 시행착오들을 통해 문화지능을 발전시켰을 것이다. 실제로 경험하는 것보다 더 좋은 배움은 없다는 말이 있지 않은가. 문화지능 모델은 노련한 리더가 자신의 경험과 배움을 다른 사람들에게도 전달해주는 데 좋은 도구로 활용될 수 있을 것이다.

1장은 문화지능과 글로벌 리더십 사이의 상관성을 다루고 있다. 대부분의 리더들이 오늘날 리더십이 직면한 다문화적 상황과 글로벌 소통 기술의 필요성을 막연하게나마 인지는 하고 있지만 그 심각성은 그리 느끼지 못하는 것 같다. 이에 대해 구체적인 근거들과 함께 왜 다른 문화를 읽고 적응하는 능력이 리더에게 필요한지 살펴보려 한다. 2장은 문화지능에 관한 그 간의 연구들을 간략히 소개하고 어디서 어떻게 더 많은 관련 자료와 내용을 참조할 수 있는지 안내하려 한다. 3장에서 7장까지는 가장 핵심적인 부분으로 문화지능을 구성하는 네 개의 능력에 대해 다루고 있다. 어떻게 리더들이 문화지능을 이해하고 활용할 수 있는지에 대한 내용이다. 8장은 문화지능 리더십을 통해 얻을 수 있는 다양한 이점들에 대해 설명하고 있다. 마지막으로 9장에서는 문화지능이 높은 조직과 팀의 우수 사례들을 살펴볼 것이다.

글로벌 리더십은 학문적 연구와 이론의 관점에서만 접근할 수가 없다.

나는 오랜 시간 동안 여러 대륙에 걸쳐 다양한 문화적 배경을 가진 사람들과 함께 리더십의 역할을 고민해 왔다. 수많은 성공과 실패의 사례들이 문화 간 차이에 기인한다는 사실을 깨달았다. 문화 다양성과 글로벌 리더십에 대한 실제의 사례들 역시 이 책에서 최대한 소개하고자 했다.

매우 흥미로운 시간이 될 것 같다. 세계의 반대편에 있는 사람들과 이야기를 나누어볼 수 있는 이 자유로움을 만끽해보자. 열다섯 개라는 각기 다른 시간대에 살고 있는 사람들과의 만남이다. 전혀 다른 세상에서 일하고 있는 리더들이 들려주는 이야기이다. 마치 방콕에서 나초를, 요하네스버그에서 초밥을, 오마하에서 바클라바를 먹는 것과 같다. 과거 어느 때도 오늘날처럼 서로 다른 문화의 사람들과 가까이 마주하며 상호교류를 한 적은 없었다. 그런데 그만큼 서로가 지켜야 하는 존중과 품위는 반대로 줄어들고 있는 것 같다. 문화지능은 인간에 대한 존경심을 다시금 끌어올리고, 이것이 개인이든 조직 안에서든 성숙한 문화 간 만남으로 이어지는 데 기여하고자 한다. 이 책을 통해 점점 가까워지고 있는 세계로의 여행이 성공적일 수 있기를 바란다. 그리고 그런 여행을 우리 모두가 함께 나눌 수 있기를 기대해 본다.

미국 미시간주 그랜드 래피즈에서
데이비드 리버모어

# PART I

# 글로벌 리더를 위한
# 문화지능

# 문화지능은
# 왜 필요한가

오늘날 리더십은 다문화적인 상황이 가져오는 여러 도전에 직면해 있다. 그러나 많은 사람들이 이 상황에 대한 심각성을 크게 못 느끼고 있는 것 같다. 글로벌 시장에서의 경쟁이나 문화적 배경이 다양한 사람들에 대한 인적 관리 등 내외적 변화를 따라잡기 위해 노력하고는 있지만 여전히 리더십에 대한 접근 방식이 단순하거나 안이해 보일 때가 많다. 예를 들어, "항상 웃음으로 대하고 몇 가지 금기는 피하자. 그러면 큰 문제는 없을 것이다"라든가 아니면 "다른 문화에 대해 완벽히 알기 전까지는 그곳에 가지마라"라는 극단적인 예처럼 말이다. 따라서 우리는 문화지능 모델을 통해 보다 나은 길을 제시하고자 한다. 이 책에서 보여줄 네 개의 문화지능 역량은 다문화적 상황을 헤쳐 나가는데 있어 좋은 안내자 역할을 할 것이다.

다양한 문화적 배경을 가진 구성원들로 이루어진 팀을 효과적으로 이끌어 나가는 방법은 무엇일까? 개인이나 전체 팀에 있어 어려움은 무엇일까? 무엇이 다문화적 상황에 있어 가장 힘든 부분일까? 조직 내 노르웨이 팀과 중국 팀이 있다면 업무에 대한 지침을 어떻게 각기 다르게 내려야 할까? 다양한 문화의 구성원으로 이루어진 팀이 있다면 어떤 방식으로 교육 프로그램을 짜는 것이 좋을까? 체면을 중시하는 문화에서 온 사람과 직설적인 화법에 익숙한 두 사람이 있다면 어떻게 서로 다른 방법으로 피드백을 구해볼 수 있을까? 급속하게 세계화되고 있는 상황에서 다양한 문화적 시나리오들을 어떻게 만들어 갈 수 있을까? 이것들에 대한 답을 찾아가는 것이 바로 문화지능의 중요한 역할이다.

평생을 나는 문화에 매료되어 왔다. 캐나다 출신 미국인으로 뉴욕에서 성장했지만 친척들을 방문하기 위해 캐나다를 갈 때부터 느낀 국경 너머의 문화적 차이는 늘 흥미로웠다. 화폐도 다르고 말도 차이가 나고 음식도 다른 여러 가지들이 신기하기만 했다. 그 후 대학을 다니고 일을 하면서 보다 많은 다문화적 상황과 경험을 마주하게 되면서 리더십과 글로벌 이슈들에 대해 배워 갈 수 있었다. 다른 나라의 말을 하다가 실수를 했던 기억, 다른 문화의 음식을 먹는데 그 방법이 틀려 현지 사람들을 웃게 했던 기억이 난다. 다른 문화권의 한 동료에게 지나치게 칭찬을 하다가 오히려 그것이 상처를 주었다는 사실을 나중에야 알았던 적도 있다. 다양한 나라 사람들과의 만남과 교류는 내가 이전보다 성숙할 수 있도록 만드는 계기가 되었다. 나라마다 서로 다른 사람들과 업무 스타일 등 여러 차이들에 대해 문화지능을 통한 접근 방법론은 여전히 흥미로우면서도 매력적인 발견을 지속해 나가도록 만든다.

*문화지능은 서로 다른 국가, 민족, 조직의 문화와 같은 다문화적 상황에서 효과적으로 적응할 수 있는 능력으로 누구나 배우고 높일 수가 있다.*[1] 문화지능은 리더들에게 다문화적 상황에 적용할 수 있는 다양한 레퍼토리와 관점들을 제공한다. 글로벌 시대의 리더십에 필요한 네 가지 역량도 제시하고 있다. 이 책은 문화지능이 어떻게 이 시대에 맞게 리더십을 높여 개개인의 경쟁력을 높일 수 있는지를 보여주고 있다. 당신이 직면하고 있는 다문화적 프로젝트와 상황들을 생각해 보자. 그리고 문화지능을 이루

고 있는 네 가지 역량에 대해서도 함께 생각해보자.

1. CQ-동기: 다문화적 프로젝트에 참여하는 당신의 동기는 무엇인가?
2. CQ-지식: 이 프로젝트에 가장 크게 영향을 미치고 있는 문화 차이는 무엇인가?
3. CQ-전략: 이러한 문화 차이로 야기될 상황에 대해 어떤 준비와 계획을 가지고 있는가?
4. CQ-행동: 그리고 실제로 어떤 행위적 유연성을 발휘할 수 있겠는가?

이 질문들에 대한 생각을 하나씩 정리해보면 어떨까. 이제부터 리더십과 그 중요성에 대한 이해와 함께 문화지능에 대해 알아보도록 하겠다.

## 미시간에서 아프리카까지

라이베리아의 수도 몬로비아로 떠나기 하루 전이었다. 사실 서아프리카 해안에 있는 작은 나라 라이베리아를 방문할 예정이 이전부터 있었던 것은 아니었다. 내가 일하고 있는 대학과 라이베리아에 있는 대학과의 파트너십을 맺는 과정에서 나도 참여하게 되면서 방문할 기회가 생겼던 것이다. 유럽, 아시아, 라틴 아메리카에서 많은 시간을 보내며 활동을 해왔기 때문에 서아프리카는 상대적으로 낯선 곳이었다. 그러나 이곳도 세계화의 영향으로 인해 의외의 친밀감을 느낄 수 있었다. 호텔의 무선 공유기, 다이어트 콜라, 미국 달러화의 사용으로 몬로비아가 완전히 낯설게만

1장 문화지능은 왜 필요한가

느껴지지는 않았다. 그럼에도 라이베리아에서 업무를 보기 위해서는 더 많은 적응과 노력이 필요해 보였다.

세계화가 빠르게 진행되면서 우리들 일상에서 점점 더 많이 체감할 수 있는 다양한 문화의 사람들과 이슈들을 보면 서로가 얼마나 가까워지고 있는지 놀랍지 않은가. 저널리스트인 토마스 프리드먼의 말처럼 마치 '세계가 점점 평평해지고 있다'는 착각을 줄 정도로 말이다.[2]

서아프리카로 떠나기 전날은 한 동안 초래될 부재로 인한 업무 마무리로 바빴다. 두바이, 상하이, 프랑크푸르트, 요하네스버그에 있는 동료들에게 이메일을 써야 했고, 쿠알라룸푸르와 홍콩에 있는 고객들과도 통화를 해야 했다. 와이프와 함께 자주 가는 인도 식당에서 점심 식사를 하고, 돌아오는 길에는 식료품점에 맡겨둔 장바구니를 가져오면서 수단의 난민 문제를 이야기했다. 아이들이 학교에서 싱코 데 마요 축제 참가를 마치고 돌아오기 전까지 신용카드 회사와 델리의 고객 서비스 담당자에게도 전화를 했다. 내가 살고 있는 그랜드 래피드는 미시간에 있는 작은 도시지만 다양한 문화와의 만남은 이미 충분히 많았다.

평평해진 세계를 여행하는 것이 생각보다 쉬워 보일 수도 있다. 그러나 그랜드 래피드에서 몬로비아까지의 여행을 위해서는 어느 정도 신중한 계획이 필요한데 자칫 몸이 상할 수도 있기 때문이다. 몬로비아로 가는 서유럽 항공사는 브뤼셀에어로 일주일에 3회 운항을 한다. 그에 맞추어 여행과 업무 일정을 짜야 한다. 그러나 여전히 이런 생각을 하면 놀라울 따름이다. 아침에 가족들과 식사를 하고 24시간이 지나기도 전에 서아프리카 해변을 따라 조깅을 할 수 있다는 사실 말이다. 정말 세계는 평평해지고 있는 것일까.

브뤼셀에서 몬로비아까지 가는 비행기 옆 좌석에는 애틀랜타에 살고 있는 22살의 라이베리아 출신 팀이라는 청년이 있었는데 우리는 짧은 이야기를 잠시 나누었다. 10년 전 내전 당시 미국 망명을 도왔던 부모님과의 재회를 위해 고향으로 가고 있다면서 상당히 들떠있었다. 착륙을 할 때 보니 활주로 저 멀리 UN 비행기도 보였다. 8시간 전까지만 해도 나는 브뤼셀에서 아침을 보냈는데 벌써 몬로비아에 도착해 여권 심사대를 통과했다. 여러 시간대를 지나는 여행이 익숙하지 않을 때가 많다.

팀과 내가 짐을 찾아 공항 밖으로 나가는데 나이가 매우 들어 보이는 노인 한 분이 포터라며 짐을 들어 주었다. 그가 팀하고 주고받은 대화이다. "팀, 여기서 얼마나 오래 머무나요?" 팀은 대답했다. "2주 정도인데 더 있고 싶네요." 포터가 날카로운 미소를 지으며 다시 물어보았다. "왜죠? 당신은 미국인이잖아요." 팀의 대답이다. "알아요. 하지만 거기서의 삶은 사실 힘들어요. 여기서 더 오래 머물렀으면 좋겠어요. 여기가 더 좋거든요." 포터는 팀의 등을 가볍게 두드리며 말했다. "말도 안 되는 소리! 자네 자신을 보게. 미국인 여권을 가지고 있지 않은가. 당신은 삶이 얼마나 힘든지 아직 모르네. 나는 지금 37시간째 내리 일하고 있어. 게다가 아직도 지난 6주간의 임금을 못 받았고. 그래도 이 일을 그만둘 수가 없는 것은 이런 일을 구하기도 힘들기 때문이지. 하지만 자네는 어떤가. 잘 먹고, 그래서 마르지도 않았고 건강해 보이지 않은가. 게다가 미국에서 살기까지 한다니 얼마나 좋겠는가!" 팀은 머리를 절레절레 저으며 답했다. "모르는 말씀 마세요. 아무것도 모르고 하는 소리지요. 얼마나 힘든지를. 아니다. 신경 쓰지 말고 짐이나 들어주세요." 갑자기 나의 눈에 피로함이 깊이 배어 있는 팀의 어깨가 보이기 시작했다.

2주간의 휴가를 얻어 바다를 건너 온 22살의 젊은 청년이 인생이 힘들다는 표현을 했을 때 포터가 받아들일 수 없었던 것을 나는 이해할 수 있다. 그러나 젊은 라이베리아인 팀도 애틀랜타에서 살아가기란 매우 힘들 것이다. 통계만 보더라도 쉽게 알 수 있다. 그가 옆으로 지나 갈 때 얼마나 많은 사람들이 자동차 문을 잠그겠는가? 지금 일하고 있다는 피트니스 센터에 고용되기까지 얼마나 많은 고생을 했겠는가? 게다가 팀이 말했듯이 전쟁에서 탈출하지 못하고 라이베리아에 있는 가족과 친구들로부터의 자신에 대한 기대감은 또 어떻겠는가. 그가 할 수 있는 일이라곤 자신이 번 돈을 계속해서 고향으로 보내는 것이었다. 우리가 여행을 할 때 이런 서로의 사정을 조금이라도 나누거나 들을 수 있다면 서로에 대한 이해와 공감에서 오는 보다 나은 소통이 가능할 수도 있을 것이다.

몬로비아 공항에서 나오자 온몸을 오렌지색으로 치장한 여성이 밝게 웃으며 스마트폰 SIM 카드를 5달러에 판매하고 있었다. 하나를 구입하여 가족들에게 무사히 도착했다는 문자 메시지를 보내고는 택시를 타러 가고 있었는데 아이들이 물을 판매하는 것이 보였다. 스마트폰으로 문자를 보내는 것은 이제는 어디서나 익숙한 풍경이 되어 가고 있다. 그러나 내 딸아이 또래의 아이들이 길거리에서 물을 팔고 있는 광경은 미시간에서는 볼 수 없는 매우 이국적인 모습이다.

다음 날 아침, 호텔 옆으로 나 있는 흙길을 따라 조깅을 했다. 우물 옆에서 아이들이 머리에 양동이를 이고 지나가는 모습이 떠오른다. 호텔에서 제공된 아침식사는 달걀 두개, 핫도그, 식빵 하나, 인스턴트커피 한 잔이었다. 큰 식탁에서 처음 보는 사람들이 함께 식사를 했는데 구성원들이 정말 다양했다. 인도와 스웨덴에서 온 UN 컨설턴트, 미국에서 온 경제학자와 사업가들, 영국인 의사 등이 함께 있었다.

나는 옆에 앉아 있던 미국인 여성 사업가와 이야기를 나누었다. 그녀는 이유식 사업을 하는 미국 회사에서 일을 하고 있는데 지난 2년간 이곳을 방문한 지가 벌써 다섯 번째라고 한다. 몬로비아에 첫 출장을 온 이후로 라이베리아의 이유식 시장이 계속 성장할 것을 확신했다고 한다. 특히 지난 15년간의 내전 기간 동안 해외로 나갔던 많은 사람들이 돌아온 것도 영향을 미쳤다고 보았다. 이들이 해외에 거주하는 동안 편리함과 영양을 살린 이유식을 경험했고 돌아와서도 본인들은 물론 주변 사람들에게도 소개하리라 보았기 때문이다. 이 회사는 라이베리아인들의 식단에 대한 시장조사 후 상품을 내 놓았다. 이유식 용기는 아기의 사진이 들어있는 미국에서 사용되는 것과 같은 포장재를 사용했다. 부모에게 무료 샘플을 제공하는 등 많은 프로모션은 물론 가격도 매우 저렴하게 출시했다. 그러나 이 회사의 이유식을 구매하는 사람들이 거의 없었다. 그 이유를 시간이 한참 지난 후에야 알게 되었는데 아프리카에서는 일반적으로 식료품의 경우 상품 포장지에 내용물의 그림이나 사진을 보여주기 때문이다. 아기의 사진을 붙인 상품이 잘 팔리지 않은 것은 당연했는지도 모른다.

이 사업가의 이야기가 끝나자 맞은편에 앉아 있던 머리 희끗한 영국 의사가 자신의 이야기를 시작했다. 6개월 전에 런던에서 의약품 상자 몇 개를 배편으로 보냈는데 아직도 받지를 못했다는 것이다. 지난 몇 개월간 수시로 화물의 도착여부를 전화와 메일로 문의 했고 몬로비아에 도착해서는 거의 매일 부두로 나가 직접 확인을 해보았지만 "내일 다시 와봐라. 다음 배에는 있을 것이다"라는 대답만을 반복해 들었다는 것이다. 그리고 아직도 받지를 못했다. 그는 자신의 의료 용품을 영영 받지 못할 것 같다고 했다. 긴 체류 기간은 아니었지만 라이베리아에서 벌어진 일들을 보면서 자신이 이곳에 온 것 자체가 시간낭비 같다고 했다.

나 역시 문화 차이로 인해 겪었던 몇 가지 경험들을 말하면서 웃음이 나온다고 했다. 그러나 실은 서로 간의 오해로 인해 벌어질 수 있는 재정적 손실까지를 생각해 보면 단순히 웃음으로 넘길 사안이 절대 아니다. 아침 식사를 하며 나누었던 대화는 문화 간 차이로 인한 여러 가지 어려움들을 새삼 상기시켜 주었다. 그리고 얼마 후 나에게 또 다른 일이 벌어졌다.

내가 이곳에 오게 된 이유 중에 하나는 우리가 추진하고 있는 개발 프로젝트에 라이베리아 학교인 메디슨 칼리지를 포함시킬지 여부를 결정하기 위해서이다. 이 파트너십 문제와 관련해 우리와 주된 접촉을 가졌던 사람은 라이베리아인 모세였다. 모세는 전쟁 이후 라이베리아의 교육 시스템을 재건하기 위해 노력해 온 선도적인 인물이었다. 그는 아버지의 첫 번째 아내의 아들이자 85명에 달하는 형제들 중 첫째로 아버지가 돌아가신 후 대가족을 이끌어 가고 있었다. 부족장 차림을 한 작은 체구의 모세는 다부져 보였다. 그는 여러 차례 우리에게 메디슨 칼리지와의 파트너십에 대한 문제점들을 지적했으며 특히 학교장인 존스 박사의 진실성과 도덕성에 대한 우려를 나타냈다. 오늘 아침은 모세를 만나 파트너십을 결정하는 데 중요한 사람인 해리스 박사를 방문하기로 했다. 해리스 박사는 존스 박사와 함께 메디슨 칼리지의 많은 일을 관여해 오고 있다. 그는 큰 키에 위엄 있어 보이는 외모로 파란색 해군 제복을 입고 있었다. 우리와 이야기를 나누는 내내 의자에 꼿꼿이 앉아 있었다.

서로가 형식적인 인사를 나눈 직후 그가 먼저 건넨 말은 자신도 가끔 메디슨 칼리지에서 학생들을 가르친다는 것이었다. 나는 이 말을 단서 삼아 대화를 시작해 갔다. 우리의 대화 내용 중 일부분을 함께 보도록 하자.

> **데이비드:** 해리스 박사님, 메디슨에서 수업하시는 건 어떤가요?
> **해리스:** 내게 있어 가르친다는 것은 큰 기쁨입니다. 학생들도 학업에 대한 열정이 많구요.
> **데이비드:** 존스 박사를 어떻게 생각하시나요? 리더로서 어떻다고 보십니까?

직설적이면서도 오픈된 형식의 질문들을 했다. 미국인들의 대화 문화인 직설적 화법의 질문 방식을 취하기로 한 것이다.

> **해리스:** 메디슨은 훌륭한 학교입니다. 존스 박사 역시 전쟁 이전부터 오랜 기간 함께 해왔습니다.

나는 대화가 뭔가 겉돌고 있다는 생각이 들었다. 해리스 박사를 만난 지 얼마 되지 않았지만 보다 단도직입적으로 존스 박사에 대한 그의 생각을 들어보기로 했다.

> **데이비드:** 내가 묻고 있는 내용이 조금 불편하다면 미안합니다. 그러나 존스 박사와 그의 리더십에 대한 우려의 소리를 들었습니다. 아주 자세한 것까지 원치는 않지만 메디슨 칼리지에 대한 투자 및 파트너십을 생각하고 있는 우리로서는 궁금한 것이 있습니다. 존스 박사에 대해 계속 들리고 있는 비판에 대해 어떤 의견

을 가지고 계신가요?

**해리스:** 메디슨 칼리지와 파트너 관계를 맺는다면 학생들에게 매우 유익할 것입니다. 전쟁으로 모든 것을 잃어버린 지금 우리 학교가 가진 것은 아무것도 없습니다. 우리에겐 너무 좋은 기회가 아닐 수 없습니다.

나는 그렇게 무딘 사람이 아니다. 이 상황을 유심히 관찰하고 있다. 말 돌리기나 하면서 이 귀한 시간을 보낼 수 있는 상황이 아니다.

**데이비드:** 네, 그게 내가 여기에 온 이유입니다. 그러나 그 전에 존스 박사에 관해 당신이 어떤 생각을 가지고 있는지를 알고 싶습니다. 그를 우리의 중요한 파트너로서 진심으로 찬성하고 지지합니까?

**해리스:** 학교가 전쟁에서 살아남은 것은 정말로 놀라운 일입니다. 어쩔 수 없이 학교를 폐쇄해야 했었는데 말입니다. 반란군들이 몬로비아 전체를 장악했으니까요. 하지만 다시 문을 연 몇 안 되는 학교 중 한 곳이 이곳입니다. 여기에는 좋은 사람들이 많이 있습니다.

**데이비드:** 그 말은 당신이 존스 박사가 이 학교를 계속 이끌어 가는 방식에 전적으로 동의한다는 뜻입니까?

**해리스:** 존스 박사는 그동안 좋은 일을 많이 해왔습니다. 우리는 오랜 친구 사이로 사실 초등학교 동창이기도 합니다. 메디슨 칼리지를 도와주신다면 너무나 좋겠습니다. 그리고 당신이 원한다

면 존스 박사를 소개시켜 줄 수도 있습니다.

미팅을 마치고 나오면서 모세에게 말했다.

"존스 박사에 대한 당신의 우려를 믿지 않는 것이 아닙니다. 해리스 박사의 의견을 얻기 위해 노력하는 것이 중요했습니다. 당신의 의구심을 무시한 것이 아니에요."

다행히도 모세는 나와 같은 북미인들이 말하는 방식을 배운 것 같다. 그의 대답이다.

"자, 데이비드. 잘 보았지요? 그는 존스 박사에 대한 자신의 생각을 절대 말하지 않았어요. 당신은 나와 함께 있는 자리에서 직설적인 질문은 하지 말았어야 했어요. 해리스 박사는 라이베리아 사람들이 함께 있는 자리에서 낯선 미국인에게 존스 박사에 대한 부정적인 언급을 절대로 하지 않을 겁니다. 그들은 함께 자랐으니까요! 당신은 그가 무엇을 말하기를 기대 했나요?"

나는 다음과 같이 답했다.

"그래요. 내게 세세한 것까지 모든 것을 말할 필요는 없겠지요. 그러나 존스 박사가 부적절한 행위를 하고 있고 그것들이 문제인 것을 알고 있다면 적어도 이런 의구심에 대한 답은 줘야한다고 봅니다. 누군가 내게 어린 시절부터 가깝게 지낸 친구의 횡령에 대해 물어보았다고 합시다. 내가 알고 있다면 나는 진실을 말할 거예요!"

모세의 말은 해리스 박사가 만약 나와 단둘이서만 있었다면 이 문제에 대해 여러 가지 의견을 주었을 것이라는 것이다. 모세가 말하길 "데이비드, 당신 앞에서 해리스 박사가 어린 시절부터 알고 지낸 친구를 비난했다면 그것은 나와 해리스 박사 모두에게 수치스러운 일이 됩니다. 게다가 그는 그 곳에서 학생들을 가르치고 있습니다. 그에게 매우 수치스러운 일이 벌어질 뻔 했다는 말입니다. 나와 동행한 자리에서는 다시는 그런 직접적인 질문을 하지 않기를 부탁합니다."

　나는 문화가 다른 사람들 간의 소통에 있어 그렇게 문외한은 아니라고 생각했다. 그런데 이번에는 필요한 정보를 얻기가 쉽지만은 않아 보였다. 나와 같은 문화적 맥락의 사람들과 의사소통을 할 때는 위의 방식이 문제가 되지 않는다. 그러나 여기서는 미국식 소통 방식이 별다른 효과를 보지 못하는 것 같다. 이 지점에서 필요한 것이 바로 문화지능이다. 문화적 배경이 다른 사람과 일을 할 때 효과적인 리더십을 발휘하면서 업무의 완성도를 높이는 전략 말이다. 나중에 위의 사례로 다시 돌아와 문화지능이 어떻게 이 딜레마를 해결하는 데 도움이 되는지 살펴보도록 하겠다.

## 문화와 리더십

　세계는 평평하지가 않다. 라이베리아가 예외적인 것이 아니라 세계의 다양한 규범들을 보면 알 수 있다. 라이베리아를 포함해 많은 국가들이 집합주의적이고 위계적이며 체면을 중시하는 경향이 강하다. 이 내용에 대해서는 5장에서 보다 자세히 다루려고 한다. 하루에도 몇 번씩 문화 간 차이들을 경험하고 있고 그 횟수가 계속 늘고 있음에도 우리는 이 상황을 과

소평가하고 있는지 모른다. 프리드만이 말하고 있는 '세계는 평평하다'는 의미는 경제적 측면에서 보면 일리가 있을 수도 있다. 세계 시장에서의 경쟁과 기회의 증가로 인한 비즈니스 변화에 적용해서 말이다. 하지만 우리가 '평평한 세계'를 다양한 문화와 규범들에 적용하기는 어려워 보인다.

## 리더십과 문화의 문제

*68개국 주요 경영자들을 대상으로 한 설문조사에서 다음 세기 최고 경영진의 도전 과제로 90%가 이문화 리더십을 꼽았다.* [3] 지금도 많은 리더들이 하루에도 몇 번씩 다양한 문화와 직간접적으로 관계 맺고 있다. 모든 문화의 가치와 규범을 습득하는 것은 어렵겠지만 다양한 문화적 맥락에서의 효과적인 리더십을 위한 전략적 접근은 가능하다. 경영진들이 문화지능을 높여야 하는 이유 몇 가지를 제시해 보면 다음과 같다.

- 해외 시장의 문화적 다양성
- 다문화 인력풀
- 인재 확보 및 유지
- 수익성 및 비용 절감

많은 경영자들이 말하고 있듯이 앞으로 이문화 리더십은 중요한 도전 과제가 될 것으로 보인다.[4] 과거에는 IBM이나 미쓰비시와 같은 거대한 다국적 기업의 고위 경영자들 아니면 국가 고위 관료들에게나 해당되는 내용이었다. 그러나 지금은 거의 모든 리더들에게 해당되는 과제가 되고 있다. 여권을 들고 새로운 언어와 문화로 가득한 다른 나라들을 방문하든 아니면 이메일이나 다국적 화상회의로 그들과 접촉을 하든 상관없이 말이다.

뛰어난 직관력과 노련함은 리더들이 갖추어야 할 중요한 자질임에는 틀림없다. 그러나 글로벌적 상황에 직면해서는 이것만으로 충분하지 않다. 병원의 경영진들은 여러 나라에서 온 환자들을 치료하는 의료 전문가들을 관리해야 한다. 군장교들은 18세 젊은 군인들의 실수나 잘못이 부대를 넘어 BBC나 CNN의 국제적 뉴스거리가 될 수 있다는 것을 알고 있다. 회사의 경영진들은 문화가 전혀 다른 신흥 시장에서 상품과 서비스를 잘 판매해야 하며 현지인들의 고용문제 역시 잘 풀어나가야 한다.

문화지능과 같은 상호문화능력의 부족으로 인해 나타날 수 있는 글로벌 경영의 장애들을 보면 다음과 같다. 해외 출장 기간과 비용 증가, 혼란과 의욕 감소, 낮은 업무 성과, 수입 감소, 국내외 업무 네트워크 약화, 새로운 기회 상실 등이 문제로 지적되고 있다.[5] 경영 일선에서의 문화지능 필요성과 직접적으로 연관된 내용 몇 가지를 살펴보도록 하겠다.

### 해외 시장의 문화적 다양성

단일 시장의 고객만을 상대하는 기업은 점점 줄어들고 있다. 많은 기업이 이제는 취향이나 행동 패턴과 같은 소비성향이 매우 다양한 고객들을 상대하고 있다. 이유식에 재료가 되는 야채 사진을 제품 용기에 붙여 넣는다면 미국 시장에서는 그 판매수가 급감할 수 있지만, 라이베리아에서는 반대로 소비자들이 선호하는 광고가 된다.

해외시장 성장률은 3년에서 5년 사이에 30%에서 50%까지 전망되고 있다.[6] 코카콜라의 제품들이 미국에서보다 일본에서 더 많이 판매되고 있다고 한다. 과거 2003년 조사를 보면 이미 미국이 본사인 프랜차이즈 사업체의 53%가 해외시장에 진출해 있었다. 던킨도너츠와 KFC와 같은 회사들은 미국 내에서 보다 해외시장에서 수익성이 더 높다.[7] 신흥시장의 성장으로 인한 새로운 수요가 글로벌 비즈니스의 성공여부에 큰 영향을 미치고 있다. 중국과 인도의 소비력은 엄청나게 증가하고 있다. 다음은 이코노미스트 CEO의 말이다. "연 수입이 5천 달러 이상인 가계수가 5년 후 중국에서는 두 배, 인도에서는 세 배 이상 늘어날 것이다."[8] 10년이 지나면 10억 명 이상에 달하는 신흥 중산층이 생겨날 것으로 보인다

2012년 이코노미스트 인텔리전스 유닛이 전 세계 수 백 개의 다국적 기업 CEO를 대상으로 설문조사를 실시했다. 당시 경기 침체기였던 상황에서 대다수의 CEO들은 극복 방안으로 해외시장 개척을 적극적으로 모색하고 있다고 했다.[9] 페이스북 사용자의 70%가 미국 밖에 거주하고 있으며 그 수는 계속 증가할 것으로 보인다. 지난 10년 동안 제너럴일렉트릭 성장의 20%가 해외시장에서였으며 다시 10년이 지나면 60%까지 그 수치가 늘어날 것으로 전망된다. 암웨이는 본사가 있는 미국이 아닌 해외시장에서 90%의 수익을 창출하고 있다. 미시간에 위치해 있는 암웨이 본사 직원 수 천 명은 해외에 나가지 않아도 이미 전 세계 각지의 회사 동료는 물론 고객들과 글로벌 소통을 하고 있다. 많은 중국 회사들이 글로벌 성장을 하고 있으며 그 성장률은 매우 빠르다. 컴퓨터를 생산하는 중국 민간 기업인 레노버 역시 급성장하는 글로벌 기업 중 하나이다. 브라질의 CCE와 독일의 메디온을 인수하였고 일본 NEC와 합작 투자를 하고 있다. 남아프리카공화국에는 광업 분야에서 오랜 역사를 자랑하는 기업들이 있다. 하지만 최근 10년을 보면 다른 분야에서도 남아프리카공화국의 기업들이 세계 시장에서 강세를 보이고 있다. 여기에는 통신회사 MTN, 유통업체 울워스, 맥주 양조회사 SAB밀러가 포함되어 있다. 미국, 독일, 일본, 중국, 남아프리카공화국은 물론이고 그 외의 많은 국가 리더들이 새로운 기회는

　　　　　　　　1장 문화지능은 왜 필요한가

이제 문화시장(cultural markets)에 있다는 것을 깨닫고 있다. 세계 시장에서 획일적인 글로벌 문화란 존재하지 않는다. 오늘날의 조직과 리더들은 '로컬(local)'과 '글로벌(global)' 두 가지 모두를 이해하고 서비스해야 한다. 바로 '글로컬(glocal)' 리더십이 필요한 때이다.

### 다문화 인력풀

국내외 다양한 문화적 배경을 지닌 인력들을 관리하는 것은 글로벌 리더의 중요한 과제 중 하나이다. 충분한 의사소통과 신뢰 구축은 일반적으로 리더십에 있어 필수 사항이다. 그런데 문화적으로 각기 다른 조직이나 팀을 관리하는 것은 전혀 다른 도전을 요구한다. 인적관리, 동기부여, 성과검토와 같은 내용들이 구성원들의 문화적 배경에 맞게 조정되어야 한다. 글로벌 인력 간의 협업이란 가령 필리핀이나 인도에서 서비스를 아웃소싱하고 중국에는 제조를 의뢰하는 것과 같은 다국적 협력을 의미한다. 그런데 이때 발생하는 비용과 이윤에 대한 측정은 단순히 수치로 계산할 수 있는 문제가 아니다.

전 세계 62개국을 대상으로 리더십 스타일에 대한 차이와 유사점에 대한 연구를 10년 간 진행했던 프로젝트 〈GLOBE 리더십 연구〉는 글로벌 리더십에 관한 탁월한 성과 중 하나이다. 이 연구에 따르면 문화권과 상관없이 리더에게 요구되는 최우선 자질로는 '투명성', 반대로 리더가 가져서는 안 되는 것으로는 '비도덕적 행위'가 꼽혔다. 그런데 문제는 이 두 가지가 의미하는 바가 문화마다 상이할 수 있다는 점이다. 가령 어떤 나라에서는 경영자의 기금 횡령을 매우 비도덕적인 행위로 간주하는 데 반해 다른 나라에서는 경영자가 동료나 지인의 부도덕한 행위를 낯선 사람 앞에서 드러내거나 폄하하는 것을 횡령만큼이나 심각한 비도덕적인 행위로 간주한다. 이 연구의 분명한 결과는 리더에 대한 기대와 요구가 문화마다 큰 차이를 보이고 있다는 점이다. 예를 들어, 경영자의 의사 결정에 조직 구성원들도 참여해야 한다는 참여형 리더십 스타일은 독일 기업이 보이는 중요한 특성이었다. 그러나 이러한 리더십이 사우디아라비아에서는 경영자와 기업의 약점으로 인식되었다. 사우디아라비아에서는 권위 있는 지도력을 통해 강력한 리더십이 발휘된다고 보기 때문이다.[10]

리더십 스타일에 대한 문화적 선호는 보통 문화 전체가 수용하는 가치와 관련이 있다. 우리는 이 책에서 관련 내용에 대해 좀 더 자세히 살펴볼 것이다. 다문화 사회로 인해 점차 증가되고 있는 도전 과제는 독일인과 사우디아라비아인이 같은 조직이나 팀에 속해 있는 경우가 많아지고 있다는 점이다. 이러한 구성원 간의 문화적 차이는 팀을 난관에 부딪치게 할 경우가 많다. 문화지능에 기반한 다문화팀 관리와 운영은 갈등의 원인을 장점으로 바꾸고자 한다. 다문화 경영 역량에 따라 다양한 시장에 대한 전문성, 세계 전역의 24시간 멈추지 않는 인력풀, 혁신적 아이디어의 증진을 확보해 갈 수 있다. 사실 다양한 관점만큼 혁신적인 아이디어에 대한 잠재력을 지닌 것도 없다. 그러나 이것이 자동적으로 이루어지지는 않는다. 문화지능과 조직구성원이 가지는 다양성에 대한 상관관계 연구를 보면, 문화지능이 낮으면 팀 구성원의 의견을 반영하여 혁신적인 아이디어를 개발하는 데 있어 단일문화 팀이 다문화 팀을 능가했다. 그러나 문화지능이 높으면 다문화 팀이 단일문화 팀보다 그러한 가능성이 높다는 결과가 나왔다. 높은 역량을 발휘하는 다문화 팀은 기대치를 적절히 조정하고, 갈등을 최소화하며, 다양한 관점들을 극대화하여 훌륭한 솔루션을 제공하는

전략을 잘 개발해 낸다는 의미이다.[11]

다문화로 구성된 팀원 모두의 선호와 요구를 맞추어 준다는 것이 쉽지만은 않을 것이다. 그러나 문화지능을 통해 팀의 신뢰를 구축하고 목표에 도달하기 위해 팀의 차이점을 보다 잘 활용할 수 있을 것이다. 차이를 넘어 서로 공유 가능한 기준 개발과 같은 것들을 어떻게 만들어 현실화시킬 수 있을지를 함께 살펴보려고 한다. 문화지능은 동료나 팀원들의 문화적 배경에 따라 당신의 리더십 스타일을 적절히 조정하고 적용할 수 있는 방법을 제시해줄 것이다.

### 인재 확보 및 유지

문화지능은 글로벌 리더들이 인재를 확보해서 양성시키고 유지하기 위해 필요한 역량을 높이는 데 기여한다. 신흥 시장의 경제 구역 내 경영진들은 문화지능이 높은 인재들을 찾고 있다. 스탠다드차타드뱅크 차이나의 CEO인 캐서린 창은 '슈퍼하이웨이'라는 기치 아래 글로벌 감각을 갖춘 전 세계의 젊은 리더들을 영입하고 있다. 그녀의 만트라는 "그곳으로 가자!"이다. 글로벌 리더십을 강화하고 글로벌 네트워크 내 협력을 최대한 끌어내려는 의도이다. 창은 문화적으로 더 스마트해져야 한다고 강조하며 이를 위한 훌륭한 인재 확보의 중요성을 강조했다.[12]

문화지능은 해외에 파견되는 인력들에게도 매우 중요하지 않을 수 없다. 해외에 파견되는 관리자들 중 16~40% 정도가 조기 퇴직한다고 한다. 그 이유는 99%가 문화와 관련된 문제들 때문으로 직무 기술이 부족해서가 아니다. 해외 파견 근무의 실패에 따른 비용이 무려 25만 달러에서 많으면 125만 달러 이상이 된다. 이주 및 정착 비용을 비롯해 많은 직간접 비

용이 들기 때문이다.[13]

해외로 파견되지 않는 인력들에게도 문화지능은 필요하다. 점점 더 많은 직원들이 동료내지는 고객들과 해외 출장을 다녀오기도 하고, 아니면 해외에서 온 고객들을 상대해야하기 때문이다. 문화지능이 높은 조직은 계속적으로 이런 요구에 부응하는 인재를 채용하고 유지할 것이다.[14]

### 수익성 및 비용절감

프록터 앤 갬블(P&G)의 최고기술경영자인 브루스 브라운은 1990년대 회사가 배운 값비싼 교훈에 대해 이야기를 했다. 다른 회사들은 현지 소비자를 분석해 시장마다 다르게 접근한 데 반해 이 회사는 전 세계 어디서든 팔릴 수 있는 제품을 생산하려다가 입은 손해가 어마어마했다고 한다. 이 회사의 경쟁 업체인 일본의 유니참(Unicharm)은 P&G의 글로벌 제품보다 훨씬 나은 제품을 선보였다. 브라운이 배운 당시의 교훈이다. "소비자의 만족이 가장 중요하다. 그것도 로컬 소비자마다의 독특함을 파악해 그들을 기쁘게 해주는 것이 중요하다. 소비자는 보스이지 글로벌 프로그램이나 제조 장비의 일부가 아니다."[15]

P&G가 더 이상 과거의 모습에 머무르지 않고 변화를 이루어낸 이야기가 있다. P&G의 새로운 CEO 래프리는 현지 소비자의 취향과 관심에 대한 중요성을 언급했다. 래프리는 세계 어디를 가든지 반드시 두 가지를 실천하는데, 소비자의 집을 방문하는 것과 매장을 직접 둘러보는 것이다. 최근에는 이스탄불을 갔는데 당연히 이스탄불 현지인의 집을 방문해 집안일을 하는 여성들과 이야기도 나누고 그녀들이 설거지며 세탁하는 모습도 볼 수 있었다. 90여분 그녀들과 함께 시간을 보낸 후 이어서 현지 상점

들을 방문해 자사의 상품들이 진열되어 있는 상황을 살펴보았다. 자사와 경쟁사의 상품들이 어떻게 진열되어 있는지 궁금했기 때문이다. 현지인의 집을 방문해 보고 현지 상점들도 직접 눈으로 살펴보는 것은 소비자 요구에 대한 이해를 높일 뿐만 아니라 다른 임원들과도 직접 보고 들은 내용을 바탕으로 한 의견을 공유할 수 있는 장점이 있다. 800억 달러 규모의 회사 CEO가 이스탄불에서 가정집을 방문해 몇 시간을 보냈다면 당신 역시도 그와 같은 방식의 시간 활용이 가능하지 않을까.[16]

CQ 리더십은 새로운 시장에서 상품을 마케팅하고 판매할 때 비용을 줄이며 효율성을 향상시킨다. 문화지능이 높은 해외 인력은 업무를 보다 신속히 처리하고 인력을 파견하는 데 드는 비용도 줄이는 등 효과적인 인재 활용을 가능하게 할 것이다. 이는 수익성 부분과도 당연히 연관된다. 우리는 현지 문화에 대한 실수 때문에 기업들의 브랜드 가치 하락은 물론 심하면 해당 상품과 서비스에 대한 보이콧까지 이어지는 뉴스들을 심심찮게 볼 수 있다. 결국 이러한 문제를 경영하는 리더의 역량에 따라 신뢰 구축은 물론 조직 가치도 영향을 받는다.

경쟁 우위, 이익 증대, 글로벌 확장과 같은 이유로 많은 기업들이 문화지능에 관심을 보이고 있다. 그러나 문화지능은 위와 같은 이익관계 이상의 근본적인 바람을 동력으로 삼는다. 문화지능은 우리와 다르게 세상을 바라보는 사람들을 보다 호의적으로 대하고자 한다. 다른 사람을 존중하는 마음이 친절하고 품위 있는 행동으로 자동적으로 이어지는 것은 아니다. 게다가 상대에 대한 공손함이라는 것이 모든 문화에서 동의하는 예의이지만 그 방식은 문화마다 차이가 날 수 있다. 따라서 다른 문화에 대한 존중은 그들 방식으로의 적응도 필요로 한다. 문화지능은 이러한 적응을 돕고자 한다. 다양한 문화에서 효과적으로 일을 해 나갈 수 있는 능력은 이제는 충분조건이 아닌 필요조건이 되어가고 있다. 문화지능을 갖춘 글로벌 리더는 이에 부합하는 역량을 훌륭히 발휘할 것이다.

## 글로벌 리더십과 잘못된 신화

이제는 문화가 문제다. 이는 다른 문화를 알거나 모르거나 하는 식의 단순한 차이 이상을 의미한다. 글로벌 리더로서의 자격과 역량까지도 관여된다. 세계의 많은 기업과 조직들이 문화에 탁월한 리더들을 찾아 나서고 있다. 문화지능이 높은 인재를 요구하고 있다는 말이기도 하다. 그런데 글로벌 리더십에 관한 상당수의 믿음들이 경험적으로 입증된 것이 아닌 잘못된 신화에 의해 오도되고 있다. 유수의 MBA 프로그램 글로벌 리더십 관련 커리큘럼조차도 학생들에게 실제로 글로벌 역량을 측정하고 개발하는 방법을 제시하지 못하고 있다. 많은 조직에서 여전히 새로운 글로벌 프로젝트를 담당할 사람을 선발할 때 기술적 전문성에 의존하는 경향이 많다. 아래의 내용은 지금까지 보거나 들어 온 글로벌 리더십에 관한 잘못된 신화들이다.

### 신화 1. 리더십은 식스센스다

많은 기업의 임원들 사이에서 회자되는 리더십의 지혜 중 하나가 바로 식스센스이다. 이것은 누군가는 가지고 있으나 누군가에게는 없는 것이다. 식스센스는 직감에 의존함을 의미한다. 그리고 실제로 경험 많고 노련한 직감에 의존한 리더십이 각종 자료나 데이터에 의한 리더십보다 나은 의사결정을 한다는 분석들도 있다. 이유는 다년간의 경험에 의한 직감이 무의식적으로 프로그래밍 되었다고 보기 때문이다. 그러나 문제는 이것이 특정 문화 안에서 프로그래밍 되었기 때문에 전혀 익숙하지 않은 다른 문화권에서 판단을 하고 의사결정을 해야 할 때에도 신뢰할 수 있느냐이다. 한 나라에서 성공한 사람들이 다른 문화권에서는 자주 실패하는 경우를 보면 그 이유가 드러난다. 리더십에 있어 식스센스는 문화적 환경과 맥락이 바뀌게 되면 다시 훈련되고 개발되어야 한다.

### 신화 2. 세계는 평평하다

프리드먼이 글로벌 시장이라는 경제적 측면에서 세계는 평평해지고 있다고 언급한 부분에 대해 반대하지는 않는다.[17] 가령 필리핀에서 한 회사가 창업을 했다고 한다면 이 회사는 세계의 거대한 다국적 기업들과 정면으로 맞서야 할 것이다. 이와 같은 세계적인 경쟁 구도의 현실은 모든 경영자들이 받아들일 수밖에 없다. 그런데 프리드먼의 이 말을 사람들이 확대 해석해 적용하는 것을 볼 때가 많다. 그럴 때 마다 이런 질문을 해본다. "전 세계의 사람들을 비슷하게 만들고 있는 새로운 글로벌 문화가 있는가, 그리고 있다면 어떤 문화인가?"

두바이, 시드니, 런던의 공항 라운지에 있는 사람들을 관찰하다 보면 모두가 다르게 보이기보다는 오히려 비슷하게 느껴질 때가 있다. 다른 나라를 방문해 회사의 사무실이나 비즈니스호텔에만 머무른다면 현지 문화의 경험을 통해 배울 수 있는 문화 간 차이들을 놓치기 쉽다. 겉으로만 보이는 것 이상의 보이지 않는 문화의 차이 말이다. 전 세계 다양한 문화와 조직의 사람들을 똑같은 방식으로 관리하고 이끌어 갈 수 있다고 생각한다면 큰 오산이다. 문화가 모든 것을 설명할 수는 없다. 그러나 서로가 신뢰를 쌓고, 효과적으로 협상하고, 공동의 목표를 향해 동기를 부여하고, 혁신을 촉진하는 원동력임은 분명하다.

### 신화 3. 따르는 사람이 없다면 그건 리더의 문제다

리더십은 리더의 가치와 스타일에 관한 것만이 아니다. 앞에서 언급한 〈GLOBE 리더십 연구〉의 결과에서 알 수 있듯이 리더십에 대한 기대와 요구는 문화 마다 차이가 난다. 문화적 가치와 선호도에 대한 차이는 당연히 리더십과도 연관된다. 빌 클린턴 처럼 강한 카리스마의 리더를 선호하는 사람들이 있는가하면 안젤라 메르켈과 같은 온화하고 절제된 스타일을 선호하는 쪽도 있다. 잠재적 리더십 이론(implicit leadership theory)에 따르면 리더는 리더십 기술도 필요하지만 사람들의 기대도 반영해야 한다고 한다. 문화 마다 리더십에 대해 기대하는 바가 차이가 난다는 것이다. 문화지능이 높은 리더라면 다양한 리더십 스타일과 역할에 대한 이해를 바탕으로 현명한 대처를 해 나갈 수 있다.[18]

### 신화 4. 수평적 리더십 모델이 수직적 모델보다 낫다

많은 기업들이 본사 중심의 수직적 리더십 모델에서 수평적 매트릭스 모델로 변화하고 있다. 보고체계는 여러 라인을 통할 수 있게 하고 의사결정은 탑다운(top-down) 방식이 아닌 협업적으로 바꾸었다. 그러나 세계의 대부분 지역에서는 보다 권위적인 탑다운 방식을 선호하고 있다. 보고라인이 분명히 정해져 있고 구체적이고 명확한 지시사항이 전달된다. 글로벌 시장과 네트워크가 확장됨에 따라 매트릭스 모델의 잠재력이 클 수는 있다. 그러나 매트릭스 모델의 효과적인 활용 여부는 다른 문화권의 리더십 모델에 대한 충분한 이해가 전제되어야 한다.

이 문제에 관해 구글의 한 관리자와 의견을 나눈 적이 있다. 구글은 매우 강한 기업 문화를 가지고 있으며, 인사담당자는 구글 직원을 채용 할 때 소위 구글 DNA라고 불리는 자신들만의 독특한 기준을 따른다고 한다. 채용 후보자를 평가할 때 후보자의 관심분야나 그동안의 성과와 업적 및 혁신적 아이디어를 체크하기 위한 것으로 후보자의 문화적 배경에 따른 상이성의 고려는 더 보완해야 할 필요가 있다고 한다. 구글의 매트릭스 구조에 적합한 인재를 찾기 위한 인사담당자의 문화지능 역시 더 높게 요구된다.


글로벌 리더십 그 자체는 신화가 아니다. 여러 문화를 아우르는 조직을 효과적으로 이끌어 가기 위해 필요한 자질이다. 지난 수십 년간의 문화지능에 관한 연구를 통해 우리가 찾으려 한 내용이기도 하다. CQ 리더십에 대한 그 동안의 성과와 내용은 3장부터 차례로 살펴볼 것이다. 여러 문화권을 효과적으로 이끌어 갈 수 있는 리더십 역량은 측정될 수 있고 또 향상될 수 있다. 분명한 것은 이 역량이 상황에 대한 매우 사려 깊은 이해에서 출발한다는 점이다.

# 나가며

------------

나는 지금 공항에 앉아 있다. 잠시 내가 어디에 있는지 잊고 있는 것 같다. 바디샵이 내 앞에, 버버리가 왼편에, 스타벅스는 오른편에, 면세점들이 코너 쪽에 보인다. 내 옆에 앉아 있는 남자는 스마트폰으로 누군가와 채팅을 하고 있다. 공항 안에서의 매우 친근한 장면들이다. 시드니, 상파울로, 런던, 홍콩, 올랜도, 요하네스버그 등 어느 공항에서도 마찬가지이다. 세계가 정말 평평한 듯 보인다. 62개 나라에 스타벅스가 들어가 있다. 그곳에 가면 같은 커피를 시켜 마실 수 있다. 스타벅스와 같이 전 세계에 들어가 있는 다른 체인점들에서도 마찬가지일 것이다. 그래서 다시 생각해 보기로 했다. 세계 어디를 가든 모두 똑같은 협상기술, 같은 유머, 같은 동기부여 방식이 사용될 수 있는지를 말이다.

21세기의 리더십은 세계의 다양성에 대한 분명한 이해와 유연성을 요구한다. 끊임없이 변화하는 글로벌 환경이 리더십에 대한 혼란을 야기할 수도 있다. 경험과 직관만으로는 충분하지 않아 보인다. 문화지능은 이러한 미로와 같은 상황을 헤쳐 나가는 데 있어 효과적인 역동적 방법을 제시한다. 급속하게 진행되고 있는 세계화 속에서 문화지능과 함께 글로벌 리더십 역량을 높일 수 있기를 바란다.

# 문화지능이란 무엇인가

포춘지 선정 100대 기업의 한 부회장이 싱가포르에서 열린 아시아 경영인 회의 기조연설에서 했던 말이다. 이 미국인 부회장은 연설의 절반 가까이를 아시아에 대한 자신의 관심과 사랑으로 열변을 토했다. "나는 일 년 중 200일 이상을 아시아에서 보냅니다. 이곳 음식도 무척이나 좋아하고요. 아시아를 완벽히 이해할 수는 없습니다. (…) 앞으로의 미래는 아시아에 달렸다고 봅니다. 아시아가 곧 미래입니다! 그래서 최대한 자주 이곳에 오려고 합니다."

거기 있던 청중들 모두가 아시아에 대한 그의 열정을 반기는 것처럼 보였다. 그러나 이어서 질의 응답 시간이 오자 뭔가 틀어지기 시작했다. "아시아에 대한 당신의 깊은 애정으로 인해 바뀌게 된 비즈니스 전략으로는 무엇이 있습니까?"라는 질문에 그는 구체적인 답변을 제대로 하지 못했다. 또 다른 누군가가 "회사의 이사진에 아시아인이 있습니까?"라고 묻자, "분기 마다 회의가 있기 때문에 미국까지 매번 오기에는 너무 멀어 현실적으로 어려워 보인다."고 답했다. 아시아인들과 아시아 시장을 보면서 필요하다고 생각되는 리더십은 무엇이냐는 질문에도 역시 설득력있는 대답을 주지 못했다.

이 미국인 경영자는 분명 달변의 웅변가였다. 호감을 주는 성격에 인상적인 리더십 스타일이 돋보이는 카리스마를 소유한 사람임은 분명했다.

그러나 그의 열정과 매력이 아시아인 앞에서는 제대로 힘을 발휘하지 못하는 것 같았다. 질문이 이어질수록 그의 역량은 점점 사라져 버리는 것 같았다.

기업의 경영인 자리를 놓고 거의 동일한 이력을 소유한 두 명의 후보자가 지원을 했다면 그 들은 정말 글로벌 경영에도 같은 능력을 발휘할까? 결코 그렇지 않을 것이다. 이것은 문화지능 연구를 통해 분명히 밝혀진 결과이다. 문화지능은 어딘가에서 공부하고 일하고 살아봤다고 해서 저절로 높아지지 않는다. 문화지능은 모두가 저절로 가질 수 있는 개인의 역량이 아니다. 누구나 예외 없이 노력이 필요하기 때문이다.

문화지능은 어떻게 높아질 수 있을까? 런던이나 싱가포르에서 자란 사람이 중국의 작은 마을에서 자란 사람보다 문화지능이 높을까? 신세대들이 베이비붐 세대들보다 문화지능이 높을까? 해외 경험이나 정규 교육 정도가 문화지능에 영향을 미칠까? 물론 영향을 미칠 수는 있겠지만 충분한 것은 아니다.[1] 매우 오랜 기간 해외에서 근무했던 사업가와 국가 관료들을 만난 적이 있는데 이들의 문화에 대한 관심은 정말로 낮아보였다. 반대로 해외 경험이 적은 관리자들이 다른 문화적 환경에 능숙하게 적응하는 모습을 본 적도 있다. 무엇이 이런 차이를 만들어 낼까? 어떤 능력과 기술이 효과적인 이문화 리더십에 필요할까?

## 문화지능은 어떻게 나누어져 있나

우리가 지난 수 십 년간 70여개 이상의 국가를 대상으로 해온 연구의 질문들을 한 마디로 요약하면 다음과 같다. '세계화가 진행되면서 문화적으로 다양한 환경과 시장에서 성공한 사람들과 기업은 실패한 이들과 어떤 중대한 차이를 가질까?' 우리의 바람은 기존의 문화 간 차이에 대한 연구를 뛰어넘어 보다 역동적인 글로벌 소통 능력에 대한 실천적 대안 제시였다. 다른 문화와의 차이를 안다는 것, 이러한 인지 부분은 출발일 뿐 도달점이 될 수는 없다. 문화지능은 어느 문화적 상황에서도 효과적으로 인력과 프로젝트를 경영할 수 있는 리더 양성에 도움이 되고자 한다.

문화지능 리더십을 위한 네 개의 역량

전 세계 4만 여명을 대상으로 연구한 결과에 따르면 그림에서 제시된 것과 같이 문화지능을 구성하고 있는 네 가지 역량 모두의 중요성이 입증되고 있다. 문화지능의 개념과 관련해서는 기존에 연구되어진 IQ, EQ, SQ, PQ 등의 지능연구에서 많은 도움을 받았으며, 지능연구에 대한 다양한 이론적 기초들을 종합적으로 분석하고 검토했다. 실천적 맥락에서는 다양한 문화적 상황에 따른 소통 기술을 제시하고자 했다. 네 가지 문화지능 역량은 다시 하부 내용들로 나누어지는데 여기서는 문화지능의 네 가지 역량에 대해 개괄해 보도록 하겠다.

### 1. CQ-동기(Drive): 다양한 문화적 상황에 대한 관심, 흥미, 자신감과 같은 동기부여 측면

CQ-동기는 문화지능의 동기부여 측면에 해당되는 내용으로 문화적으로 다른 상황에 대한 관심과 흥미, 에너지와 열정의 수준을 말한다. 문화가 다른 사람과 일을 할 때 생겨날 수 있는 갈등 문제를 얼마나 잘 해결해 갈 수 있을지에 대한 자신감도 포함된다. 문화 간 도전에 대해 관심을 갖고 인내하며 헤쳐 나가고자 하는 능력으로 문화지능만이 가지는 독창적인 측면이라 할 수 있다. 사람들이 문화 간 차이에 적응하고자 하는 관심과 동기를 가지고 있다고 쉽게 가정해서는 안 된다. 이문화트레이닝 프로그램이 있을 때면 내키지는 않으나 어쩔 수 없이 이수의 필요성 때문에 교육에 참여하는 경우를 너무 많이 목격할 수 있다. 해외로 파견되는 인력들도 해당 지역의 문화에 대한 관심보다는 가족과 어떻게 하면 잘 이주해서 적응할까 하는 걱정만이 대부분이다. 문화 간 소통에 대한 동기의 결여로 이문화 프로그램이 시간과 비용만을 낭비하는 과정으로 전락해 버리기 일쑤이다.

CQ-동기는 세 개의 하위 차원으로 나누어지는데 세 가지가 모두 고려되어야 한다. 첫 번째는 내적 동기로 이는 문화적으로 다양한 상황에 대한 흥미와 즐거움에 대한 정도이다. 다음은 외적 동기인데 다양한 문화적 경험으로부터 얻을 수 있는 실제적인 이익에 대한 동기부여 부분이다. 마지막은 자기효능감이다. 다문화적 상황에 맞닥뜨렸을 때 잘 해낼 수 있다는 확신과 자신감의 정도이다.[2] 이 세 가지 모두가 균형 있게 작동할 때 다문화적 상황에 대한 동기의 역동적 접근이 가능해진다.[3]

## *2. CQ-지식(Knowledge): 문화마다 다른 관습, 규범, 가치 등의 차이에 대한 이해*

CQ-지식은 인지에 대한 부분으로 말 그대로 문화에 대한 지식을 말한다. 예를 들어 다른 문화의 사람들과 비즈니스를 하려고 해도 상대에 대한 지식이 필요하다. 다른 문화의 사람들은 어떻게 생각하고 어떻게 행동하는지에 대한 이해이다. 어떻게 문화 마다 서로 다른지에 대한 전반적인 이해에 해당된다.

CQ-지식은 크게 두 개의 차원으로 구분지어 볼 수 있는데 문화에 대한 전반적인 이해와 상황에 따른 세부적인 이해이다.[4] 이 두 가지는 지속적으로 학습되어야 한다. 문화에 대한 전반적인 이해는 사회마다 다른 시스템, 관습, 규범, 가치와 같은 거시적 차원의 이해를 말한다. 이를 리더십과 연관지어 보면 문화마다 다른 커뮤니케이션 스타일, 주류 종교, 남녀 간 역할에 대한 기대 등을 이해하는 것이 효과적인 리더십을 위해 필요하다고 보는 것이다. 또한 전 세계의 각기 다른 정치, 경제, 법, 비즈니스 시스템에 대한 이해도 중요하다. 예를 들어, 각기 다른 국가 경제 내 분배 시스템에서부터 결혼 풍습, 양육 방법까지 다양한 지식을 들 수 있다. 가족과 관련된 제도나 풍습, 관습 등의 이해는 불필요하다고 생각할지 모르겠으나 인적자원 관리와 정책을 위해서는 매우 중요하다. 현지 문화에서 조직 구성원들의 가족에 대한 관심과 배려를 기업이 주의를 기울이고 세심한 배려를 해주는 것은 필요한 덕목이기 때문이다. 이뿐만 아니라 문화, 언어 패턴, 비언어적 행위 등에 대한 기초 지식도 필요하다. 이러한 지식들은 낯선 문화적 환경에서 일을 하게 될 때 자신감 향상에 도움이 된다. 시간이나 인간관계를 바라보는 관점에 대해서도 문화마다 다른 경우가 많은데 가령, 북유럽 사람이 중국이나 사우디아라비아 사람과 비즈니스를 한다고 했을 때 분명하게 드러나는 경우가 많다. 두 가지에 대한 문화적 기대가 다르기 때문에 많은 오해와 잘못을 범하기도 쉬운 부분이다.

CQ-지식의 또 다른 측면은 상황에 따른 세부적인 이해이다. 이것은 분야마다 다른 문화 차이에 대한 이해이다. 예를 들어, 다국적 기업을 이끄는 글로벌 리더와 대학을 이끄는 글로벌 리더는 그 접근을 달리해야 한다는 것이다. 정보기술 분야의 기업과 자선 단체와 다국적 군사 작전은 서로 다른 이해와 리더십을 요구한다는 것이다. 문화에 대한 이해와 적용에 있어 서로의 특성에 맞게 접근해야 한다. 이렇게 세부적으로 특화된 분야의 문화 이해는 거시적 문화 이해와 상보적이어야 하는 CQ 리더십에 있어 중요한 측면이다.

CQ-지식은 기존 이문화 경영의 접근법에 자주 등장한다. 세계적으로 성장하고 있는 경영 컨설팅 산업을 보더라도 대개 이와 같은 지식의 교육과 훈련에 중점을 두고 있다. 그러나 CQ-지식이 가지고 있는 중요성을 부정할 수는 없겠지만 다른 세 가지 문화지능 역량과 결합되어야만 실제적인 효과가 온전히 발휘될 수 있다.

### 3. CQ-전략(Strategy): 문화 간 차이에 대한 이해를 바탕으로 상황에 맞는 계획을 세우는 것

CQ-전략은 소위 메타인지에 해당되는 내용으로 다문화 간 상황에 맞는 전략을 세울 수 있는 능력을 말한다. 이는 나 자신과 상대방 모두를 차분하고 깊게 관찰할 수 있는가의 문제이기도 하다. 또한 문화에 대한 이해를 바탕으로 복잡한 문제들을 실제로 풀어낼 수 있는가 하는 문제이다. CQ-전략은 CQ-지식을 활용하여 사전에 적절한 전략을 세우고, 실제 미팅의 자리에서 정확한 상황 인지와 해석을 하며, 마친 후 다시 예상과 현실의 괴리를 점검하고 수정하는 단계로 나뉜다.

이것은 계획하기, 인지하기, 점검하기라는 세 단계로 나누어 부를 수 있다.[6] 계획하기는 문화 간 만남에 대비해 시간을 두고 준비하는 단계이다. 어떻게 상대방을 대하고 무슨 대화 주제를 준비하고 상황은 어떻게 끌어가야 할지에 대한 예상과 이에 대한 준비에 해당한다. 인지하기는 만나는 동안 우리와 상대방 사이에 어떤 일들이 벌어지고 있는지를 주의 깊게 관찰하며 최대한 순조로운 미팅을 이끌기 위한 노력에 해당된다. 점검하기는 미팅 중 실제 벌어진 일과 미리 예상해서 준비했던 것과의 간극을 비교 점검하는 단계이다. CQ-전략에서 주안점은 가능한 한 시간을 충분히 가지고 세심하고 주의 깊게 계획을 세우는 것과 문화에 대한 이해와 현실적 활용 사이의 거리를 줄이는 것이다.

2장 문화지능이란 무엇인가

## 4. CQ-행동(Action): 문화 간 소통을 위한 언어적 · 비언어적 행위의 적절한 변화

CQ-행동은 다문화적 상황에서 적절히 행동할 수 있는 능력을 말한다. 다른 문화의 사람을 만났을 때 효과적인 의사소통을 위한 행위에 대한 내용이다. CQ-행동에 있어 중요한 한 가지가 상황과 장소에 따라 적절히 행동해야 하는 것과 하지 말아야 하는 것들의 구분이다. 문화지능이 높은 사람이라면 어떤 행동을 적절히 구사해야 하는지에 대한 이해와 실천이 보다 유연하고 자연스러울 것이다. 결국 CQ-행동은 다양한 문화적 상황과 맥락에 따른 유연한 행위의 적응이라고 할 수 있다.

CQ-행동은 메시지의 전달에 있어 상황에 적합한 단어와 문장을 구사할 줄 아는 의사표현의 태도와 함께 언어적 행위와 비언어적 행위라는 세 가지로 나누어진다.[6] 이 세 가지 종류의 행위 기술은 특히 문화적 관습과 규범에 따라 알맞게 적용하여 표현해야 한다. 오늘날 빠르게 진행되고 있는 세계화에 맞추어 모든 문화에 적합한 행위를 익혀 표현하기란 쉽지 않다. 그러나 당장에 맞닥뜨려야 하는 문화에 대해서부터 연습하고 시도해 보면 어떨까. 예를 들어보자. 서양인들은 대부분의 아시아 국가에서 명함을 주고받는 행위에 대한 예의를 주의 깊게 파악할 필요가 있다. 아시아인들은 북미사람들을 만났을 때 서로 신뢰를 형성하고 쌓아가는 방법으로 가벼운 대화의 필요성을 인식하고 여기에 동참하려고 시도할 필요가 있다. 기본적인 언어적 · 비언어적 행위를 익혀 구사하는 것은 상대방과 좀 더 가까워지는 데 도움이 된다. 가령 말을 할 때 목소리의 톤을 조절할 필요가 있는데 문화마다 톤에 따라 전달하는 의미가 달라질 수 있기 때문이다. 이 외에도 기업에서의 의사결정 과정이나 데드라인, 팀의 역동성과 같은 부분 역시 문화마다 다르기 때문에 이에 대한 주의와 대응도 유의해야만 한다. 결국 다른 문화와의 업무를 위해 중요한 것은 유연성이다. CQ-행동을 향상시키기 위해서는 유연성을 체크하고 높이기 위해 노력해야한다.

이 책에서 많은 비중을 두고 있는 내용은 문화지능을 구성하고 있는 네개의 역량에 대한 부분이다. 자신은 물론 다른 사람의 문화지능을 높이는데 필요한 핵심 내용이다. 이 네 가지 역량 각각에 대한 이해와 개발은 당신에게 새로운 기회의 문을 열어줄 것이다.

## 문화지능 측정

린 밴 다인과 순 앙은 네 개의 역량으로 구성된 문화지능 개념을 정립하고 검증의 과정을 거친 후 문화지능 측정법(Cultural Intelligence Scale)을 개발했다. 다양한 문화의 샘플을 가지고 타당성에 대한 확인과 증명 작업을 계속 했는데 여기에는 기업 경영인, 해외주재원, 군 지휘관, 사무직원, 세일즈맨, 대학생 등이 포함되었다. 이 측정법은 문화지능을 구성하는 네 개의 역량과 그 아래 하위 영역에 대한 리더의 역량 정도를 세심하게 측정할 수 있는 모델이다.

상호문화능력을 측정하기 위한 문화지능 측정법 연구 자료가 2007년에 출간되었다.[7] 그 이후 문화지능에 대한 본격적인 연구들이 다양한 학자들을 통해 100여 개 이상의 저널에 발표되었다. 린 밴 다인과 순 앙은 문화지능 측정 신뢰도를 높이기 위해 동료나 상사와 같은 지인의 평가도 문화지능 측정에 포함시켜 객관성을 높였다.[8] 문화지능 측정법의 성과는 전 세계 다양한 지역의 후속 연구자들이 활용하면서 계속적인 학문적 성과를 축적하고 있다는 점이다.

다문화적 상황을 잘 이끌어 갈 수 있는 능력은 성별, 나이, 출신, 개성, EQ보다는 문화지능에 의해 더 좌우된다고 할 수 있다. 세계적인 비교문화 심리학자인 데이비드 마쓰모토는 문화지능을 글로벌 소통 기술의 측정을 위한 신뢰할 수 있는 모델이라며 다음과 같이 말했다. "문화지능은 다양한 문화권의 광범위한 샘플을 조사 연구한 결과로서 예측 가능한 타당성을 보여주고 있다."[9] 마쓰모토는 문화지능의 다양한 활용성에 대해서도 언급했는데 바로 의사결정 능력, 문제해결 능력, 이문화 적응력, 협상력, 문화충격 극복, 삶의 질 향상, 업무수행 능력, 혁신, 신뢰구축 등을 들었다.[10]

문화지능 측정법은 자가 테스트는 물론 타인의 피드백도 포함된 다중평가 방식으로 이루어진다. 즉 당신이 직접 받은 테스트 외에도 동료들이 당신에 대해 가지는 생각들도 측정에 포함시킨다. 이러한 다중평가 방식은 더 완벽하고 신뢰할 만한 문화지능 측정을 위함이다. 왜냐하면 당신이 자신을 평가한 것과 타인이 당신을 보는 관점을 비교하고 종합할 수 있기 때문이다. 포춘지 500대 기업에 선정된 다수의 회사, 정부관계자, 자선단체, 대학들이 리더십 개발 계획을 위해 이 문화지능 다중평가 방식을 활용하고 있다. 이에 대한 보다 자세한 내용은 문화지능센터(www.CulturalQ.com) 홈페이지에서 확인이 가능하다.

# 문화지능 vs 문화역량

국내외를 막론하고 다문화적 상황에서 효과적으로 리더십을 발휘해야 하는 역량의 필요성 문제는 사실 새로운 내용이 아니다. 문화역량(cultural competence) 혹은 더 최근에는 글로벌 마인드셋(global mindset)이라는 용어가 제시되고 있다. 그렇다면 문화지능은 이런 유사한 개념들과 어떤 관계에 있을까? 문화역량은 다양한 문화적 배경의 사람들을 이해하고 존중하며 소통할 수 있는 능력에 관한 여러 개념들을 아우르는 상위 개념이라고 볼 수 있다. 30여 가지 이상의 문화역량 모델이 있는데, 이 안에는 개인의 특성(가령 내향적 vs 외향적)에서부터 문화 간 가치의 차이에 이르기까지 300여 가지의 비교 유형들이 포함되어 있다. 나 역시 글로벌 리더십에 대한 이해를 위의 다양한 모델들로부터 도움 받았다. 그런데 기존의 모델들을 보면서 든 질문 하나는 지식의 이해와 현실적 응용 사이의 연결내지는 적용에 있어서의 괴리감이었다. 다른 문화의 관습, 규범, 가치, 태도 등의 지식에만 너무 중점을 두다보니 적극적 활용이 가능한 종합적 모델로서의 기능에 문제가 있어 보였다. 가령 실제적인 동기유발에 대한 취약성내지 문화 간 만남의 상황에서 생길 수 있는 자신감 상실과 사기 저하와 같은 문제들에 대한 언급은 거의 없었다. 개개인에 맞춘 문화역량 정도의 측정과 개발 방법도 필요해 보였다. 다른 문화에 대한 규범이나 관습에는 박식한 사람들이 그 지식을 실제 삶에 활용하고 적용하는 실천에는 미숙한 경우가 많아 보였다.

문화지능은 기존의 문화역량 개념들로부터 여러 영향을 받았지만 동시에 그 이상의 특성을 지니고 있는데 이어지는 내용들이 그 차별성이다.

## 인간지능의 한 형태

문화지능은 지능에 대한 그 동안의 연구 성과를 바탕으로 개발되었다.[11] 케임브리지의 인텔리전스 연구에서부터 감성지능(EQ), 사회지능(SQ)과 같은 다양한 지능들에 대한 연구 성과를 광범위하게 아우른 연구 결과이다. 감성지능의 경우는 자신과 타인의 감성을 이해하고 변별하여 사고와 행동을 인도하는 능력으로 타인에게 영향력을 행사하는 리더에게 중요하다.[12] 많은 리더들은 이 능력의 중요성을 인지하고 효과적으로 활용하고 있다. 그런데 과연 감성지능이 다른 문화권의 나라에 가서도 제대로 효과를 발휘할 수 있을까?

한번은 인도의 방갈로르 지방으로 학생교류 프로그램을 다녀온 MBA 학생들과 여러 차례 인터뷰를 한 적이 있다. 셸리라는 한 학생이 눈에 들어왔다. 힐을 신고 머리를 묶어 올린 검은 정장 차림의 학생이었다. 그녀는 다른 동료들이 이야기를 하는 것을 정말 상냥하게 잘 들어주며 동감의 제스처 역시 잘 보내 주었다. 단 몇 분만 이야기를 나누어 봐도 그녀의 감성지능이 매우 높다는 것을 알아챌 수 있을 정도였다. 뛰어난 대화 능력을 여러 번에 걸친 인터뷰에서 확인할 수 있었다. 그러나 아이러니컬하게도 방갈로르에 갔을 때 가장 힘든 상황이 어떤 것이었냐고 묻자 다음과 같이 대답했다. "함께 얘기할 사람을 만드는 것이었다. 그 상황이 너무나 어색하고 힘들었다. 대화를 할 때도 성의를 다해 보았지만 끝나고 나면 뭔가 허전했다. 서로 유창한 영어로 말하고 있었음에도 의미 있는 대화를 만들어가지 못했던 것 같다."

같은 문화의 사람들과는 원만한 인간관계와 높은 대화 기술을 가졌더라도 다른 문화에 가서는 그 능력이 잘 발휘되지 않는다. 셸리와 같이 탁월한 소통기술을 가진 사람조차도 상당한 좌절감을 겪을 수가 있다. 감성지능에 관한 책이나 훈련 프로그램을 보면 서로 소통할 때의 전제가 어느 정도 일치된 문화권이라는 것을 알 수 있다. 문화지능은 감성지능이나 실용지능(PQ)이 제외시킨 부분에 주목하고 있다. 문화가 서로 다른 사람과의 의사소통 기술이나 문제해결 능력을 향상시키고자 한다. 문화지능은 인간지능의 한 형태이기 때문에 다시 처음부터 모든 것을 배워야 하는 것은 아니며 지속적인 계발과 향상을 통해 다양한 문화적 상황 어디에도 적용이 가능하다.

## 종합적인 체계성

다른 문화역량 이론들과 차별되는 문화지능의 특징으로 종합적인 체계성을 들 수 있다. 문화지능은 네 가지 능력 모두를 측정하고 향상시키려는 종합적인 방법론을 제시하고 있다. 기존의 문화역량 이론들이 주로 지식 전달에 치우쳐 실제적인 적용과 실천에 취약하므로 그 부분을 보완하려 했다. 인간지능에 대한 네 가지 기본적인 영역(동기, 인지, 메타인지, 행동)은 서로 상보적인 관계로서 유기적으로 작동한다. 어떤 사람이 사람들 간의 관계성에 대한 박식한 지식을(인지) 가지고 있는데 실제로 시도해보려는 동기(동기)가 약하다면 그 사람의 사회지능(SQ)은 정상적으로 작동되지 않을 것이다. 상황에 대한 문제를 파악하는 관찰과 분석력(메타인지)이 뛰어난 사람이 실제로 문제해결을 행동으로 보여주려는 실천력(행동)이 약하다면 이 사람의 실용지능(PQ) 역시 높을 수 없다.

문화지능의 종합적인 체계성은 글로벌 경영 전반을 위해 필요한 문화 일반에 대한 이해를 제공한다.[13] 문화지능의 종합적인 접근법은 처음 나의 연구에 여러 분야를 아우르는 작업을 필요로 했다. 동시에 정기적인 해외 방문을 통한 이문화 사례 연구도 빠질 수 없는 부분이었다. 이러한 일련의 연구 과정 속에서 문화가 가지는 중요성을 강하게 확신하게 되었다. 그러면서 든 생각이 소위 문화전문가라는 타이틀이 얼마나 실제 현실 앞에서 무력할 수밖에 없는가 하는 것이었다.

어떤 문화이든 그들만이 가지고 공유하고 있는 고유함과 독창성이 있게 마련이다. 라이베리아에 있는 학교와의 파트너십 문제로 그곳을 방문했을 때 분명하게 알게 되었다. 라이베리아의 역사와 문화에 대한 깊은 이해가 없이 문화에 대한 단편적인 접근만으로는 절대 그들과 효과적인 의사소통을 할 수 없다는 것이다. 라이베리아에 와 본적도 없고 그들의 문화에 대해 배운 적도 없지만 문화지능 방법론은 어떤 내용을 우선적으로 선별해 학습하고 준비해야 하는지를 말해주고 있다. 아무리 경험과 배움이 많더라도 실수는 계속 하게 된다. 실수를 통해 깨달은 것들은 문화지능 향상에 중요한 거름이다. 문화 간 갈등을 모두 피할 수 있다는 오만함을 버리는 겸허한 자세 역시 필요하다.

조직 간 문화 차이, 세대 간 문화 차이, 인종 간 문화 차이 등 좀 더 특정한 문화 영역에 대한 이해는 분명 필요하다. 그러나 문화지능에 있어 매우 중요한 접근법은 모든 종류의 다문화적 상황에 적용 가능한 기술을 발전시키는 것이다. 문화지능에 대한 책이나 훈련 프로그램을 통해 익힌 내용도 중요하지만 당신의 커리어에 맞는 레퍼토리들을 개발하는 것이 필요하다. 그렇게 문화지능의 네 가지 역량을 종합적으로 발전시킨다면 자신은 물론 이끌어 가야할 팀원들의 문화지능 향상에도 기여할 수 있을 것이다.

## 문화지능의 측정과 예측

누군가의 지적 자본(intellectual capital) 수준을 파악하거나 어느 리더의 민족중심주의 경향을 파악해 본다면 매우 흥미로운 통찰을 얻을 수 있다. 그러나 이러한 것들은 이문화 리더십 정도를 파악하기에는 성격상 거리가 있다. 문화지능의 네 가지 능력에 대한 방대한 조사와 데이터는 이 예측 정도를 가능하게 하고자 설계되었다. 문화 간 협상력의 정도를 알기 원한다면 문화지능 측정으로 당신의 레벨 정도와 어느 부분의 향상이 더 필요한지 알 수 있을 것이다. 다문화팀을 이끌어 갈 수 있는 능력 정도를 측정하고 싶다면 어디를 더 보완해야 할지 파악할 수 있을 것이다. 다문화 간 업무의 의사결정능력에 대한 예측도 마찬가지이다. 그 동안의 문화지능 연구와 성과를 통해 다문화적 상황에 대한 적응과 실행 정도를 예측할 수 있도록 디자인되었다. 높은 문화지능일 때의 수행 능력과 관련된 여러 사례들은 8장에서 더 자세히 다루도록 하겠다.


## 지속적인 계발과 향상

사람들은 내게 문화지능이 선천적인지 후천적인지를 자주 물어 본다. 유전학적으로 보다 문화지능적인 사람이 있는지를 물어 보기도 한다. 나는 그럴 때마다 그럴 수도 있다고 대답한다. 마치 다른 사람보다 더 뛰어난 재능을 가진 육상 선수, 예술가, 발명가들이 있는 것처럼 말이다. 그렇게 어떤 사람들은 다문화적 상황에서 다른 사람들보다 더 유연하고 적응력이 뛰어날 수도 있다.

예를 들어, 내향적인 사람의 문화지능 역량과 외향적인 사람의 문화지능 역량은 그 접근에 있어 방법적 차이가 드러난다. 매우 성실하고 양심적인 성격과 CQ-전략과의 상관관계는 긍정적으로 나타난다. 개방적인 성향도 문화지능 전반에 긍정적인 작용을 하는 것으로 나타났다. 개인의 성격과 문화지능에 관한 상관관계의 흥미로운 연구들이 많이 나와 있다.[14] 이에 대해서는 8장에서 자세히 다루기로 하겠다. 문화지능에서 강조하는 점은 *이론과 실천 양쪽 모두 적극적인 학습과 훈련을 통해 누구든지 문화지능을 향상시킬 수 있다는 것이다.* 다문화적 상황에 대해 뛰어난 유연성을 갖추고 태어난 사람이 있다고 할 때 그가 반드시 훌륭한 글로벌 리더가 된다고 볼 수는 없다. 유전적으로 장거리 달리기에 적합한 신체구조를 가지고 태어난 사람도 꾸준한 연습과 훈련을 거치지 않고는 훌륭한 마라토너가 될 수 없는 것처럼 말이다. 선천적으로 보다 개방적인 성격을 가진 사람이 있다고 할 때 그의 문화지능이 어떤 노력도 없이는 향상되지 않는다. 인간지능의 여러 형태 중 하나인 문화지능은 선천적인 것보다는 후천적인 면에 더 중점을 두고 있다. 학습, 훈련, 경험, 책임감과 같은 것들을 통해 누구나 문화지능을 향상시킬 수 있다고 본다. 이 점이 다른 문화역량들과 비교해 볼 때 문화지능이 가지는 또 하나의 특징이다.

문화지능은 글로벌 리더의 자질에 도움이 되고자 한다. 현실적이고 실제적인 소통 기술을 통해 세계화 시대에 필요한 리더의 역량을 높이고자 한다. (문화지능에 관한 연구와 자료의 업데이트는 문화지능센터 홈페이지 www.CulturalQ.com를 참조하기 바란다)

# 네 단계 프로세스

문화지능이 리더십에 관하여 활용될 수 있는 방법은 다양하다. 다른 문화의 사람과 업무를 수행하는 데 있어 상대의 문화역량을 파악할 수도 있다. 다양성과 포용성 프로그램, 글로벌 경영 프로그램, 리더십 개발 프로그램과 같은 이문화 훈련 프로그램에도 활용될 수 있다. 문화지능을 구성하고 있는 네 가지 역량의 내용과 그 단계적 프로세스를 다양한 사례들과 함께 학습할 수 있다. 네 단계 프로세스가 문화지능에 어떻게 적용되고 응용될 수 있는지를 살펴볼 것이다. 네 단계가 꼭 순차적으로 이어질 필요는 없지만 문화지능을 이해하는 과정에서 유용하리라 본다.[15] 아래와 같은 순서로 다루어 보겠다.

- 1단계: CQ-동기는 이문화 프로젝트를 위해 필요한 지식적 이해와 수행 계획을 세우기에 앞서 요청되는 에너지와 자신감이다.

- 2단계: CQ-지식은 프로젝트를 위해 필요한 문화적 사안에 대한 이해이다.

- 3단계; CQ-전략은 문화에 대한 지식을 현실에 적용하는 단계로 사전 계획을 세우고 실제 미팅 상황을 해석할 수 있는 능력이다.

- 4단계: CQ-행동은 프로젝트를 위해 필요한 유연하고 효과적인 행위 능력이다.

이 프로세스의 계속된 반복을 통해 문화지능의 꾸준한 향상이 이루어진다. 문화지능은 고정되어 있는 능력이 아니다. 일상의 업무를 통해 매일 조금씩 진화되고 향상될 수 있다. 물론 프로세스 상의 일직선적 발전 단계를 따르는 것은 아니다. 그러나 이제 막 문화지능 학습을 시작하는 단계라면 위의 프로세스를 한번 따라가 보는 것도 좋을 것이다.

## 내면으로부터의 진정성

전 세계의 사람들을 바라보고 대하는 태도에 근본적인 변화가 일어나지 않는다면 겉으로 보이는 상호문화적 행위는 아무런 의미가 없다. *상대를 존중하는 것처럼 보이기 위해 억지로 행위 하는 것이 아니라 다른 문화적 배경의 사람들과 그들만의 가치에 대해 진심으로 존중하는 마음을 담아 행동하는 리더가 되어야 한다.* 문화지능에 기반한 리더의 행동이 진실되어야 한다는 것은 가장 중요한 부분이다. 서로를 대함에 있어 실제적인 마음의 변화가 없다면 다문화 프로그램이나 이문화 적응 훈련과 같은 노력은 사실 아무런 의미가 없다.

내가 종종 듣는 불평 중 하나가 이문화트레이닝 프로그램에 참여했던 사람들이 실제 현장에 돌아가서는 전혀 변화가 없다는 점이다. 가령 남성들의 여성 동료들과의 소통 능력 향상이나 간접적 의사소통법과 직접적 의사소통법의 문화적 차이 등에 대한 내용들을 학습하고 숙지했음에도 실제 현장에서의 적용되지 않았다. 남성들의 여성 동료들에 대한 진실된 존중이 이루어지지 않는 이유는 무엇일까. 중국인과 미국인 동료들이 서로 간의 의사소통에 여전히 오해와 어려움을 겪는 이유는 무엇일까.

한 연구 결과를 보면 어느 기업이 수차례에 걸쳐 다양성 훈련 프로그램을 마련해 조직 구성원들 간의 존중과 소통 능력 향상을 위해 많은 비용을 지불했다. 그러나 변화된 것이 거의 없었다고 한다. 미군 해병대 출신의 회사 CEO가 가지는 과체중에 대한 선입견조차 바뀌지 않았다. 그는 과체중인 사원을 자기절제가 부족한 게으른 사람으로 보았다. 여성이나 유색인에 대한 편견도 여전했다.[16] 회사 전체에 무의식적으로 자리 잡힌 선입견이다. *CQ 리더십은 무의식적 편견을 의식적으로 끌어내는 작업에서 시작된다.*

문화지능적이라는 것은 우리가 다양한 문화적 배경의 동료들을 대하는 행동의 변화만을 의미하지 않는다. 서로를 대할 때의 내적 변화가 우선적으로 전제되어야 한다. CQ 리더십의 이러한 변화를 위한 여정을 이어지는 내용들과 함께 떠나보도록 하겠다.

## 나가며

문화지능이 높은 사람도 있고 그렇지 않은 사람도 있을 것이다. 하지만 누구든지 문화지능을 높일 수가 있다. 문화지능은 오늘날 리더들이 직면한 문화 장벽에 대한 문제들을 해결하고자 한다. 그 대상과 영역은 어디든지 상관없다. 리더 본인은 물론 조직 전체에 미칠 장애와 위험을 감소시키려는 것이기도 하다. 글로벌 리더는 매우 구불구불하고 굴곡 많은 다각적 문화지형의 세계를 항해해야만 한다. 예상치 못한 장애들로 둘러싸인 세계를 항해하기 위해 보다 더 깊고 넓게 생각하고, 치밀하게 계획하고, 유연하게 행동할 수 있는 능력을 길러야 한다.

문화지능은 학습과 훈련을 통해 향상될 수 있다. 리더라면 사회적, 감성적, 기술적 역량을 향상시켜야 다양한 문화적 배경의 사람과 조직을 효과적으로 이끌어 갈 수 있다. 문화지능을 구성하고 있는 CQ-동기, 지식, 전략, 행동 이 네 가지 능력의 유기적 발전 역시 이에 기여할 수 있을 것이다. 문화지능은 국내외 어느 곳을 막론하고 다양성과 관계된 문제들을 지혜롭게 해결하는데 이바지 하고자 한다.

# PART II

# 문화지능 개발

# 문화지능 동기
## : 잠재력을 발견하라

#1
CQ **Drive**

---

## CQ-동기: 나는 어떤 동기를 가지고 있는가?
다문화적 상황의 적응에 필요한 관심, 의지, 자신감

| 높은 CQ-동기를 가진 리더: | 새롭고 다양한 문화를 배우고 적응하고자 하는 동기가 강함.<br>다른 문화의 적응에 대한 자기 신뢰와 자신감으로 다문화적 상황을 잘 대처해 나감. |
| --- | --- |

새로운 문화를 만날 때면 나는 항상 에너지가 솟는다. 이국적 문화가 있는 곳이라면 마치 자석에 끌리는 듯하다. 누군가 내게 어떤 음식을 먹고 싶은지 물어볼 때면 이국적 문화의 음식이라고 답하곤 한다. 국제선 항공편을 예약한 날이면 아드레날린이 넘치는 것 같다. 새로운 곳을 방문해 현지 음식을 먹어보고 재래시장에서 쇼핑도 하면서 여기저기 다녀보는 것을 너무나 좋아한다. 채워지지 않는 이런 방랑벽이 세계를 돌아다니며 활동하고 있는 현재의 나를 만든 것 같기도 하다. 하지만 가끔 문제가 발생하기도 하는데, 친구와 동료들 모두가 나와 같지는 않기 때문이다. 한번은 방콕에서 열리는 컨퍼런스에 참여했을 때의 일이다. 동행했던 동료들에게 현지 음식을 먹어볼 수 있는 좋은 장소를 알고 있으니 함께 가자는 제안을 한 적이 있는데 만장일치로 거절당했다. 그리고는 모두에게 익숙한 서양식 레스토랑 체인점인 토니 로마스에서 스테이크를 먹었다. 또 한 번은 멕시코에 갔을 때의 일이다. 수도인 멕시코시티가 아닌 근교의 작은 마을에서 다음 미팅을 하기로 현지 팀과 내린 결정을 일행들에게 전달했다. 그러나 누구도 그 결정을 반기지 않았다. 누군가는 농담을 하느냐 면서 우리들이 왜 익숙하고 좋은 호텔을 나두고 그런 곳까지 가야 하느냐며 불평하기 시작했다.

새로운 장소를 방문할 때면 모두가 나처럼 설렐 것이라는 생각은 나만의 착각임을 계속 경험하고 있다. 다문화적 상황과 환경에 임하는 각자의 동기 정도는 모두가 다르다. 그리고 이것은 당연하기도 하다. 누군가는 낯선 장소의 사람들을 만나며 여행하는 것을 좋아할 수 있지만 그렇지 않은 사람들도 있게 마련이다. 하지만 한 기업이나 조직의 리더라면 상황이 달라진다. 오늘날엔 글로벌 환경을 피해 조직을 이끌어 가기가 점점 어려워지고 있기 때문이다.

낯설고 다양한 것에 대해 선천적으로 타고난 열정이 자신에게는 없는 것처럼 보이더라도 다문화적 상황에 대처해 나갈 수 있는 동기부여의 방법에는 여러 가지가 있다. 문화지능을 이루고 있는 네 가지 역량 가운데 첫 번째인 CQ-동기는 문화지능과 리더십에 있어 매우 중요한 연구 성과 중 하나이다. 다문화적 상황을 효과적으로 훌륭하게 이끌어 가는 리더는 다른 문화에 대한 관심과 호기심이 높다.

문화 간 소통 능력을 위한 동기의 중요성이 의외로 자주 간과되고 있다. 여러 기업 내에서 제공되고 있는 이문화 훈련 프로그램을 보면 타문화에 대한 지식 전달 위주가 많다. 프로그램에 참여한 사람들이 그 지식을 받아들일 때 어떤 마음가짐과 동기를 가지고 있는지 그리고 그 지식이 실제로 얼마나 필요하다고 보고 있는지에 대한 동기부여 단계가 빠져있다. 이것이 프로그램 상당수가 실패하는 이유이다. 기업 구성원들이 다른 문화적 배경의 사람들과 함께 일을 할 때 필요한 긍정적인 동기부여에 실패한다면 프로그램은 말 그대로 시간 낭비일 뿐이다. 동기가 결여된 업무 수행 역량은 위태로울 수밖에 없기 때문이다.

다른 문화의 사람들과 함께 일하는 것을 꺼려하는 이유는 각자가 가지고 있는 과거의 직간접적인 경험 때문인 경우가 많다. 웬디의 사례를 한번 보자. 그녀는 37살로 뉴욕의 북부지역에서 성장한 중산층 커리어 우먼이다. 코넬대학 졸업 후 하버드대학에서 MBA를 마치고 뉴욕에 있는 한 회사에서 승승장구하며 7년간 근무를 했다. 부드러운 미소와 딱 부러지는 자신감 넘치는 모습의 그녀였다. 그러면서도 어려운 처지에 있는 이웃 아이들에게 항상 따뜻하고 다정한 큰 언니이자 누나의 모습이었다. 5년 전 그녀는 전혀 뜻밖으로 커리어에 변화가 생겼는데 어려운 아이들을 돕는 비영리단체의 CEO로 자리를 옮긴 것이다.

이 비영리단체는 지난 15년 간 미국과 캐나다를 중심으로 어린이 구호 정책을 펴왔는데 작년에는 이사회에서 중앙아메리카 지역까지 확대하기로 결정하고 웬디에게 책임을 맡겼다. 사실 웬디는 이 사업 확장을 우려하고 있었다. 그동안 북아메리카에 집중되어 있던 정책들에 미칠 수도 있는 부정적인 영향 때문이다. 그러나 어쩔 수 없이 이사회에서 내려진 결정이라 사업 확장에 대한 준비를 해야 했다. 내가 웬디를 만났을 때 그녀는 이미 6개월 간 테구시갈파, 마나과, 산살바도르 등 중앙아메리카 지역의 아이들이 직면한 열악한 상황과 이슈들을 파악해 왔다. 또한 그 지역이 가지는 문화적 차이도 공부하면서 스페인어까지 배우고 있었다. 국제적인 비영리 단체에 필요한 CQ 리더십 관련 자문을 위해 웬디가 나를 만나기로 결정한 것은 중앙아메리카로의 첫 번째 방문을 2주 남겨 둔 때였다. 웬디의 말이다:

만약 미국 시카고 남부나 캐나다의 서스캐처원 외각의 작은 마을에서 규모가 크지 않은 커뮤니티를 이끄는 역할을 맡았다면 무엇을 해야 할지 지금처럼 머리가 아프진 않았을 것입니다. 그

곳 아이들에게 필요한 조치들도 지금보다는 수월하게 취해 갈 수 있을 겁니다. 하지만 중앙아메리카는 계속 공부를 하고 있지만 아직도 어디에서부터 어떻게 아이들을 위한 프로그램을 만들어 가야할지 모르겠습니다.

솔직히, 웬디가 자신의 단체에서 준비하고 있는 프로그램에 대해 지나친 자신감과 확신을 가지고 있지 않은 점이 일면 반가웠다. 그녀는 내게 중앙아메리카로의 확장과 관련하여 매우 조심스럽게 대화를 이어 나갔다.

내가 웬디에게 물었다. "여행에서 기대하는 바가 많나요?" 그녀의 대답이다. "아… 어떤 기분인지 아시나요? 비즈니스 여행이 좀 길어질 것 같아요. 이전에 그 지역에 가본 것은 코스타리카 해변으로의 휴가가 전부였는데." 내가 이어 물었다. "이번 중앙아메리카 여행은 전혀 다른 성격의 방문입니다. 새로운 프로젝트에 대한 준비로 조금 설레는 마음은 있나요?" 그녀의 답변이다:

설렌다고까지 할 수는 없습니다. 내가 무엇을 할 수 있을지 우선 알아야 합니다. 그것이 갖추어지면 모든 노력을 다해 그곳의 아이들을 도와야 합니다. 물론 다른 곳의 아이들에게는 관심이 없다는 뜻이 아닙니다. 이것이 나의 열정을 식지 않게 만드는 동력입니다.

여러 가지 이야기를 조금 더 나눈 후였다. 그녀가 과거에 일을 하면서 겪었던 히스패닉 남자와의 불쾌했던 경험을 얘기해 주었다. 이전에 다른 곳에서 근무했을 때 멕시코계 미국인 동료로부터 반복적인 괴롭힘을 당했는데 그를 정식으로 고소하지는 않았지만 여전히 그 기억이 남아있다는 것이다. 그러나 그녀 역시 그 일로 인해 모든 히스패닉 남자들이 다 똑같다고 할 수는 없다고 했다. 하지만 지워지지 않는 그 감정만큼은 어쩔 수 없다고 했다.

스페인어는 물론 중앙아메리카 문화에 대해 배우려는 그녀의 노력에도 불구하고 진행 중인 프로젝트에 대한 극도의 조심성은 어쩌면 과거 경험의 보이지 않는 원인으로 인해 그 효율적 진행이 더딘지도 모르겠다. 글로벌 리더십에 대한 많은 접근법이 문화 간 차이에 대한 지식과 정보의 전달 위주이다. 하지만 이문화 훈련 프로그램에서 가장 어려운 것 중 하나가 지식의 전달보다는 과연 어떻게 개개인에게 내적 동기유발을 촉진시킬 수 있는가 이다. 분명한 동기와 확신 없이 어떻게 힘겨운 문화 간 업무를 지치지 않고 원활히 해 나갈 수 있겠는가. 동기 문제는 누군가의 문화지능을 측정할 때 첫 번째로 체크해야 할 부분이다. 낮은 CQ-동기는 리더가 분명한 책임감을 가지고 있지 않다는 위험한 신호가 될 수 있다.

하지만 좋은 소식 한 가지는 어떤 리더라도 CQ-동기를 높일 수 있다는 것이다. 밴 다인과 앙은 CQ-동기에 대한 세 가지 하위 항목을 제시했다. 내적 동기, 외적 동기, 자기효능감이 그것이다.[1] 이 세 가지는 이제부터 제시되는 CQ-동기 향상 전략에 기초가 된다.

## 자신을 정직하게 바라보자

CQ-동기를 향상시키는 첫 번째 과제는 바로 자신에게 정직해지는 것이다. 웬디는 라틴아메리카 문화에 대해 가지고 있던 의구심과 부정적 감정을 솔직하게 인정하고 나서야 보다 적극적인 돌파구를 모색할 수 있었다. 바로 내면의 변화를 감지했기 때문이다.

나 역시 새로운 장소를 방문하게 되면 활기와 생동감을 느끼지만 이 감정들을 방해하는 요소들도 만나게 된다. 그리고 이러한 장애들을 모두 지우거나 피할 수는 없다. 한 가지 예인데 얼마 전 말레이시아에서 있었던 경영인들 대상의 리더십 프로그램 일정 중 적어 놓은 메모의 일부이다.

아직도 시차적응이 안 되었다. 미국에 있는 딸 아이 에밀리가 계
속 아프다고 하니 걱정이 많이 된다. 어제의 내 강의도 썩 마음에

들지 않았다. 강의 후 존과 함께 늦은 저녁을 먹고 쌓여있는 이메일을 처리하기 위해 호텔 방으로 돌아와 늦게까지 일을 했다. 오늘 내가 주도해야하는 세미나의 준비가 더 필요해 보인다. 그러나 시간이 부족하다. 또 다른 일로 해외에 있는 파트너들과 전화 회의를 해야 할 시간이 다 되었기 때문이다. 마치면 바로 세미나가 시작된다.

머무르는 내내 아픈 딸아이가 보고 싶어 빨리 미국으로 돌아가고 싶었다. 내 몸도 좀 지쳐 있었고, 스케줄이 바빠 시간적으로도 적잖은 압박을 느끼고 있었다. 이러한 요인들로 인해 동기 부분이 약해져가고 있는 나를 발견할 수 있었다.

클라우스라는 독일인 주재원은 2년 간 케냐의 수도 나이로비에서 일을 하게 되었다. 그는 자신이 직면한 상황을 극복하기 위해 스스로에 대한 정직함이 필요해 보였다. 뮌헨에서 나이로비로 가족 전체가 이주하게 되면서 겪었던 두려움에 대한 내용이다.

우리는 나이로비에서 누구도 믿지를 못했다. 이전에 나이로비에서 근무했던 다른 가족들이 현지인들에게 이용당하고 강도도 당하는 등 좋지 않은 경험들을 들려주었기 때문이다. 내 아내도 이런 이유로 현지인을 가사 도우미로 고용하기를 한동안 꺼렸었다. 지금은 그런 두려움은 모두 가시고 온 가족이 편안한 생활을 하고 있지만, 처음 6개월간은 가족 모두가 현지에 대한 두려움을 극복하기가 쉽지 않았다.

가족의 안위가 걱정이 되어 모든 위험을 차단하려는 방어적인 태도는 당연한 모습일 수 있다. 클라우스 가족이 두려움을 극복했던 것처럼 우리도 비슷한 두려움이 있다면 그것을 극복해 나갈 수 있는 방법을 찾아 해결해야 한다.

정직함이란 우리와 다르다고 생각되는 사람들에게 가지고 있는 편견과 선입견을 분명히 직시하는 것이다. 다음은 오리건 주의 포틀랜드에 거주하는 사업가 샤리스의 솔직한 고백이다.

> 나는 인종차별주의자일까? 어제는 피검사 때문에 병원에 들렀다. 흑인 남성이 대기하던 방안으로 들어왔을 때 그저 의사를 보조하는 사람 정도로 생각했다. 그런데 잠시 후 그가 내과의사인 것을 알았다…. 왜 처음 본 순간 바로 그런 가정을 해버렸을까? 그가 만약 백인이었다면 내과의사라고 생각했을 것이다.

우리 모두는 특정 그룹에 대한 무의식적 편견을 가지고 있다. 그것은 사회화 과정을 거치면서 내재화된 것으로 우리의 뇌는 특정 그룹을 마주하게 되면 자동적으로 작동한다. 여기서 문제는 이런 편견이 특정 그룹의 구성원 모두에게 천편일률적으로 적용되어 행동으로까지 표출될 수 있다는 것이다. 이러한 사실들을 정직하게 인정하고 받아들여 이해하게 되면 한층 나은 제어와 완화로 여러 문제들을 줄여갈 수 있다.

그렇다면 당신은 과연 어떠한지를 아래의 사례를 가지고 살펴보도록 하자:

⇨ 당신에게 가장 어렵게 느껴지는 문화는 어디인가? 그 문화는 국가나 인종일 수 있다. 물론 나이, 직업, 이데올로기 등의 그룹 문화일 수도 있다. 만약 당신이 그룹의 리더가 된다면 어떤 문화적 성격의 그룹이 가장 부담스러운가? 그 이유는 무엇이라고 생각하는가? 이 질문을 곰곰이 생각해 보고 그 이유를 가까운 친구나 동료들과 이야기해보자. 자신을 보다 정직하게 바라볼 수 있는 과정이 될 것이다.

⇨ 온라인상으로 가능한 내재적 연상 테스트(implicit association tests)를 받아보는 것도 좋다. 이 테스트는 피부색, 체중, 나이, 종교 등에 따른 내적 편견을 파악해 보는 것이다. 테스트는 다음의 사이트 https://implicit.harvard.edu/implicit에서 받을 수 있다. 어떤 그룹에 대한 자연스런 반응을 보여주는 것인데, 편견에 정직할 때 상대와의 관계를 보다 절제되고 유연하게 만들어 갈 수 있기 때문이다.

⇨ 당신이 과거에 받아보았던 테스트가 있다면 다시 한 번 살펴보는 것도 좋다. 리더십 테스트라든가 감성 역량, 성격 검사, 자존감 등 다양한 테스트가 있을 수 있다. 자신의 성향이 기록된 과거의 자료들을 가지고 이 결과들이 문화 간 소통 능력에 어떤 영향을 미칠 수 있는지 생각해 보는 것도 좋은 방법이다. 예를 들어, 관계보다는 업무에 더 우선순위를 두는 성향을 가졌다고 했을 때 이것이 문화 간 차이의 상황에서는 어떤 영향을 미칠 수 있고 어떻게 대처해야 좋을지 구체적 생각들을 해볼 수 있다.

만약 다문화적 상황과 만남에 대해 그다지 내키지 않거나 흥미를 못 느끼다면 이 사실을 있는 그대로 받아들이는 것도 좋은 출발점이다. 어떻게 하면 동기가 만들어질 수 있을지 생각해 볼 수 있기 때문이다. 가장 관심을 가지고 흥미를 느끼고 있는 일과 연결 지어보자. 예를 들어, 그래픽 디자인에 관심이 많다면 다른 나라의 그래픽 디자인에 대해 공부해 보는 것도 즐거운 일이 될 수 있다. 제약회사에서 일을 하고 있다면 라이프 스타일이나 행동 패턴에 대한 다른 문화 사람의 경향을 찾아볼 수도 있다. 취미가 달리기라면 여행지의 조깅코스를 둘러보고 즐길 수도 있다. 사진작가라면 문화 다양성을 사진으로 담아보는 데 즐거움을 가질 수도 있고, 동물애호가라면 방문지의 환경과 동물을 연구해보는 것도 즐거운 작업일 수 있다.

## 얼마만큼의 확신을 가지고 있는가

CQ-동기 향상을 위해 자신에 대한 정직한 대면만큼 중요한 것이 다문화적 상황과 업무에서의 확신이다. 이것은 자기효능감으로 특정한 일을 성공적으로 수행할 수 있다는 확신을 말한다. 많은 연구에서 밝혀졌듯이 리더가 가지고 있는 확신의 정도는 그 성과에 지대한 영향을 미친다.[2]

웬디는 자신의 조직이 가지고 있는 비전과 성과를 설명할 때 자기효능감이 높아 보였다. 그녀가 5년 전 처음 회사에 왔을 때보다 300% 이상 예산이 늘었고 5배나 많은 아이들을 돕고 있다고 했다. 그리고 앞으로도 5년 이상 이와 같은 성장이 계속될 것으로 확신하고 있었다. 그런데 중앙아메리카로의 사업 확장이 내적 변화를 초래했다. 과거의 개인적 경험과 그로 인한 무의식적 편견이 중앙아메리카에서의 사업에 대한 확신과 자신감을 떨어뜨리고 있었다.

자기효능감은 문화 간 적응에 있어 중요한 예측변수이다.[3] 특정 문화에서 일하는 것에 대해 자신감이 부족하다면 이는 분명히 일의 능률을 떨어뜨리게 된다. 협상력은 말할 것도 없고 갈등을 중재하는 능력이나 새로운 사업 확장과 같은 기회도 마찬가지이다.[4] 웬디는 새로운 지역에서의 위험을 줄이기 위해 그 지역 문화는 물론 그곳 어린이들과 관련된 여러 가지 자료들을 수집해 조사하며 자신감을 쌓아가려 했다. 이것은 낮은 자기효능감을 극복하는 좋은 방법이 될 수 있다.[5] 물론 다른 방법들도 도움이 될 수 있을 것이다. 그 지역에서 성공한 사업가로부터 자문을 받아보는 것에서부터 사소한 것이라도 긍정적인 경험들을 두루 들어볼 수 있다면 말이다. 웬디가 히스패닉 사람과 새로이 좋은 경험을 쌓아갈 수 있다면 자신의 내적 편견을 변화시키고 다시 자신감을 높여 긍정적인 동기부여를 만들어 갈 수 있을 것이다.

미묘한 균형감도 필요하다. 많은 리더들이 지나치게 높은 자신감을 보여 어느 나라를 가더라도 다 잘될 것이라고 오만할 수 있다. 이 역시 문제가 있기는 마찬가지이다. 그러나 반대로 이문화 적응훈련 프로그램들이 해외에서 실패한 사례에 너무 치우친 나머지 교육 참가자들의 사기를 꺾는 경우도 있다.

확신과 관련해 말레이시아에서의 내 사례를 이야기해 보려고 한다. 내가 맡고 있던 세미나 그룹에서의 일이다. 내성적인 리더의 효과적인 전략 향상 문제에 대한 것으로 이전 시간에 못 다한 내용을 이어서 진행하려고 했었다. 그런데 지난 시간의 내용을 참여자들이 이미 소화해 다음 단계로 갈만한 상황인지에 대한 확신이 들지를 않았다. 그래서 주제를 조금 바꾸는 것이 나을 것 같다는 생각이 들었다. 최근 조직문화와 혁신에 대한 문제로 다양한 연구를 진행하고 있었던 상황이고 이 주제 역시 참여자들이 지난 시간에 이어 계속적으로 고민해 보면 좋겠다는 생각이 들었다. 그리고 이 주제를 이미 참여자들과 비공식적 자리에서 여러 차례 논의해 보기도 했던 터라 문제가 없어 보였다. 그래서 원래 진행하려던 내용 대신에 이 문제에 대해 논의하기로 마음을 바꾸었다. 그러나 몇몇 참가자들이 지난 시간에 약속한 내용을 계속하자는 의견이 있어 적절한 조율이 필요한 상황이었다. 참여자들을 위해 당시 가장 좋은 세미나 주제가 무엇일지를 선택하는 과정에서 나의 바뀐 결정에 대한 확신이 강하게 들었다. 그리고 결국은 모두에게 만족스러운 세미나 시간이 되었다. 확신에 대한 문제는 특히 업무 진행 과정에서 상황에 따라 유동적일 수 있다. 확신과 자신감이 높아진다는 것은 CQ-동기 향상을 위해 중요하다.

## 전혀 다른 문화를 만나보자

음식이야말로 여행자들 사이에서 가장 많은 얘깃거리가 되는 주제 중 하나이다. 비즈니스 여행자 대다수가 낯선 음식에 대한 도전을 실감한다. 방문자의 식성을 전혀 고려하지 않은 호스트의 지나친 현지 음식의 권유에 당황스러울 때도 있다고 한다. 인도네시아 사업가인 아이니가 미국에서 겪었던 경험이다:

나는 전혀 요리를 하지 않은 채 야채 그대로의 신선함을 즐기는 미국인들의 취향을 여전히 받아들이기가 어렵다. 넉넉하게 내 놓은 샐러드가 늘 내키지 않았다. 게다가 가끔 샐러드 위에 잘게 썰어 올려져 있는 차가운 치킨 조각들도 이해하기 어려웠다. 자카르타 시장에서 흔히 볼 수 있는 신선한 닭 한 마리 그대로의 모습을 보기가 어려웠다. 자카르타에서는 보통 생선이나 닭을 살 때 한 마리를 고르면 손질해 잘라준다. 미국 슈퍼마켓의 고기 코너를 둘러보다보면 속이 메스꺼워짐을 느낄 때도 있다. 미국에 있을 때의 식사 시간은 정말 부담스러울 때가 많았다.

그런데 냉동 닭에 대한 아이니의 생각과는 달리 많은 미국인들은 다른 국가에서 볼 수 있는 시장에 매달려 있는 고기 때문에 비위가 상한다고 한다. 미국인들은 일하기 위해 먹는다는 말이 있을 정도로 편리하고 간편한 것을 선호한다. 아이니가 일부 미국 음식에 대해 보이는 혐오감이 미국에서의 비즈니스에 심각한 문제로 작용하지는 않는다. 내가 만일 아이니를 집에 초대하게 된다면 그녀에게 내키지 않은 음식은 굳이 먹지 않아도 된다고 말할 것이다. 물론 준비한 음식을 먹지 않는 것이 마냥 좋을 수만은 없지만 그녀의 취향도 존중해 주어야 한다고 생각한다.

어느 문화를 보더라도 음식은 삶에 깊이 관여되어 있다. 언젠가 인도에서 호스트의 초대로 가정에 방문한 적이 있었는데 음식에 쓰인 향료가 그 집 정원에서 백 여 년 이상 직접 재배해 온 것이라는 말에 놀란 적이 있다. 인도에서는 최고의 접대를 위해서는 음식을 여러 날에 걸쳐 준비한다고 한다. 그렇기 때문에 당신을 위해 준비한 음식이 내키지 않는다고 단박에

시도조차 하지 않는다는 것은 조금 다르게 생각해 볼 문제인 것 같다. 인도의 한 친구가 인도에서는 포크와 나이프와 같은 도구를 사용하지 않고 손으로 직접 먹는다고 하면서 이런 말을 덧붙였다. "포크로 음식을 먹는다는 것은 마치 사랑을 대리자를 통해 듣는 것과 같다."고 말이다. 인도 사람들이 자신들의 음식과 요리에 어떤 생각을 가지고 있는지를 단적으로 말해주는 내용이다. 성공적인 글로벌 비즈니스를 위해서도 음식이 가지고 있는 영향력은 분명 존재한다.

포춘지 선정 500대 기업 중 한 곳의 경영자인 영국인 에드윈은 동남아시아로 비즈니스 여행을 자주 간다. 그는 현지의 새로운 음식을 즐기기도 하지만 동시에 협상 전략의 하나로 현지 음식을 잘 활용한다. 에드윈이 경험한 동남아시아에서의 비즈니스와 음식에 관한 이야기이다:

동남아 현지의 호스트들이 서양 음식이 나오는 레스토랑에서 저녁 식사를 하자고 할 때마다 나는 대부분 사양하고 현지 음식을 먹을 수 있는 곳에서 함께 식사를 한다. 내가 정말 그것을 원하는 모습에 모두 놀라는 표정들이다. 서양에서 온 손님이 매번 자신들의 전통 음식을 먹어보자고 하니 신기해할 만하다. 매운 누들, 이색적인 해물, 물고기 눈, 개구리, 뱀, 곤충 요리를 먹어보는 것은 정말 흥미로울 따름이다. 사무실에서 미팅을 마친 후 가지는 저녁 식사 시간은 진짜 비즈니스가 일어나는 시간이다. 이 순간은 글로벌 비즈니스에 있어 정말 중요한 시간이자 전략적으로 유용한 기회라고 확신한다.

에드윈은 동남아시아에서 중요한 비즈니스 계약은 공식적인 미팅이 아닌 함께 식사를 하는 자리에서 많이 성사된다고 말한다. 물론 당신이 에드윈처럼 낯설고 이색적인 요리를 억지로 먹으면서까지 무리할 필요는 전혀 없다. 그러나 적어도 어느 정도 성의를 보이는 노력은 상대의 문화를 이해하고 존중하려는 모습으로 비쳐진다. 단순히 새로운 음식을 먹어본다는 호기심 이상의 가치를 상대와 공유하는 것이다. 솔직히 내키지는 않지만 현지 음식을 먹어야 하는 자리가 생겼을 때 참조해 볼 수 있는 몇 가지 노하우를 제시해 보면 다음과 같다:

⇨ 아주 조금만 먹어보자.

⇨ 재료가 무엇인지 묻지 말고 먹어보자. 실제로 맛있을 수도 있는데 알면 먹고 싶지 않을 수 있으니 그냥 한번 먹어보자. 물론 알레르기나 종교적 이유로 못 먹는 음식은 예외이다.

⇨ 얇게 썰어서 한 입에 먹어보는 것도 좋다.

⇨ 질척한 음식이라 먹기 어려워 보이면 밥이나 누들, 빵과 함께 먹어보자.

⇨ 매운 음식은 파인애플을 먹으면 누그러지고 콜라를 마시면 더 심해진다. 먹고 마시는 것의 조화도 필요하다.

⇨ 먹는 방법을 잘 모르겠으면 그냥 물어보면 된다(손으로 먹어야 할지, 껍질을 벗겨야 할지 등). 대부분의 호스트들은 직접 보여주는 것을 무척 좋아한다.

⇨ 음식에 대한 칭찬의 말을 준비해보자. 반대로 입에 맞지 않아 힘들더라도 표정은 가능하면 드러내지 않는 게 좋다. 모두가 당신을 쳐다보

고 있으니 말이다.

⇨ 음식에 대해 개인적으로나 아니면 문화적으로 어떤 중요한 의미가 담겨 있는지 호스트에게 물어보는 것도 좋다.

대부분의 문화권에서 함께 식사를 한다는 것은 간단히 요기를 하는 것 이상의 의미를 지니고 있다. 특히 서로가 신뢰를 쌓아간다는 의미도 포함하고 있다. 방문지의 관광코스에 초대를 받았다는 것도 비슷한 의미를 지닌다. 태국에 비즈니스로 방문한 싱가포르의 어느 기업인이 수상택시를 타고 하는 짜오 프라야 강 관광에 초대받았을 때 시간낭비 쯤으로 여길 수도 있다. 네덜란드 기업인이 케냐의 공무원으로부터 케냐의 전통음식을 먹는 저녁식사에 초대된 것이 그곳에서 공장을 세우는 일과는 아무런 상관이 없는 것으로 생각할 수 있다. 하지만 연구결과를 보면 정반대이다. 상대의 문화와 사람들에 대한 관심이 감지하지 못할 수도 있겠지만 많은 영향을 미치고 있다는 것이다. 현지에서 관광하는 시간이 산업화 된 선진국의 사람에겐 시간낭비처럼 보일 수 있지만, 한 번 더 생각 해 보면 이는 방문자로서 현지의 역사와 문화에 대해 존중하는 태도이다. 그리고 이 태도는 당연히 파트너로서의 관계 발전에 영향을 미칠 수밖에 없다. 몰역사적인 태도가 중요한 상황에서 일을 그르치게 하는 경우가 매우 많다.

문화차이는 업무적으로 만나서 일을 할 때보다 비업무적으로 만나 관계를 형성할 때 더 두드러진다. 소프트웨어 엔지니어끼리 자주 사용하는 전문 용어는 서로 문화가 달라도 쉽게 이해할 수 있을 것이다. 브라질의 대학교 총장과 독일의 대학교 총장도 그렇고, 중국의 기업 고위 관리자와 캐나다의 기업 고위 관리자도 업무상 용어와 소통은 직업적인 공통성 때문에 수월한 면이 많이 있다. 물론 그렇더라도 업무 현장에서 서로의 문화적 차이로 인한 도전은 끊임없이 일어난다. 그런데 이와 같은 상황보다 더 어려운 것이 비업무적인 만남이다. 사무실을 떠나 사적인 저녁식사 자리는 정말 문화 간 차이의 간격이 여실히 드러날 수 있다. 어떤 대화의 주제가 적절한 것인지? 상대의 가족에 대해서는 물어볼 수 있는지? 식사 자리에서 업무에 대해 언급하는 것이 바람직 한 것인지? 어디에서 무엇을 먹어야 하는지? 등 문화적 차이로 인한 오해와 갈등이 많이 발생할 수 있기 때문이다.

이렇다 보니 다른 문화의 사람들과 함께하는 시간을 최소화 하고 같은 문화의 사람들과 더 많은 시간을 보내려 할 수 있다. 더 친근하고 편하기 때문이다. 단기간의 비즈니스 여행을 하는 사람들은 대개 자국 출신의 동료와 동행하고 고향 음식을 선호할 것이다. 해외주재원들도 보면 현지의 문화와 사람들에 섞이기 보다는 자국의 사람들과 보다 친밀한 관계 속에서 그들만의 울타리를 만들어 놓는 경우가 많다. 하지만 자국민들과 주로 어울리고 그들만의 커다란 그룹을 형성하여 현지문화로부터 도피하려는 모습은 결국 효과적인 문화 간 소통 기술을 떨어뜨려 현지 업무에서마저 어려움을 증가시킬 수 있다. 새로운 문화적 환경에 들어가 그 안의 동일 문화 그룹에만 소속하려 하면 그것이 현지 적응과 업무에 있어 동기부여를 막는 장애가 될 수도 있다.[6]

우리는 여기에서 '자신에게 정직해져라'는 내용을 상기할 필요가 있다. 물론 천천히 적응해 갈 수는 있다. 내성적인 사람이라면 특히 다문화간 상황과 업무에 더 빨리 지칠지 모른다. 문화 간 차이와 장벽을 피하기 위해 자국민들과만 어울린다든지 이것도 아니면 혼자만의 공간에서 시간을 보내기 시작할 수도 있다. 어떤 비즈니스 여행을 하는 미국인도 며칠간 맥도널드 햄버거에 스타벅스 커피를 못 먹었다고 해서 문제가 생기지는 않는다. 물론 자신만의 공간에서 편안하게 휴식을 취하면서 에너지를 충전하는 시간은 필요하다고 본다. 오히려 이런 휴식은 CQ-동기를 높이는 데 도움이 된다. 지치게 되면 동기가 약화되기 때문이다. 하지만 주의해야 할 부분은 이런 상황이 길어지다 보면 점점 현지 문화와 상황에 적응하기가 어려워 질 수도 있다는 점이다.[7] 현지인들과 함께 업무를 보는 일상에서 자신에게 익숙한 음식만 먹으려 하고 자국의 언어로 된 신문만 보려 한다면 많은 기회들을 놓칠 수 있다. 저녁 식사 초대를 거절하고 방 안에서 혼자 룸서비스를 시키려 한다면 자신의 모습을 한번 정직하게 마주할 필요가 있다.

## 노력의 보답과 결실을 상상해 보자

문화가 다른 사람들과 함께 일을 하다보면 피로감, 두려움, 걱정 등으로 힘들 때가 있지만 지치기만 할 필요는 없다. 고생한 만큼 상응하는 보답이 있기 때문이다. 다음에 이어질 내용은 높은 문화지능이 가져올 수 있는 여러 혜택들이다. 문화지능이 낮은 리더에게 동기를 부여해 줄 수 있는 내용이기도 하다.

### 커리어 쌓기

점점 많은 조직들이 다문화 팀을 효과적으로 이끌 수 있는 리더를 필요로 하고 있다. 고위 간부급을 새로 뽑을 때는 두 개 이상의 낯선 문화권에서의 성공적인 비즈니스 유무를 채용 조건으로 제시하기도 한다.

프랑스 인시아드 경영대학원의 윌리엄 매덕스 교수는 개인의 여러 인적사항들을 고정 변수로 놓고 다문화 경험이 새로운 직장을 구하는 데 얼마나 유리할 수 있는가를 연구했다. 그 결과는 상당히 긍정적으로 작용한다는 것이었다. 새로운 문화를 배우고 적응해 본 경험을 가진 사람이 더 창의적이고 적극적이고 개방적이라는 것이다. 이것이 면접을 볼 때에도 그대로 드러난다고 한다. 서로 관련이 없을 것 같은 내용들을 의미 있게 연결 지어 제시하는 통찰력도 더 풍부하다고 한다. 결국 이러한 채용후보자들이 인터뷰 과정에서 더 좋은 인상을 남길 수밖에 없다는 것이다.[8]

### 창조와 혁신

문화 간 만남을 통한 새로운 세계로의 확장은 그 과정에서 배워가는 것들이 이미 창의성의 보고라고 할 수 있다. 다른 문화와 관계 맺으며 협상할 수 있는 능력과 기술은 도전정신을 필요로 한다. 여러 문화권을 넘다들며 서로 윈-윈 할 수 있는 방법을 터득했다면 이때 배운 창조성과 혁신력은 업무를 넘어 이미 삶 전반에 걸친 문제에도 적용해 갈 수 있을 것이다. 중국과 독일의 문화적 차이를 분명히 알게 되었다고 해보자. 두 문화 모두를 존중해 가며 갈등을 없애고 양측의 협업을 최대한 끌어내어 성공적인 결과를 이끌었다면 이 과정에서 찾아낸 창조적 방법은 매우 값질 수밖에 없다. 높은 문화지능과 혁신 사이의 관계는 매우 긴밀하지 않을 수 없다.

3장 문화지능 동기 : 잠재력을 발견하라

## 글로벌 네트워크

높은 문화지능으로 인한 글로벌 역량은 전 세계 사람들과의 인적 네트워크를 계속해서 확장시킬 것이다. 전 세계의 고객들은 자신들을 진정으로 이해해 줄 수 있는 리더와 기업을 찾을 수밖에 없다. 그리고 그 리더와 기업과의 지속적인 네트워크와 교류를 원할 것이다. 높은 CQ 리더십은 이와 같은 네트워크의 확장과 관계의 지속성을 만들어 줄 것이다.

## 높은 수익과 비용 절감

글로벌 벤처기업의 70%가 실패한다는 통계가 있다. 그래서 많은 기업과 조직에서 기꺼이 비용을 지불하면서까지 다문화적 업무를 성공적으로 수행할 수 있는 인재를 찾고 있다. 그들이 벌어들이는 수익은 그보다 훨씬 크기 때문이다. 문화 간 업무를 잘 해내지 못하는 리더로 인해 발생하는 손해를 한 번만 계산해 본다면 그 심각성을 쉽게 인지할 수 있다. 아래의 내용을 살펴보자:

⇨ 실패한 글로벌 시장의 사업을 지휘한 리더와 팀원들을 한 번 보자. 그들에게 지불된 비용은 어느 정도였는가? 그 비용을 시간 단위로 나누어 계산을 해보자. 비용뿐만 아니라 들어간 시간도 계산을 해보자. 일주일 간 사업 미팅의 횟수를 인원 수 대비 시간 량으로 계산하면 총 몇 시간이 되겠는가?

⇨ 그 사업에 직간접적으로 관여된 직원들 모두에 대한 비용은 얼마인가?

⇨ 그 사업에 투자하면서 놓친 다른 기회들을 비용으로 따지면 얼마나

되겠는가?

⇨ 조직 전체에 끼친 악영향과 직원들의 사기 저하를 비용으로 치면 얼마이겠는가?

문화지능을 고상한 취미 내지는 이상일 뿐이라고 말하는 사람들은 이윤과 비용절감에 미치는 영향을 들어 보려고도 하지 않는다. 그러나 조직 전체를 통해 문화지능을 높이고 있는 기업에서 보이는 이윤 증가와 비용 감소를 보면 그 효과가 입증되고 있다. 문화지능이 높은 경영인이 그렇지 않은 경우에 비해 조직의 수입을 늘려주고 있다. CQ 리더십에 투자할 가치가 있음을 조직들이 인정하기 시작했다. 문화 간 업무를 효과적으로 잘 해내는 사람들에게 충분한 보상을 해주는 조직문화는 CQ-동기를 높이는 데 기여한다. 그리고 이는 결국 조직 전체의 목표 달성에 이바지하게 된다.

다문화간 업무에 탁월한 조직이 더 많은 이윤을 창출할 수 있다. Part III 에서는 문화지능에 대한 투자가 많을수록 조직에게 돌아오는 성과와 이득에 대해 자세히 다루도록 하겠다.

## 더 큰 그림을 그리자

커리어 내지는 급여와 같은 문화지능 향상을 위한 외적 요인이 동기로 작용할 수 있다. 그러나 '보다 더 궁극적인 목적'이 존재하고 있다. CQ 리더십은 더 궁극적인 목적을 지향하려는 데에서 그 동기를 유지시킬 수 있다.

존 엘킹턴은 기업의 사회적 책임에 대한 세계적인 권위자로서 '지속가능 경영의 3대 축(triple bottom line)'을 제시했다. 기업경영은 인류-지구-이익 모두를 늘 함께 염두하고 고려해야 한다는 것이다. 그는 성공한 기업을 평가하는 데 있어 이 세 가지 기준 모두가 적용되어야 한다고 주장 한다:

기업이 이윤을 추구하는 과정에서 사람들에게 고통, 절망, 불평 등을 야기 시키고 있는가(인류). 기업 활동이 자연 환경에 어떠한 영향을 미치고 있는가(지구). 기업을 위한 수익성은 어떠한가.(이익)[9]

조직은 그 유지를 위한 최소한의 수익 창출을 필요로 한다. 비영리조직조차도 경제적으로 생존하지 못하면 설립 목적에 맞는 사업을 수행하기가 어려워진다. 그런데 여기서 유의할 점은 환경에 대한 책임과 인간 행복이라는 두 개의 축이 기업 이윤 추구와 꼭 대립적 갈등 구조일 필요가 없다는 점이다. 지속가능 경영의 3대 축은 서로가 상보적이다. 다른 두 개의 축을 위협하기 때문에 이윤 추구의 기회를 때론 포기할 수도 있다. 중요한 것은 우리가 어떻게 돈을 써야하는가의 문제이다. 다른 말로 우리가 어떻게 살아가야 하는가의 문제이다. 돈이라는 것은 사람들에게 기회를 만들어 줄 수도 있고, 삶의 활력을 불어 넣어 주기도 하고, 권리를 실현시켜 줄 때도 있다. 그러나 그 돈이 잘못 쓰이게 되면 인간의 삶을 파괴해 버릴 수 있다.[10]

글로벌 시장에 진출하고 다국적 인력에 관여할 때 지속가능 경영의 3대 축은 모두 고려되어야 한다. 많은 글로벌 기업들이 전 세계 소비자들로부터 존중과 신뢰를 얻어야 한다는 것을 깨닫고 있다. 이 말은 단순히 규정과 규제를 잘 지키고 따라야 한다는 것만을 의미하지 않는다. 아동 노동 학대, 고용 차별, 안전 기준 등과 같은 다양한 문제들에 대해 신중을 기해야 한다는 말이다.

엘킹턴이 제시하고 있는 것들은 '보다 더 궁극적인 목적'의 예시가 될 수 있다. 인간에 대한 이타적인 이유에서 문화지능을 높이고자 한다면 글로벌 시장에서 단지 사적 이익을 추구하려는 것보다 더 강하고 지속적인 동기로 작동할 수 있다. 사실 문화지능은 세계와 인류를 향한 진심어린 관심과 애정 없이 지속될 수 없다.[11] 그래서 문화지능의 핵심에는 다른 사람들의 삶에 대해 배우고자 하는 열망이 있다. 다른 사람들과의 문화적 차이와 맥락을 통찰하고 그들과의 공감 능력을 높이고자 한다. 그런 면에서 글로벌 비즈니스를 포함한 다양한 문화적 만남과 소통의 기회는 서로를 배워가며 신뢰를 쌓아갈 수 있는 귀한 기회임에 틀림없다.

미국인들이 문화지능을 더 높여야 하는 이유가 있을까? 물론 있다. 바로 미국인들을 향한 세계의 시선이 바뀌었기 때문이다. 과거 오랫동안 미국인들은 전 세계 어디를 가든 환영을 받아왔다. 미국인들의 생각과 신념은 물론이고 미국 제품과 서비스에 이르기까지 미국이라면 인정받아온 것이 사실이다. 그러나 이제는 예전과 같지 않다. 미국을 향한 태도가 많이 변했다. 비즈니스는 물론이고 정부나 비영리단체의 전 세계 고위 간부들이 미국인들에 대해 자기들끼리 하는 말이 있을 정도이다. 한 마디로 미국인들은 커다란 착각 속에서 사는 것 같다는 것이다. 다른 국가의 파트너들과도 진실되게 소통하지 않는다고 본다. 외교정책 상임 자문위 한 사람이 뉴스위크지의 파리드 자카리아에게 한 말이다. "미국인 관료들과 미팅을 할 때면 그들이 대화를 주도해 버리고 우리는 듣기만 하는 경우가 대부분이다…. 우리는 매번 벌어지는 이와 같은 상황을 받아들일 수가 없기 때문에 거의 동의를 하지 않거나 솔직하게 의견을 말하고 싶지도 않다."[12] 전 유엔주재 싱가포르 대사인 키쇼어 마부바니는 이런 말까지 했다. "이 방에서는 두 가지 방식의 대화만 있을 뿐이다. 미국인과 대화하거나 미국 인과 대화하지 않거나 이다."[13] 그러나 미국의 고위급 관료나 리더들은 자 신들이 무척 개방적이고 협력적이며 타협할 줄 안다고 생각하는 것 같다. 그런데 알아야 할 것은 미국에 대한 세계의 시선이 더 이상 예전과 같이 긍정적이지 않다는 사실이다.

그렇다면 다른 지역의 리더들은 상황이 어떨까. 실상을 보면 미국과 별 차이 없는 비슷한 상황에 놓여 있는 것 같다. 특히 신흥 경제 강국으로 부 상하고 있는 BRIC(브라질, 러시아, 인도, 중국)과 MINT(멕시코, 인도네시아, 나이 지리아, 터키)에 속하는 국가들이 그렇다. 이 국가들에게 부여되고 있는 영 향력 때문이다. 공적인 정부기관이든 사적인 민간 기업이든 이들 신흥 강 국의 리더들이 행사할 수 있는 힘과 영향력이 커지고 있기 때문에 이를 어 떻게 사용해야 할지에 대한 신중함이 그만큼 더 요구되고 있다. 중국과 사 우디아라비아와 같은 국가의 리더들은 자신들의 변화된 지위를 과거의 경험을 상기하며 보다 이타적인 견지에서 사용할 필요가 있다. 자국의 이 익만이 아니라 문화 간 존중과 배려에 기반한 글로벌 리더십이 새로운 시 대에 강력히 요청되고 있기 때문이다.

'보다 더 궁극적인 목적'을 향한 소명감은 CQ-동기에 있어 강력한 동력 이 될 수 있다. 웬디의 인도주의적 차원의 소명감은 중앙아메리카에서의 사업에 자신감과 동기를 높일 수 있는 힘이다. 비영리 조직의 최고경영자 에게 열악하고 비참한 처지에 놓여 있는 아이들을 돕고자하는 마음만큼 강력한 동기가 또 어디에 있겠는가. 그녀가 마주해야하는 문화 간 차이와 갈등은 지혜롭게 극복해 갈 수 있을 것이다. 나이로비로 간 독일인 주재원 클라우스도 마찬가지이다. 케냐 사람들을 자신과 회사의 성공을 위해 이용할 대상으로만 보기를 멈추었을 때 그와 가족들이 가지고 있던 케냐에 대한 두려움들도 줄어들기 시작했다. 케냐 사람들과 함께 일하며 살아가는 것을 삶의 또 다른 경험이자 기회라는 경이로움으로 대하며 즐기기 시작했을 때 삶의 새로운 모습들을 발견해 갈 수 있었다.

CQ-동기는 보다 더 근원적이고 궁극적인 어떤 목적과 관계된다. 자신의 관심과 흥미뿐만 아니라 그 이상의 소명감 역시 글로벌 리더에게 필요한 덕목이 아니겠는가. 부와 권력과 성공이 우리를 움직이게 할 수는 있지만 이것들은 우리를 금방 소진시킬 수도 있다. 자신과 조직이 지속가능 경영의 3대 축 모두를 고려할 때 더 큰 그림에서 이문화 경영이라는 상황을 이끌 에너지가 지속될 수 있다. 삶은 우리를 초월하는 어떤 것일 수도 있지 않은가.[14]


# 나가며
-------------


CQ-동기는 새로운 장소를 여행하고 그곳의 음식을 즐기는 것과 같은 긍정적인 기대만을 의미하지 않는다. 문화적 차이로 인해 발생할 수 있는 불편함과 불쾌함까지도 인내해 나갈 수 있는 동력을 포함한다. 전혀 다르다는 것이 야기할 수 있는 두려움 역시 이겨내야 한다. 그렇게 다른 사람과 환경에서 소통의 기술을 발휘해야 한다. 다른 문화의 체험이 가져다주

는 새로움과 피로감 이 양면에 대한 성숙한 자기 경영이 필요하다.

CQ-동기를 향상시키기 위한 노력에 끝이 있는 것은 아니겠지만 어느 수준에 이르게 되면 다르다는 것에 대한 편안함과 친근함을 느낄 수 있다. 물론 그 과정이 쉽지만은 않겠지만 인내의 결과는 당신의 상상을 초월할 것이다. 다문화간 업무에 대한 효과적인 기술은 물론이거니와 전혀 다른 시선으로 세상을 바라 볼 수 있는 힘이 생기기 때문이다.

## CQ-동기 연습

1. 문화지능이 낮을 때 발생할 수 있는 비용을 계산해 보자. 개인적인 손해, 조직이 부담해야 할 비용, 글로벌 시장에서의 손익계산 등을 생각해 보자. 정직하고 정확한 평가는 당신과 당신 팀의 문화지능을 높일 수 있는 동기부여가 될 것이다. 문화 간 소통과 업무에 취약할 때 발생할 수 있는 문제점들을 한 번 적어보자. 어떠한 상황이 벌어지겠는가?

2. 당신의 관심과 흥미를 끄는 것을 다문화 프로젝트와 연결지어보자. 다른 문화를 경험하고자 하는 동기가 생겨나지 않는다면 당신이 관심을 가지고 있는 것에서부터 방법을 찾아보자. 예술에 관심이 많으면 다른 문화의 예술을 공부해보자. 스포츠도 마찬가지이다. 미식가라면 말할 것도 없다. 먹고, 마시고, 즐기는 당신만의 취미를 마음껏 활용해 보자. 당신 안에 있는 새로운 글로벌 마인드를 발견할 수 있을 것이다.

3. 그 어떤 다문화 프로젝트도 두려워하지 말고 최선을 다해보자. 다문화 간 직접 경험은 자신감과 확신을 키울 수 있는 가장 좋은 방법이다. 물론 간접 경험 역시 다른 사람의 시행착오와 성공담을 통해 배울 수 있는 것이 많다. 직간접적인 다문화 경험 모두는 그것이 공적이든 사적이든 상관없이 CQ-동기를 향상시킬 수 있는 방법을 제시해 줄 수 있다.[15]

4. 현지 음식을 잘 활용해보자. 세계의 모든 지역은 고유의 음식문화를 가지고 있다. 지루한 일상을 벗어나 낯선 음식을 체험해 보자. 새로운 지역을 방문한다면 더 좋은 기회일 것이다. 자신에게 맞지 않을 것 같은 음식이라도 가능하면 한 입 정도라도 먹어 보자. 현지 호스트로부터 식사 초대를 받았다면 낯선 음식이라도 조금씩 먹어보면 어떨까.

5. 보다 더 근원적이고 궁극적인 삶의 의미와 목적을 찾아가 보는 것은 어떤가. 우리는 일을 하며 돈을 벌기 위해서만 세상을 살아가지는 않는다. 더 큰 의미를 찾아 살아가는 사람들을 멘토로 삼아보는 것은 어떨까. 비즈니스를 위해서든 다른 이유에서든 배우고자 하는 마음과 기회를 활짝 열어 놓자. 문화지능 역시도 보다 나은 세상을 열망하고 실천하고자 하는 방법론 중 하나이다.

# 문화지능 지식(Part 1)
## : 문화 간 차이를 학습하라

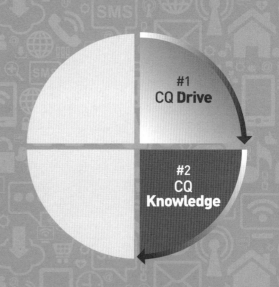

#1
CQ **Drive**

#2
CQ
**Knowledge**

**CQ-지식: 다른 문화를 이해하기 위해**
**무엇을 알아야 하는가?** 문화 간 유사점과 차이점 이해하기

| 높은 CQ-지식을 가진 리더: | 문화에 대한 풍부하고도 체계적인 이해와 이것이 사람들의 생각과 행동에 미치는 영향을 인지하고 있음.<br>문화 간 유사점과 차이점에 대한 광범위한 지식을 지님.<br>문화와 행위의 상관관계를 이해하고 있음. |
|---|---|

"오늘은 평범한 음식 좀 먹을 수 없을까요?" 내가 사람들과 해외를 다니면서 수없이 들었던 질문이다. 그리고 네 살짜리 딸아이한테서도 이 말을 들었다. 가족이 싱가포르에서 살았었는데 서양식을 언제든지 먹을 수는 있었지만 아내와 나는 로컬 음식을 즐겼다. 그러던 어느 날 딸아이가 이와 같은 질문을 했던 것이다. "에밀리, 뭔가 평범한 것을 원하니? 그런데 밥보다 더 평범한 것은 없단다. 전 세계의 얼마나 많은 사람들이 밥을 주식으로 먹는지 아니? 밥은 먹을 수 있는 가장 평범한 음식 중 하나란다." 더 이야기를 하려던 나를 아내가 쳐다보았다. 아이에게 문화지능 강의를 하고자 한 것은 아니었지만 "평범하다"는 것은 경험에 달려있다는 것을 이해시켜주고 싶었다.

자신의 문화적 기준에 따라 다른 사람과 문화를 평가하는 자민족중심주의는 세계 어디를 가든 목격할 수 있다. 자신의 문화적 배경과 경험에 따라 세상을 보는 것은 어쩔 수 없을지도 모른다. 그러나 우리 안의 자민족중심주의적 생각을 당연하듯 여기는 태도야 말로 CQ-지식 향상을 저해하는 가장 큰 장애요인이다.

우리가 얼마나 문화의 산물인지를 과소평가하는 것 같다. 다른 사람들을 보게 될 때 쉽게 알 수 있다. 에밀리의 질문에 담겨있는 가정은 좋은 예이다. 바로 나의 경험이 평범한 것이라는 가정이 들어있기 때문이다. 요즘

에밀리와 막내 딸 그레이스는 여러 종류의 맵고 독특한 음식들을 즐기고 있다. 나보다 더 다양한 음식문화를 체험하고 있는 것 같다. 최근 그레이스가 내게 던진 질문이다. "아빠는 내가 정말 좋아하는 컨트리 뮤직에 대한 존중을 보여야 하지 않나요? 그게 문화지능 아닌가요?" 그래, 내가 졌다!

어떤 종류의 음식이나 음악은 "평범한 것"이고 그 외의 것은 "이상한 것"이라고 생각한다면 문제가 있는 것인가? 그럴 수도 있고 아닐 수도 있다. 사람들이 생각하고 행동하는 방식에 문화가 끼친 영향을 무시한다면 어리석을 뿐만 아니라 많은 비용을 치를 수도 있다. 해외 시장을 개척하는 데 있어 포춘지 선정 500대 기업에서부터 영세한 기업에 이르기까지 규모와는 상관없이 문화 간 차이를 무시하면 누구든지 실패한다는 연구결과들이 계속 나오고 있다.

세계 최대의 유통업체 중 하나인 미국의 월마트는 독일에서 8년간 고군분투를 했지만 결국 85개 매장을 처분해야 했다. 이에 대해 많은 저널리스트들이 그 실패 원인을 분석해 내놓고 있다. 왜 미국에서는 그렇게 성공한 기업이 독일에서는 실패 했을까? 미국과 독일의 문화 간 차이를 무시했다는 이유가 주요 원인으로 분석되고 있다. 미국에서 성공한 모델 방식을 독일에도 그대로 적용했다는 것이다. 상품 진열 방식, 매장 입구의 직원 배치 방식, 직원들에 대한 고용정책과 매뉴얼 등 두 나라 간의 문화적 차이에 대한 이해와 고려가 미흡했다는 지적이다. 결국 월마트는 이로 인해 10억 달러의 손실을 감수해야 했다. 그 실패 이후 다른 해외 시장으로 진출을 할 때는 적극적인 현지 적용을 통해 다시 성공적인 사례들을 만들어 가고 있다.[1] 해외로 진출하려는 생각이 전혀 없는 기업이나 조직도 생각과 행동에 미치는 문화의 영향력을 리더십과 별개로 생각할 수 없다. 〈조직

문화와 리더십〉이라는 베스트셀러의 저자이자 조직문화 분야의 세계적 석학인 에드거 샤인은 문화와 리더십은 결코 떼어내어 생각할 수가 없다고 했다. 문화적 규범은 당신의 리더십에 영향을 미친다. 누가 승진을 해야 하는지, 성공이란 무엇인지, 직원들의 사기는 어떻게 높여줄 수 있는지와 같은 것들이 모두 문화와 관련된다. 그는 문화를 창조하고 경영하는 것이야말로 리더에게 가장 중요한 일이라고 말한다. 문화를 이해하고 그 안에서 일할 수 있는 능력이야 말로 리더의 능력이자 자질이라고 본 것이다. 물론 그 문화는 조직의 문화이자 그 조직이 속한 사회의 문화 양면에 걸쳐 있다.[2]

다른 문화를 이해하고 그 안에서 일을 해 나갈 수 능력은 단순히 직감에 의존해서 되는 문제가 아니다. 문화 간 차이를 명확히 이해하려는 노력이 필요하다. CQ-지식은 문화지능의 두 번째 역량으로서 문화에 대한 이해는 물론 문화 간 차이에 대해 학습하는 부분이다. 높은 CQ-지식을 가졌다는 것이 전 세계의 모든 문화에 대해 박식한 백과사전과 같음을 의미하지 않는다. 그것은 불가능하기도 하다. 대신에, 다양한 문화에 대한 거시적 맥락에서의 많은 패턴과 차이들을 이해하고 그에 대한 레퍼토리를 가지고 있는 사람이다. 그들은 언제 어떻게 문화가 관여되고 있는지를 알 수 있다. 가령 독특하고 고유한 문화로 인한 현상인지 아니면 단순한 개인의 문제인지를 말이다.

이번 장과 다음 장에서는 CQ 리더십에 필요한 지식의 문제를 다루려 하는데 가장 핵심적인 내용을 중심으로 살펴보겠다. CQ-지식은 크게 두 부분으로 나누어 볼 수 있는데 하나가 문화에 대한 전반적인 이해이고 다른 하나는 상황에 따른 세부적인 이해이다. 문화에 대한 전반적인 이해는 사회마다 다른 시스템, 관습, 규범, 가치와 같은 거시적 차원의 이해를 말한다. 상황에 따른 세부적인 이해는 조직의 성격과 분야에 따라 문화가 어떻게 영향을 미치고 있는가에 대한 이해이다.[3] CQ-지식에 대한 두 가지 차원의 학습 과정은 CQ-지식 향상을 위한 기본적인 초석을 제공해 줄 것이다. 우선 문화를 어떻게 볼 것이며 그 문화가 어떻게 우리가 생각하고 행동하는데 영향을 미치는지 살펴보도록 하겠다. 두 번째로는 문화 간 차이를 이해하는 데 있어 언어의 역할을 고찰해 보고자 한다. 세 번째는 꼭 이해가 필요하다고 생각되는 문화 시스템과 가치에 대해 살펴보겠다. 그리고 마지막으로 열 개의 문화 간 가치 차이에 대해 다루어 보겠다. CQ-지식에 관한 내용과 분량이 다소 많아 두 개의 장으로 나누었다. 이번 장에서는 CQ-지식 향상을 위한 처음 세 가지 주제를 다루려 한다. 네 번째 주제인 열 개의 문화 간 가치 차이는 5장에서 살펴보겠다.

## 어떻게 CQ-지식을 향상시킬 수 있는가

1. 문화의 역할
2. 다른 언어에 대한 이해
3. 문화 시스템의 차이에 대한 이해
4. 문화 간 가치 차이(5장)

**핵심 질문:** 다문화간 과제를 수행하기 위해 필요한 문화 이해에는 어떤 것들이 있는가?

# 문화의 역할

CQ-지식을 향상시키기 위한 첫 번째 출발점은 우리가 생각하고 말하고 행동하는 모든 것에 관여하고 있는 문화의 영향력을 이해하는 것이다. 문화란 그룹 마다 분명한 차이를 보이고 있는 서로 다른 신념, 가치, 행동, 관습, 태도로 정의될 수 있다.[4] 한마디로 말하자면 '여기서 우리가 살아가는 방식'이다.

비제이라는 친구가 델리에서 나를 크리켓 경기에 데려간 적이 있다. 그 이전에도 크리켓 경기를 본 적이 있었지만 경기 규칙이 잘 이해가 가지 않았다. 비제이는 마치 크리켓 선생님처럼 경기의 규칙을 상세히 설명해 주었다. 경기에 대한 이해뿐만 아니라 나는 그 재미에 빠져들었다. 경기의 내용을 모르고 봤다면 후회가 됐을 정도였다. 그들의 경기를 알고 볼 수 있었기 때문에 새로운 것들을 더 느낄 수 있었던 것이다.

전략적인 계획과 합리적인 의사결정 과정이 중요하다는 것은 리더십 코스나 관련 책들에서 자주 강조되고 있다. 그러나 실제로 많은 경영인들이 자신들의 직감에 따른다. 앞에서도 언급했듯이 이러한 결정 방식은 같은 문화에서는 잘 통용될 수 있다. 그리고 이러한 결정방식 뒤에도 전략적인 사고가 전혀 없는 것은 아니다. 긴 세월 동안 실제 경험을 통해 터득한 방식에 따라 직감적인 결정을 내리고 있기 때문이다. 그런데 다른 문화에 가서도 직감에 의한 결정 방식이 제대로 작동할 수 있을까. 어쩌면 축구선수가 크리켓 경기장에서 축구를 하던 방식으로 경기에 임하는 것과 같을 수도 있다.

CQ-지식을 높임으로써 새로운 문화에서 놓칠 수 있는 것들을 보다 잘 이해할 수 있다. 드러내 보이거나 말을 하지는 않지만 생각과 행동 뒤에 감추어져 있는 고유한 문화적 맥락과 규칙을 알 수 있다. 물론 여기서 말하는 새로운 문화란 국가 간 차이를 비롯해 한 국가 내에서도 상이할 수 있는 인종, 종교, 조직, 정치적 차이 등을 포함한다. 다른 문화를 배우는 이유는 그들과 동화되어 같아지려는 것이 아니다. 그들의 사회와 일상 뒤에서 작동하고 있는 방식을 이해하여 효과적으로 관계하려는 것이다.

문화를 에워싸고 있는 몇몇 층위를 살펴보자. 프랑스와 중국 문화와 같은 국가 문화는 행동에 영향을 주는 가장 강한 층위라 할 수 있다. 다른 나라를 방문해서 그 차이를 분명히 알기 전까지는 우리 스스로 국가 문화에 의한 영향을 잘 인지하지 못한다. 다른 나라에서 같은 국가의 사람들과 함께 있을 때면 자국에서는 인지할 수 없는 우리라는 문화 인식을 더 분명히 하게 된다. 한 국가 안에서도 상이한 하위문화들이 존재하지만 국가 문화만큼 사람들이 생각하고 행동하는 방식에 영향을 미치는 것도 없다.

서로 다른 인종으로 인한 문화 간 차이도 있다. 특정 국가의 사람들 모두가 똑같다고 일반화해 버리는 것은 위험하다. 한 국가 내에서도 인종 간차이와 같은 다양성이 존재하기 때문이다. 가령 남아프리카공화국의 백인과 비백인, 말레이시아의 말레이계와 중국계와 인도계, 미국의 아프리카계와 히스패닉 등 내부적 다양성이 존재한다. 대부분의 리더들은 자국내의 인종적 다양성과 같은 차이를 인지하고 있다. 그러나 다른 나라의 상황 역시 알아야 할 필요성이 커지고 있다. 미국 밖의 다른 나라 사람들은 간혹 미국 내 하위문화 중 하나인 아프리카계 미국인과 관련해서 편견과 선입견이 심각하지 않은가라는 우려를 나타내곤 한다. 그런데 이것은 '흑인'과 '아프리카계 미국인'이라는 용어를 혼동해서 생긴 문제이다. 미국 내

주류인 앵글로 문화와 함께 아프리카계 미국인 역시 고유의 관습, 가치관, 행동양식을 가지고 미국 역사에서 중요한 하위문화를 형성했다. 그런데 이 용어를 흑인과 헷갈려 자칫 인종차별적인 용어로 오해하고 있는 것이다.

리더에게 중요한 문화 중 하나가 바로 조직문화일 것이다. 내 경우에는 다양한 산업군과 그 안의 조직들에서 보이는 문화적 차이들이 매우 흥미로운 경험이 되고 있다. 코카콜라의 임원들과 하루를 보내고, 다음 날은 페이스북 관계자들과 시간을 보내면서 든 생각은 다른 나라로 가지는 않았지만 마치 여권을 가지고 이동한 것처럼 조직문화 간의 큰 차이를 실감할 수 있었다. 삼성과 현대의 임원진들과 함께 회의를 할 때도 두 기업 문화의 차이를 알 수 있었다. 대학교의 연구자 그룹을 대하는 것과 종교지도자들을 대하는 것도 그 차이가 클 수밖에 없다. CQ-지식에는 조직마다 각기 다른 동기부여 방식, 스토리 공유 방법, 성과 격려 방식 등에 대한 이해도 포함된다.

우리는 여러 하위문화에 속해 있다. 조직문화는 물론 세대, 성별, 종교, 지역 등 각기 다른 하위문화의 어느 하나에 속해 있다. 당신이 속한 하위문화는 어떤 것들이며 그 중 어느 문화의 영향력이 가장 크다고 생각하는가. 우리는 문화에 대한 단순한 수용자가 아니다. 수용자이면서 동시에 생산자이기도 하다. 한 조직에 새로이 부임한 리더는 그 동안의 건전하지 못하거나 잘못된 조직문화에 직면할 수 있다. 하루아침에 그것을 바꾸는 것은 쉽지 않으나 불가능한 것도 아니다.[5]

리더의 과제 중 하나는 문화가 미치고 있는 행동방식에 대한 이해이다. 조직구성원들에게 영향을 미치고 있는 조직문화를 인지하는 것이다. 2002년부터 10년간 최고경영자로서 IATA를 이끌고 최근 퇴임한 지오바니 비시냐니의 사례를 한 번 보자. IATA는 국제항공운송협회로 전 세계 1백 31개국에서 2백 39개 항공사가 참여하는 민간기구로 흔히 '항공업계의 UN'으로 불리는 거대한 조직이다. 사람들은 지오바니의 밝고 부드러운 성격을 보고 글로벌 경험이 많은 그저 좋은 사람 정도로 여길지도 모르겠다. 그는 내가 본 가장 따뜻한 사람 중의 한 명이다. 그와 잠시만 이야기를 나누어보아도 금방 편안함을 느낄 수 있다. 그는 함께 차를 마실 때 자신이 가본 곳 중 가장 좋았던 장소를 언급하며 편안하게 이야기를 시작했다. 이 친절하고 사교적인 성격의 신사는 조직의 변화를 주도하며 끈질기게 성과를 만들어 낸 리더였다. IATA에서 10년간 그의 리더십이 이루어 낸 성과를 보면 매우 인상적이다.

⇨ 2004년 이후 항공 산업에 540억 달러를 절약시켰다.

⇨ 개혁을 통해 낙후된 조직을 시티은행 최고의 고객으로 만들어 놓았다.

⇨ 항공권 e티켓 서비스, 바코드 보딩패스, 셀프체크인 서비스와 같은 항공 이용의 편리를 개선시켰다. 또한 항공 여행을 가장 안전한 여행 수단으로 올려놓았다.

⇨ 항공사들 간의 민주주의적 경쟁구도와 협력을 증진시켰다.

⇨ 유럽과 미주 항공사들이 중심적 역할을 하던 조직을 회원 수 60%와 수익률 65% 이상을 차지하고 있는 중동과 아시아 항공사들과 균등화 시켰다.

지오바니는 협상과 관계 안에 깔려있는 문화의 역할을 이해하였고, 결국 21세기에 가장 크게 타격을 입은 산업 중 하나인 항공 산업에 기념비적인 변화를 이끌었다. 가장 힘들 것 같아 보이던 문화 간 협업에 촉매제 역할을 한 것이다. 지오바지의 문화 간 이해와 그에 기반한 글로벌 소통 능력은 어떤 미팅 자리에서도 필요한 방향을 잃지 않는 나침반 역할을 해주었다.

모든 리더가 문화 이해의 중요성을 지오바니처럼 확신하는 것은 아니다. 수십억 달러 규모의 미국 제조업 회사의 세일즈 매니저인 제프는 그의 두 번째 중국 방문에 앞서 나와 미팅을 가졌었다. 광저우에 있는 공장들을 방문할 예정이었다.

제프는 이야기를 나누는 동안 다소 긴장한 듯 다리를 위아래로 움직이고 손가락을 테이블에 딱딱거렸다. 그의 말이다. "좋아요. 그런데 너무 기분 상하지는 말고 들어보세요. 문화에 대한 이 모든 것들이 좀 과장되거나 아니면 너무 과신하는 것 같지는 않나요? 결국 사람은 사람일 뿐이고, 비즈니스는 비즈니스일 뿐 아닌가요. 다음 주엔 아마 좀 이상한 음식을 먹을 수는 있겠지요. 하지만 도대체 그렇게 큰 차이가 뭔지는 잘 모르겠습니다." 내가 하고 싶은 말은 잠시 미뤄두고 그의 이야기를 더 들어보기로 하자. 제프의 말이다:

내가 보는 세상은 사람들이 더 나은 삶을 살기 위해 노력하고 모두가 인생에서 성공하기를 원한다는 겁니다. 중국인이든 멕시코인이든 미국인이든 다 마찬가지예요. 사람들은 어디를 가나 다 똑같습니다. 나와 당신처럼 모두가 아이를 키우며 가정을 꾸려나갑니다. 회사에서든 시장에서든 살아남으려면 도전적이고 공격적이어야 합니다. 그리고 모두가 성공을 원합니다. 마케팅 전략

　　　　4장 문화지능 지식(Part 1): 문화 간 차이를 학습하라

이라는 것도 필요는 하겠지만 결국 제조업은 제조업이고 판매는 판매일 뿐이다. 당신이 어디를 가나 말입니다.

　대도시만을 여행하고 글로벌 호텔 체인점을 이용하면서 해외여행객을 상대하는 현지인들을 만난다면 세계 어디를 가든 거의 비슷하게 보일 수 있다. 제프의 말처럼 모든 사람들은 어디를 가나 결국 다 똑같아 보일 수 있다. 그러나 사람들의 공통적인 보편성도 상황을 접근하고 표현하는 방법은 문화마다 다르다. 그리고 같은 문화 안에서도 개인마다 다를 수 있다. 인간 전체에 보편적인 것, 그러나 문화마다 차이가 나는 것, 그리고 같은 문화 안에서도 개성에 따라 개인적인 차이가 나는 것 이 세 가지에 대한 구분은 문화지능에 있어 매우 중요하다. 이를 분별하는 능력은 CQ-지식을 통해 향상될 수 있다. 문화적 규범에 대한 이해가 높을수록 당신의 경험이 상대의 개인적 특성인지 아니면 문화적 특성인지를 구별 지을 수 있을 것이다. 문화의 영향력에 대해 설명할 때 자주 비유되는 것이 바로 빙산이다(그림 4-1 참조). 모든 인간에게 공통적으로 나타나는 특성은 보편성(universal)으로 빙산의 맨 위 부분이다. 제프가 말한 것처럼 어디서나 볼 수 있는 인간의 특성이다. 하지만 조금만 더 깊이 들어가 보면 문화와 개성으로 인한 차이들을 발견할 수 있다. 이 부분에 대해 이해할 필요가 있다. 인간행동에 대한 세 가지 카테고리(보편성, 문화, 개성)를 좀 더 살펴보자.

보편성

문화

**문화적 산물과 시스템:**
예술, 의식주, 관습, 화폐, 제스처 등

**문화적 가치와 가정:**
무의식적으로 당연하게 받아들이고 있는
신념, 가치, 느낌 등

개성

그림 4-1. 인간 행동의 세 가지 카테고리

## 보편성

나는 복잡한 기차역이나 쇼핑센터에 앉아 사람들을 쳐다보는 것을 좋아한다. 아빠와 아이들이 함께 있는 장면, 가방을 매고 어딘가로 향하는 여행자, 포옹하고 있는 연인의 모습과 같은 장면들을 보고 있노라면 아무도 아는 사람이 없는 낯선 나라이지만 어떤 친근감을 느끼게 된다. 나 역시 별반 다르지 않기 때문일 것이다. 모두가 공통적으로 경험하는 인간의 모습이다. 공포, 걱정, 기쁨, 실망과 같은 감정은 누구에게나 있다. 이렇듯 사람들이 공통적으로 지니고 있는 면을 이해하게 되면 낯선 사람도 친근하게 느껴질 수 있다. 하지만 이것은 빙산의 맨 꼭대기일 뿐이다.

## 문화

기차역에 앉아 어린아이를 데리고 있는 낯선 남자를 바라보고 있으면 같은 아빠로서 어떤 공감을 느낄 수 있다. 그러나 그 관계가 어떨 것이라고 가정해 버린다면 문제는 달라진다. 마치 축구 경기의 규칙으로 크리켓

4장 문화지능 지식(Part 1): 문화 간 차이를 학습하라

을 이해하려고 하는 것이나 다름없는 실수를 저지를 수 있기 때문이다. 그렇게 되면 모든 것을 이해했다고 생각할지 모르지만 틀릴 수 있다.

그림 4-1에서처럼 문화의 일부분은 가시적이다. 운전하는 방식, 국가의 화폐, 종교적 상징물, 인사하는 방법 등은 눈으로 볼 수 있어 쉽게 구별이 가능하다. 문화 간 차이를 알아볼 수 있는 가시적 단서들이다. 하지만 신념, 가치, 문화적 가정과 같은 가시적 문화 현상 뒤의 눈에는 보이지 않는 부분 역시 중요하다. 빙산의 그림에서 볼 수 있듯이 표면 밑에 숨겨진 신념, 가치, 문화적 가정이 행동의 동기를 유발하기 때문이다.

만약 제프가 중국인과 미국인이 서로 생각하고 행동하는 방식에 커다란 차이가 있다는 사실을 알지 못한다면 문화 간 차이로 인한 많은 장애들 때문에 비즈니스는 난관에 부딪칠 것이다. 다문화간 업무를 수행하는 데 있어 문화 간 차이를 무시하는 것은 리더십 발휘를 가로막는 장애이자 실패요인이 될 것이다.

제프가 중국의 꽌시 문화에 대해 잘 모르기 때문에 말하고 있는 '사람은 사람일 뿐이다'라는 일반화의 입장이 중국과 비즈니스를 하는 리더로서 문제가 될 수 있다. 꽌시란 사전적 의미로 '관계關係'를 뜻하는 말인데, 중국에서는 꽌시가 무엇보다 중요하며 꽌시를 만드는 데에는 인내와 시간이 필요하다. 꽌시를 맺을 때 주고받는 선물에는 세 가지 의무가 있다는 말이 있다. 선물을 주어야 하는 의무, 선물을 받아야 하는 의무, 받은 후에는 갚아야 하는 의무가 그것이다. 물론 선물에는 물질적인 것과 비물질적인 것 모두가 포함된다. 주고받는 선물을 일종의 예로 여기는데 서로 존중하고 체면을 세워주는 의미로 받아들인다. 이러한 관계는 가족, 학우, 동료, 사업 파트너까지도 해당되는 중국인의 인간관계에 대한 독특한 문화라 할 수 있다. 제프가 광저우의 중국인 동료로부터 선물을 받았다면 그 의미를 이해하고 서로의 관계를 계속 발전시켜 나갈 수 있어야 한다. 그러나 이러한 행위를 미국 문화의 시각으로 바라보면 뇌물에 해당하는 행위로 이해할 수 있다. 중국에서 의미하는 바를 제대로 알지 못해 생긴 오해는 중국과의 사업 진행에 장애가 될 수도 있다.

중국과 사업을 해본 사람들과 이야기를 하다보면 함께 식사를 하는 자리에서 취하도록 술을 강요받은 적이 있다고들 한다. 꽌시 문화에서 새로이 비즈니스 파트너가 된 사람과 술을 거하게 마시는 것은 관계를 돈독히 하는 중요한 방법으로 항상 곁에 있다는 것을 보여주는 의미라고 한다. 비즈니스를 위한 첫 저녁 식사는 초대받는 것이 보통이다. 초대하는 사람은 초대받는 사람과 직위나 직급이 같은 것이 관례이다. 그리고 초대하는 사람이 식사비 전부를 계산한다. 중국 전통에 더 충실한 사람은 초대를 할 때 메일이나 문자를 쓰지 않고 직접 만나거나 전화로 초대하는 것을 선호한다고 한다. 메일은 너무 인간미가 없을 뿐더러 기록이 남기 때문이다.

중국에서는 서양의 비즈니스 식사 자리와는 다르게 음식을 먹으면서 사업과 관련된 주제는 최소로 한다. 혹 하더라도 식사의 끝 무렵에 언급한다. 식사에 참여한 사람들과 취하도록 마셔도 사업에 중요한 결정이 유보될 수 있다. 그러나 절대 시간낭비가 아니다. 식사의 주된 목적은 관계를 돈독히 하는 것이기 때문이다. 술을 마시고 하는 언행 속에서 믿을만한 사람인지를 판단하는 중요한 자리이기도 하다. 사적인 질문도 받을 수 있다. 함께 술을 계속 마신다는 것은 우정의 상징과도 같다. 많이 마실수록 같은 집단에 속한다는 소속감이 강해질 수 있는데 마치 친한 친구와만 공유하는 그 어떤 것처럼 말이다. 중국인들 생각엔 함께 술을 마신다는 것은 깊고 끈끈한 우정을 쌓아가는 것과도 같다. 서로가 무장해제하고 편안한 마음으로 오해와 긴장이 있었다면 풀어버리는 자리이기도 하다. 과한 음주가 힘이 들 수 있으나 긴밀한 관계 형성의 자리임에는 분명하다.

만약 제프가 다른 많은 나라에서처럼 함께 저녁을 먹고 술을 마시는 행위가 선택 사항 중 하나일 뿐이라고 생각한다면 중국문화를 너무 모르는 것이다. 건강이나 종교적인 이유로 술을 마시는 것에 동참하지 않을 수는 있다. 그렇더라도 상황 전체에 대한 문화적 차이는 분명히 알고 있을 필요가 있다. 뒤이어 다루게 될 CQ-전략과 CQ-행동에서 문화적 차이에 대한 이해를 어떻게 효과적으로 실천할 수 있을지 그 방법에 대해 살펴보기로 하자.

지금은 비즈니스와 리더십을 위해 필요한 문화적 차이에 대한 이해 부분이다. 예멘과 아랍에미리트에서 미국대사를 역임했던 한 지인이 재직 시절 느꼈던 아쉬움에 대해 토로한 기억이 난다. 그는 페르시아 만의 여러 나라에서 무역을 하던 미국인 사업가들이 영국, 프랑스, 일본 등지에서 온 사업가들과의 경쟁에서 좋은 기회를 자주 놓치는 것을 목격했다고 한다. 주된 이유가 중동지역 국가들과의 사업을 미국식대로 하기 때문이라는 것이다. 그러나 다른 경쟁 국가에서 온 사업가들은 보다 느긋하게 시간적 여유를 가지고 현지 문화를 익히고 심지어는 언어까지도 배운다고 한다. 미국인 사업가들이 더 못하다는 것이 결코 아니다. 그와는 다른 문제다. 바로 새로운 시장의 새로운 문화에 대한 문제이며 이것이 판매와 직결되고 있는 것이다.[6]

문화는 어느 곳에나 존재한다. 문화가 리더십 형성에 차이를 만들어내는 것은 어쩌면 당연한 일인지도 모른다. 문화에 대한 이해가 높을수록 상황에 대한 인식과 의사결정에 더 많은 도움이 된다. 이 능력은 개인은 물론 조직에까지 미치는 영향력이 막강하다.

## 개성

빙산의 가장 아래 부분은 개인적 차이이다. 높은 문화지능을 지닌 리더는 상대의 행동에서 그것이 문화적 차이로 인한 것인지 아니면 개인적 차이로 인한 것인지를 구별할 수 있다. 나의 경우를 보면 미국인 특유의 행동 특성이 보이는데, 관계 지향적 보다는 업무 중심적 태도를 선호하고 독립적인 것을 중시하며 분명하고 명확한 의사소통 방식을 좋아한다. 그러나 이러한 대체적인 미국인의 문화적 선호도와 함께 나만의 강한 개성 역시 지니고 있다. 바로 끊임없는 방랑벽과 하고자 하는 일에 대한 강한 몰입이다. 문화지능이 높은 리더는 상대의 개인적인 성격을 그의 문화적 배경과 특성으로부터 구분 지을 수 있다. 이러한 능력을 키울 수 있는 방법은 우선 문화 간 가치의 차이에 대한 이해를 가지는 것이다. 이와 관련된 내용은 이번 장의 뒷부분과 다음 장에서 보다 자세히 다루도록 하겠다. 문화 간 차이에 대한 거시적인 안목을 키움으로써 문화와 개성의 차이에 대한 혼동을 줄여 나갈 수 있다.

최근 72개 국가의 사람들을 대상으로 미국하면 떠오르는 지배적인 이미지를 연구한 사례가 있다. 가장 강한 이미지로 두 가지가 나타났는데 하나는 전쟁이고 다른 하나는 베이워치였다.[7] 9/11테러 이후 세계의 많은 사람들이 미국에 대해 전쟁을 연상하는 이미지를 갖게 된 것 같다. 베이워치는 90년대 브라운관을 강타했던 미국 드라마로 가장 많이 해외로 수출된 프로그램이다. 물론 지금은 프렌즈라는 다른 미국 드라마에 의해 그 자

리를 내주었지만 말이다.[8]

　나의 많은 미국인 친구들은 미국을 대표하는 가장 강한 이미지가 전쟁이라는 사실에 불만을 토로했다. 베이워치도 마찬가지이다. 미국인들이 얼마나 많이 이 드라마에 등장하는 캐릭터를 좋아하는지는 모르지만 적어도 내 주변에는 거의 없다. 그러나 미국인들이 인정하지 않더라도 조사 결과 나타난 사실은 어쩔 수 없다. 이와 같은 현상은 다른 나라에서도 비슷하다. 중국의 모든 사업가들이 사람들과 술 마시기를 좋아할 것이라는 가정은 맞지 않다. 1980년대 초부터 2000년대 초까지 출생한 세대를 밀레니얼 세대라고 하는데 이들 모두가 일자리를 구할 때 근무시간이 유연하고 자유로운 분위기의 회사만을 선호할 것이라고 단정 지을 수 없는 것처럼 말이다.

　반대로의 가정 역시도 마찬가지이다. 한 개인의 독특한 성격을 그 사람이 속한 나라 전체로 일반화시켜서는 안 된다. 시크교를 믿는 한 인도인을 부하직원으로 두고 있던 캐나다인 매니저가 나에게 이런 말을 했다. "시크교도들은 사람들과 밖에서 어울리는 것을 좋아하지 않는다는 것을 알게 되었다. 시크교를 믿는 부하직원인 싱씨에게 도시 인근 야외에서 동료들과 함께 친목 시간을 보내자고 제안을 할 때마다 매번 이런저런 변명을 대고 참석하지 않았기 때문이다." 나는 그 캐나다인 매니저에게 다른 시크교도들도 마찬가지냐고 물어보자 자신이 고용한 시크교도는 싱씨 한사람뿐이라 모른다고 대답했다. 하지만 그녀는 싱씨의 행동을 보고 모든 시크교도의 공통된 문화적 특성으로 파악한 것이다. 그녀에게 익숙하지 않은 설명하기 어려운 한 사람의 행동을 문화적 차이로 일반화시켜 버렸다.

　다음 장에서는 다른 문화를 이해하는 한 방법으로 문화 간 가치 차이에 대해 살펴볼 것이다. 하지만 주의해야 할 것이 있다. 앞서도 언급했듯이 보편적인 것, 문화적인 것, 개인적인 것 이 세 가지 차이에 대한 구분이 선행되어야 한다는 점이다. 이제 문화가 가지는 영향력에 대해 어느 정도 이해가 되었다면 다시 빙산의 가운데 층위에 위치한 문화에 대해 언어, 문화 시스템, 문화 간 가치의 순으로 이해해보자.

## 다른 언어에 대한 이해

몇 년 전에 미국 낙농협회는 나라 전역에 걸쳐 "Got Milk?(우유 있어요?)"라는 슬로건 아래 성공적인 마케팅 캠페인을 벌였다. 그러나 불행하게도 그 캠페인이 멕시코로 건너간 후 "Are you lactating?(젖을 먹이나요?)"라는 번역 상의 오류가 발생했다.[9] 이런 사례들은 매우 많다. 미국의 한 소프트웨어 회사는 해외로 진출하면서 "underwear(속옷)"라는 명칭의 번역 문제로 고충을 겪기도 했다. 영국의 사탕과자는 "Zit(여드름)", 얼어버린 자동차 문을 열게 하는 핀란드의 제품은 "Super Piss(대단한 오줌)"과 같이 번역상의 명칭 문제로 미국 시장에서 성공을 거둘 수 없었다. 마이크로소프트는 화면에 보이는 아이콘인 "mail(우편물)"과 "trash(휴지통)"의 모양이 많은 나라에서 생소하게 여겨진다는 것을 뒤늦게 깨달았다. 이러한 실수들은 그저 유머로 받아들이기 어려운 문화 간 장벽에서 있어 언어가 가지는 어려움을 보여주고 있다.[10]

효과적인 리더십에 관한 책들을 보면 명확한 커뮤니케이션의 중요성에 대해 언급하고 있다. 명료함은 보편적인 리더십 기술의 하나이다.[11] 마케팅과 홍보, 프레젠테이션, 비전 제시 등 모든 커뮤니케이션은 문화와 밀접하다. 문화에 맞게 정확하게 전달되어야 한다. 문화와 언어는 하나의 몸과 같다고 말해지기도 한다. 에스키모 언어에는 눈(snow)과 관련된 많은 이름들이 있지만 열대과일 이름은 적다. 열대지방의 상황은 당연히 그와는 반대일 것이다. 언어와 문화는 주변의 환경과 관계하며 함께 발전해 간다. CQ-지식을 늘리기 위해서는 기본적인 커뮤니케이션에 해당되는 언어와 문화적 관계에 대한 이해가 필요하다.

영어는 국제비즈니스의 공용어로서 그 위상이 높다고 생각하는 사람들이 많을 것이다. 그러나 영어는 전 세계 인구의 5%만이 모국어로 사용할 뿐이다.[12] 2개 국어 이상을 구사할 줄 아는 리더는 같은 언어를 쓰는 사람의 생각과 행동에 대한 접근이 보다 뛰어날 수밖에 없다. 언어적 의사소통뿐만 아니라 그에 동반되는 문화적 이해도 높아지기 때문이다. 번역이 가지는 문화 간 간극과 한계가 줄어든 것이다. 재규어가 독일로 진출해 현지 기업인 BMW와 벤츠사와의 경쟁을 위해 독일어의 중요성을 인식하고 언어 연구를 통해 시장점유율을 높인 것은 좋은 사례라 할 수 있다.[13]

한 개의 언어만을 구사한다면 외국어를 배우는 데 시간을 조금 할애해 보는 것도 좋다. 유창하게 구사할 필요는 없다. 요즈음은 오프라인뿐만 아니라 온라인상으로도 배울 수 있어 시공간의 구애를 덜 받으며 효과적인 학습을 해 나갈 수 있다. 새로운 언어를 배우면서 학습하고 터득해 가는 내용들은 CQ-지식 향상을 위해 중요하다. 새로운 언어를 배우는 그 자체만으로 보다 창의적이고 혁신적인 아이디어와 생각들을 만들어 갈 수 있다. 상대방과 같은 언어로 말을 한다는 것은 직접 표현하지는 않아도 이미 많은 것을 공유하고 있음을 의미한다.

언어에 대한 이해는 같은 언어권 안에서도 발생할 수 있다. 영어를 예로 들면 같은 영어를 쓴다고 해도 나라에 따라 표현과 용어의 차이가 나타난다. 북미, 영국, 인도, 호주와 같이 영어를 모국어로 쓰기는 하지만 서로가 조금씩의 차이들이 있기 때문이다.

유사한 문제가 직업 간에도 나타난다. 비즈니스 용어, 의학적 용어, 법조계 용어, 생화학자들의 용어, 자동차 제조업계의 용어 등 그 차이는 매우 크다. 나는 위와 같은 다양한 분야의 사람들을 만나면서 자신들의 전문용어를 상대에 따라 다르게 사용하는 사람들과 그렇지 않은 사람들의 차이를 보아 왔다. 나와 같은 평범한 사람들에게 용어를 풀어서 써주는 사람이 있는가하면 전혀 고려하지 않는 사람들도 있다. 상대방에 따라 효과적인 의사소통을 위해 자신들의 언어적 · 비언어적 행위를 적절하게 조절하여 적용하는 사람들은 문화지능이 상대적으로 높다고 말할 수 있다.

비영리조직의 이사회에 참여한 적이 있었는데 이 조직은 처음 7년간 많은 성장을 거두었으나 다시 3년간 하락세를 겪었다. 컨설팅 회사와 수차례 가진 미팅에서 특이한 사항이 관찰되었다. 조직의 직원들과 관련자들이 '기관'이나 '기업'과 같은 용어에 보이는 특이한 반감이었다. 이 조직과 관계를 맺어오던 외부의 한 사업체 관리자 역시 비슷한 말을 했는데 조직문화 때문인지 거대한 기업들 안에서 사용되는 명칭들을 반기지 않는 것 같다는 것이다. 이사회는 새로운 리더를 찾고 있는 중이었고 이런 지적들을 감안하여 조직의 리더를 CEO라고 칭하는 대신에 팀장이라고 불렀다. 물론 이것은 단지 작은 명칭의 문제일 뿐이지만 소위 기업문화라는 체계적이고 딱딱해 보이는 것들에 대한 거부감을 반영한 것이다. 언어는 조직문화에 맞춘 효과적 리더십 발휘를 위한 수단이었다. 다른 조직들의 명칭이나 구조를 따르는 대신에 자신들만의 조직문화에 맞는 언어를 갖추고 있는 것이다.

소통능력은 그것이 공식적인 자리에서건 비공식적인 자리에서건 리더에게 주어진 가장 중요한 일중에 하나임에 틀림없다. 조직에서 일어나는 많은 문제의 직접적 원인이 조직구성원들과의 소통 실패 때문이다. 그리고 이러한 문제들은 충분히 서로에 대한 이해를 통해 줄일 수 있다. 문화적 맥락에 따른 언어의 이해와 학습은 소통능력의 한 방법으로서 분명히 필요한 부분이다. 문화지능의 네 번째 역량인 CQ-행동에서 이 내용을 좀더 자세히 다루도록 하겠다.


## 문화 시스템의 차이에 대한 이해

다른 문화를 이해하기 위한 또 다른 방법이 한 사회의 문화 시스템에 대해 배우는 것이다. 문화 시스템이란 사회 마다 필요한 체계와 질서들이 시간을 통해 자신들만의 방식으로 형성되어 온 방식이다. 주의 깊게 보지 않으면 이러한 시스템들의 중요성을 놓치기 쉽다. 리더에게 필요하다고 생각되는 가장 중요한 여섯 가지 문화 시스템에 대해 살펴보도록 하겠다. 경제, 결혼과 가족, 교육, 법과 정치, 종교, 예술 시스템의 순서로 구성되었다.


### 경제 시스템: 자본주의 vs 사회주의

모든 사회는 구성원들의 기본적인 의식주를 충족시킬 수 있는 방법을 제시해야 한다. 사회마다 기본적인 자원을 어떻게 생산하고 배정하고 분배하고 있는지에 대해 알아야 하는 것은 CQ 리더십의 중요한 부분이다. 우리에게 가장 익숙한 경제 시스템은 자본주의와 사회주의이다. 그리고 대부분의 사회에서는 이 두 가지 경제 시스템을 혼용하여 사용하고 있다.(표 4-1)

미국이나 싱가포르와 같은 나라에서 채택하고 있는 자본주의는 자원과 서비스를 개인이 자신의 능력 안에서 대가를 지불하고 얻을 수 있다는 원칙에 기초하고 있다. 자본주의의 전제는 시장을 통해 개개인의 욕구에 대한 수요와 공급이 가능하다고 보는 점이다. 이때 경쟁시스템은 소비자들을 위해 긍정적인 작용을 하고 결국 사회 전체에 이로움을 가져온다고 보고 있다.

그러나 이와는 다른 관점이 사회주의다. 덴마크와 뉴질랜드와 같은 나라는 자본주의보다는 사회주의적 시스템에 가깝다. 사회 구성원들의 기본적인 욕구 충족이라는 기본권에 대한 평등이 중시되기 때문에 생산과 분배에 대한 국가의 역할이 보다 적극적이다. 사람들은 이 두 가지 중에 어느 쪽이 더 낫다고 하는 의견들을 가지고 있을 것이다. 하지만 이 두 시스템이 가지는 차이의 기본적인 출발은 상품과 서비스의 분배 문제에 대한 방법적 선택이라는 점을 알 필요가 있다. 물론 이와는 또 다른 경제 시스템의 가능성들 역시 존재하는데 하나의 단적인 사례로 부족 중심적 사회를 들 수 있다. 그러나 우리는 여기서 모든 문화의 경제 시스템들에 대한 전문가가 될 필요는 없다. 다만 여러 방식들에 대한 기본적인 지식을 갖추고 있다면 다른 문화 사람들과의 협상과 협업 능력을 높이는 데 도움이 될 것이다.

4장 문화지능 지식(Part 1): 문화 간 차이를 학습하라

| 경제 시스템 | |
|---|---|
| 사회 구성원들의 의식주와 같은 보편적 욕구 충족을 위해 사회가 작동되는 기본 원리 | |
| **자본주의** | **사회주의** |
| 자원과 서비스를 개인이 자신의 능력 안에서 대가를 지불하고 얻을 수 있다는 원칙에 기초하고 있다. 결정은 시장에서 이루어진다. | 자원의 생산과 분배가 중앙 정부의 계획과 통제에 의해 설계되고 실행된다. |
| *리더십* | |
| • 지배적인 경제 시스템의 측면에서 동기부여를 높일 수 있는 최선의 방법을 생각해 보라. 자본주의 사회에서는 경쟁이 높은 동기부여가 될 수 있고, 사회주의 사회에서는 협업이 그러할 수 있다.<br><br>• 지역에 따라 국가 주도형 산업이 많거나 아니면 민간 주도형 산업이 많을 수 있다. 민간 기업이지만 국가가 주된 투자인 기업들이 많을 수도 있다. 이러한 차이와 상황에 대해서도 파악해 둘 필요가 있다.<br><br>• 경제 시스템이 전혀 다른 지역으로 조직이나 기업을 확장시키거나 이전하게 되면 인적 자원 정책들이 어떻게 차이가 나는지 파악해야 한다. 복지 서비스에서부터 퇴직에 이르기까지, 업무평가 방법에서부터 보상과 인센티브까지 새로운 현지의 정책과 경향을 이해해야 한다. | |

표 4-1. 경제 시스템

## 결혼과 가족제도: 대가족 vs 핵가족

모든 사회 마다 결혼에 대한 방식과 절차가 어느 정도 표준화되어 있다. 자녀에 대한 양육도 일정 시스템 안에서 유사함을 보인다. 가장 일반적인 결혼과 가족제도로는 대가족과 핵가족 두 가지를 들 수 있다.(표 4-2) 전 세계 대부분의 나라들이 대가족 제도에 기초한 사회 시스템으로 혈연관계의 가족 연대감을 중시한다. 예를 들어 어떤 사람이 자신이 가진 엄청난 부를 나누고자 할 때 중국인은 그 부를 자신의 가족과 자손들에게 유산으로 남기려 할 것이다. 이는 미국의 빌 게이츠나 워렌 버핏의 사례에서 보이는 자선 기부 문화와는 상당한 차이가 있다. 물론 모두가 그런 것은 아니지만 그 경향에 있어 분명한 차이를 보이고 있다. 다른 예로 중동 지방의 회사 경영자를 보자면 사업을 할 때 자신과 가깝게 알고 지낸 가족이나 가족의 지인을 낯선 사업가보다 선호할 경향이 크다. 친밀한 혈연관계를 중시하기 때문에 자신과 연결된 가계도 안에서 강한 정체성을 보이게 된다. 이러한 혈연 중심 사회는 대가족이 많은데 한 집안에 3대 이상이 함께 사는 경우가 많다. 남아프리카나 오만과 같은 대가족 문화의 기업 리더는 사업 파트너로 우선순위를 고려할 때 혈연관계에 있는 사람들을 선호하는 경향이 강하다.

이와 대조를 이루는 것은 핵가족 제도에 기반한 형태로 서구 사회나 중산층에서 많이 보여 진다. 가족 구성원을 보면 부모와 자식이 2대에 걸쳐 함께 산다. 이러한 핵가족 중심 사회에서는 회사에서의 이직률이 높게 나타나는데 커리어를 위해 자유롭게 회사를 옮겨 다니는 경향이 강하기 때문이다. 개인의 정체성은 대가족의 혈연관계에 의해서가 아닌 지금 함께 살고 있는 간소한 가족과 현재의 직업으로부터 강한 영향을 받는다. 따라서 부모와 자식, 남편과 아내, 형제자매의 관계에 우선적 가치를 부여한다. 가족제도의 차이는 기업 내 직원들의 성향은 물론 잠재적 시장 형성에 각기 다른 영향을 미치게 된다.

가족제도와 형태의 차이를 이해하는 것은 리더십에 있어서도 점차 중요해지고 있다. 부모의 수명은 늘어나고 있고 남자들의 육아에 대한 책임도 늘면서 가족 시스템에 대한 문화적 이해는 중요해질 수밖에 없다. 점점 가족 시스템 이해의 중요성이 리더들에게 인식되고 있다. 하지만 여전히 사람에 따라 이를 경시하고 있는 것도 사실이다.[14] 그렇다면 서양인이 중국의 사업가와 비즈니스를 하는데 왜 가족 시스템의 이해가 도움이 될까. 베이징, 자카르타, 쿠알라룸푸르, 싱가포르와 같은 도시에서 성공한 기업들 대다수가 혈연관계를 중시하는 중국계 사업가들이다. 이 기업들은 가부장적인 가족제도의 연장선상에서 운영되는 것이나 마찬가지인데 가장의 절대적인 권위를 중심으로 대가족 구성원들과 그들의 가까운 지인들의 협력을 기본으로 한다. 기업주가 일선에서 물러나면 다음 세대의 가족 구성원이 그 자리를 이어 받는다. 이사회도 대부분 가족들로 구성되어 회사의 외부인에게는 결정권을 부여하지 않는다.[15] 이번에는 중동 지역의 예를 한 번 보자. 중동 지역에 있는 다국적 기업들은 아랍 부족장인 셰이크와 부족장의 가족 및 혈연관계에 있는 사람들과 연이 닿아 있는 지역 중개자와 함께 일을 하는 것이 매우 유리하다. 따라서 부족장의 승인과 협력을 얻기 위해 그의 마을에 기부를 하는 경우도 종종 있다. 가족 시스템의 이해는 해외에서 사업을 하는 데 중요할 뿐만 아니라 리더십 역량을 위해서도 필요한 부분이다.

### 교육 시스템: 공식적 vs 비공식적

각 사회는 저마다의 방식으로 사회 내의 가치, 신념, 관습 등을 후대에 전승시켜오고 있다. 이는 곧 새로운 세대에 대한 교육과 사회화 과정이다.(표 4-3) 오늘날 대부분의 사회는 형식을 갖춘 공식화된 교육 시스템을 가지고 있으며 학교, 교과서, 전문화된 교사와 같은 체계가 마련되어 있다. 하지만 소위 발전되었다고 말해지는 곳 가령 남아공, 이스라엘, 일본과 같은 곳에서는 공식적인 교육 시스템 이외에 가족의 연장자로부터의 비공식적 교육도 여전히 중요하게 여겨지고 있다.

| 가족 제도 | |
|---|---|
| 결혼 문제에서부터 자녀에 대한 양육, 노인에 대한 복지까지 가족과 관련하여 사회가 발전시켜 놓은 시스템 | |
| **대가족**<br>가족은 여러 세대에 걸친 역사를 통해 정체성을 형성하며 보통 삼대 이상이 함께 거주한다. | **핵가족**<br>가족은 결혼에 의해 형성된 부부와 그 자녀들로 구성되는 두 세대가 주를 이룬다. |
| *리더십* | |
| • 대가족 문화에서는 형제자매, 삼촌, 부모, 조부모 등 다른 가족들과의 소개나 만남도 예상하고 있어야 한다. 팀원들 부모의 직업이나 커리어에 대해 알아둘 필요가 있을 때도 있다. 그러나 핵가족 문화에서는 조직 내 본인의 위치와 역할에 중점을 둔 소개면 충분하다. 처음 만나는 자리에서는 가족에 관한 대화는 사적인 영역으로 삼간다. 보다 더 가까워진 후 언급하는 것이 일반적이다.<br><br>• 핵가족 문화에서 온 리더가 대가족 문화의 사람을 채용하거나 조직 구성원으로 대할 때 주의해야 할 것이 있는데 가족에 대한 의무로 인한 여러 가지 상황과 여지를 이해해야 한다.<br><br>• 대가족 문화에서 온 리더가 핵가족 문화의 사람을 동료나 팀원으로 처음 만나게 되면 알아 두어야 할 것이 있는데 대가족과 관련된 가족사적인 이야기를 하더라도 그들이 주의 깊게 들어주거나 공감하지 못하는 것처럼 보일 수 있다는 점이다. | |

표 4-2. 가족 제도

교육 방식의 차이로 거론되고 있는 또 다른 관점이 있는데 바로 정보의 암기 능력 위주 교육과 분석력 개발 중심 교육이다. 이러한 차이를 기업 내의 교육 프로그램으로 확장시켜 본다면 교육을 맡은 사람은 참여자들이 주입식 암기 위주의 학습에 익숙한 사람들인지 아니면 분석과 토론에 익숙한 학습자들인지 파악할 필요가 있다. 이 외에 또 하나 유의해야 할 점이 있다면 나이에 따른 연장자 개념이 중요한 문화권이 있는데 이런 곳에서는 강사로 파견되는 사람의 나이가 참가자들보다 너무 어리지 않는게 좋다.

| 교육 시스템 | |
|---|---|
| 사회 내의 가치, 신념, 관습 등과 같은 문화를 후대에 전승시켜오고 있는 방식 | |
| **공식적** | **비공식적** |
| 학교, 교과서, 전문화된 교사를 통해 교육을 하는 방식 | 부모, 형제자매와 같은 가족의 일원이나 연장자가 축적된 지혜를 전승하는 방식 |
| *리더십* | |

- 문화가 다른 조직 구성원들에게 그들이 선호하는 교육 시스템에 맞는 훈련 프로그램을 개발하고 적용시킬 필요가 있다. 교육 방법에 따라 매우 낯설고 불편함을 느낄 수 있는 문화가 있다는 것을 알아야 한다.

- 공식적인 교육 시스템의 활용이 비공식적 방법과 비교해 얼마만큼이나 조직 구성원들에게 동기유발, 협상력, 마케팅 등 업무에 필요한 학습에 효과적인지 파악해야 한다.

- 문화마다 사회화 과정에서 중요시되는 원초적 소스가 무엇인지를 이해할 필요가 있다 (예를 들어, 학문적 연구 vs 현자의 지혜).

표 4-3. 교육 시스템

아시아 출신 리더들이 종종 서양인들의 정보 기억 능력이 낮다고 실망하기도 한다. 서구권 출신 리더들도 아시아인들에 대해 분석력이 떨어진다고 불만을 제기할 때가 있다. 그러나 이 문제는 우선 서로의 교육 시스템에 대한 이해와 접근을 필요로 한다. 이러한 문화 차이에 대한 이해가 선행될 때 파트너십이 발전되고, 시장이 확대되고, 다양한 조직구성원들의 학습효과 역시 높아질 것이다.

## 법과 정치 시스템: 공식적 vs 비공식적

사회는 타인의 권리를 침해하지 않고 질서를 유지하기 위한 시스템을 발전시켜 왔다. 이것을 법체계라고 하며 국가마다 그 형태가 다르다. 미국은 공식적인 법체계인 성문법을 발전시켜 왔으며 지방법(local), 주정부법

(state), 연방법(federal)으로 되어 있다. 미국보다 규모가 작은 사회 역시 그에 맞는 법체계를 만들어 사회질서를 유지하고 있다.(표 4-4)

새로운 지역에 진출하여 사업을 하려고 할 때 그 지역의 지방자치 형태에 무지한 사업가들이 현지 회사 직원들과 지방 공무원들의 긴밀해 보이는 관계에 매우 당황할 때가 많다. 이들의 큰 실수 중 하나는 다른 나라로 사업을 확장할 때 지역마다 다른 법적 자치 시스템을 무시하고 자기의 나라와 모두 똑같을 것이라고 가정해 버리는 것이다. 그러면서 가지는 전형적인 반응이 상대 문화의 법적 구조와 행태에 대해 부패라고 일괄해 버리거나 미개하다고 무시하는 것이다. 서로 다른 문화로 인해 나타나는 시스템의 차이를 무시해서 벌어지는 현상이다. 한 국가 안에서도 지역마다 법적 차이가 있을 수 있다는 것 역시 알아야 한다. 중국은 중앙정부에 의해 만들어진 법률이 있지만 지방정부마다 각기 다른 세부적인 법률을 따르는 경우가 많고 이것들이 지역에 따라서도 차이가 난다. 다른 국가들도 비슷한 경우가 많은데 어떤 나라는 인종에 따라 법률을 적용하는 기준이 다르기도 하다. 이슬람 국가인 말레이시아를 보면 토착민인 말레이 사람들과 외부에서 들어온 인도와 중국계 사람들에 대해 적용하는 법이 다른 경우가 있다고 한다. 말레이시아의 수도 쿠알라룸푸르에 지사를 두고 있는 미국 회사가 현지 직원들을 위해 점심시간에 요가수업을 시작했다. 직원들을 위한 프로그램의 일환으로 미국에서 온 요가강사가 수업을 진행했다고 한다. 직원들에게 매우 인기가 많았었는데 이상한 점은 수업에 참여한 사람들이 모두 중국과 인도 사람들뿐이었다는 점이다. 회사에서는 토착민인 말레이 사람들은 아무도 수업에 참여하지 않았다는 것을 나중에 알게 되었다. 그 이유를 알아보니 이슬람을 믿는 말레이 사람들이 요가수

| 법적 시스템 | |
|---|---|
| 사회마다 타인의 권리를 침해하지 않고 질서를 유지하기 위해 발전시켜 온 시스템 | |
| **공식적**<br>성문화된 헌법이나 법률처럼 기록화 되어 있는 공식 시스템 | **비공식적**<br>비록 덜 공식화되어 있으나 사회적인 일반적 통념과 같은 간단한 법적 시스템이 여전히 유효한 경우가 있다. 한 사회의 시민이나 방문자들이 비공식적 규범 역시 알고 있다고 간주되는 경우가 많다. |

| 리더십 |
|---|
| • 다른 문화권에서 법적 대응이나 현지 공무원들을 상대할 때 현지 상황에 능숙한 전문가를 고용하는 것이 좋다.<br><br>• 문화가 다른 지역의 업무 관련 법률을 학습하는 데 시간을 할애해야 한다.<br><br>• 비록 공식적인 법률로 명시되어 있지는 않지만 알고 있어야 하는 비공식적 시스템을 숙지해야 한다. 예를 들어, 업무 관련 공무원에게 선물을 주는 것이 관례인 지역이 있지만, 그와 같은 행위를 뇌물죄로 처벌하는 지역도 있다. |

표 4-4. 법적 시스템

업에 참여하는 것은 불법적인 행위라고 한다. 요가는 무슬림들의 신앙에 방해가 되는 힌두교의 한 의식과도 같다고 보기 때문이다. 문화 마다 다른 법적 시스템을 모두 이해할 필요는 없다. 하지만 문화적 맥락에 따른 법적 구조의 차이가 가져오는 중요한 차이들을 구분해 알고 있을 필요는 있다.

### 종교 시스템: 이성적 vs 신비주의적

왜 나쁜 일들이 착한 사람들에게 일어날까? 왜 음주운전을 한 당사자는 살고 무고한 사람은 죽을까? 왜 갑작스런 쓰나미로 죄 없는 많은 사람들이 죽어야 할까?

문화 마다 이러한 이해하기 어려운 현상을 설명하기 위한 방법들을 발전시켜 왔다. 위의 질문들에 대한 답은 당연히 문화에 따라 차이가 난다. 사회는 인간의 이해를 넘어선 상황과 현상들에 대해 초자연적이고 종교적인 믿음을 제각기 제공해 왔다. 모두가 아는 것처럼 문화권 마다 다양한 종교들이 만들어지고 국가마다 받아들이고 있는 종교도 다르다. 초자연적 현상에 대한 신념 시스템을 보면 그 정도의 차이에 따라 크게 두 가지로 나누어 볼 수 있다. 하나는 설명하기 어려운 상황들에 대해 보다 이성적이고 과학적인 접근법을 취하는 방식이고 다른 하나는 보다 영적이고 신비주의적인 견해를 취하는 방식이다. 이성적인 접근법은 인간의 책임을 보다 강조하면서 근면하고 성실한 삶의 태도를 중시한다. 이에 반해 신비주의적 접근법은 선과 악에 대한 초자연적인 힘과 그 영향력을 강하게 믿는다.(표 4-5)

초자연적이고 종교적인 신념과 믿음은 일을 하는 태도에도 많은 영향을 미친다. 사회학자인 막스 베버는 프로테스탄트와 자본주의에 대한 관계를 분석해 놓았다. 자본주의는 일정부분 프로테스탄트의 직업윤리에 영향을 받았다고 설명한다. 여기서의 직업윤리는 서구사회를 설명하려는 것으로 열심히 일을 해야 한다는 근면, 성실과 절약정신의 강조인데 이것이 자본주의와 맞물려 있다는 것이다. 개인의 의무와 책임을 중요하게 여기는 자본주의와 일맥상통한다. 이것이 사회를 위한 최선의 방법으로 전제되어 졌다. 곧 개개인의 근면성실한 노력이 없이는 사회가 존속될 수 없다는 것이 기본 철학으로 자리 잡게 되었다.[16]

이와는 다른 방식이 이슬람이다. 이슬람에서는 가난한 사람들을 위한 자비를 강조하고 있다. 가난한 사람들을 착취하여 이윤을 챙기는 행위를 엄격하게 금지하고 있다. 이슬람의 은행들이 대표적인데 대부분 서민들에게 돈을 빌려 줄 때 이자를 받지 않는다. 이로 인한 이윤을 일종의 착취라고 보기 때문이다. 이러한 현실인식으로 인해 일부에서는 선불로 수수료를 부과하는 방식을 택하기도 한다. 이슬람 문화권의 기업이 아닌 경우라면 이러한 문화적 맥락을 이해하면서 현지에 진출하는 것이 필요할 것이다.[17]

한 프랑스 회사가 태국에서 사무실을 열었는데 그 위치가 부처님 상보다 높은 곳에 위치 해 있었다. 몇 달 동안 사무실을 방문하는 고객이 거의 없었다. 한참이 지나서야 그 이유를 알게 되었는데 태국에서는 부처님보다 위에 있을 수 없다는 종교적 가르침 때문이다. 사무실을 새로운 곳으로 옮기고 나서야 고객이 많아지게 되었다고 한다. 또 다른 일본의 기업을 예로 들어보자. 한 일본 기업이 말레이시아의 한 지방에 부지를 매입해 공장을 지었다. 그 부지는 아주 오래전 토착민 선조들의 매장지였다. 그런데 공장이 가동되면서 그곳에서 일하던 말레이계 사람들에게서 매우 많은 히스테리 증세가 나타났다. 직원들은 그 원인이 공장을 지을 때 파헤쳐 버려진 선조들의 영혼 때문이라고 믿었다.[18]

우리는 종교적 신념과 믿음에 따른 행위가 지닌 강력한 힘을 과소평가해서는 안 된다. 이것은 다른 문화에서 일을 할 때도 마찬가지이다. 글로벌 리더는 세계의 다양한 종교들이 현지인들의 일상에 스며들어 영향을 미치고 있는 내용들을 익혀 자칫 범하기 쉬운 실수나 과오를 줄여야 한다. 지역 마다 고유한 종교가 일상의 문화에 영향을 미치고 있다는 사실을 인식하고 학습해야 한다. 이것은 자신의 종교적 신념과 믿음을 포기하는 행위가 아니다. 다른 사람의 종교적 신념과 믿음도 존중하는 가운데 서로 평화롭게 만나고 일하며 공존할 수 있는 방법을 모색하려는 것이다.

| 종교 시스템 | |
| --- | --- |
| 문화 마다 이해하기 어려운 초자연적 현상이나 설명하기 어려운 상황에 대한 해석들을 발전시켜 옴 | |
| **이성적 접근법**<br>인간의 책임을 보다 강조하고 근면하고 성실한 삶의 태도를 중시함 | **신비주의적 접근법**<br>선과 악에 대한 초자연적인 힘과 그 영향력을 보다 강하게 믿음 |
| *리더십* | |
| • 종교적 신념에 관해 이야기를 나눌 때 상대방을 존중하는 태도를 잊어서는 안 된다. 특히 상대방에게 공격적일 수 있는 언행을 삼가 해야 한다.<br><br>• 다른 문화권에서는 어떻게 종교적 가치와 신념이 재정이나 마케팅과 같은 경영에 관여해 의사결정에 영향을 미치고 있는지 배워야 한다.<br><br>• 종교적 행사와 기념일을 파악해 보자. 가령 기독교의 크리스마스나 힌두교의 최대 명절인 디파발리(Deepavali), 중국의 신년 행사와 같은 날에는 중요한 스케줄이나 미팅을 잡지 않는 것이 좋다. | |

표 4-5. 종교 시스템

### 예술 시스템: 견고성 vs 유연성

사회마다 장식예술, 음악, 춤에서부터 건축, 빌딩, 도시 계획에 이르기까지 여러 방면에서 드러나는 미적 기준에 대한 체계를 발전시켜 왔다. 그렇기 때문에 사회마다 미적 기준을 만들고 평가하는 방법들 역시도 다양하지 않을 수 없다. 이러한 차이들에 대해 이해할 수 있는 한 가지 방법은 선명한 선을 강조하며 견고한 경계를 반영하고 있는가 아니면 그와는 다른 보다 유연한 경계와 관점을 반영하고 있는가에 대한 구분이다. 대다수의 서구 문화에서는 선명하고 경계가 분명한 양식을 추구하는 데 반해 동양 문화에서는 보다 유연하고 경계가 모호한 선을 선호한다.

대부분의 서양의 가정에서는 주방 서랍들이 잘 정돈되어 있다. 포크는 포크대로 나이프는 나이프대로. 방의 벽들도 대개는 단색으로 이루어져 있고. 색깔로 창의적인 변화를 준다고 하더라도 대개는 모퉁이나 벽의 가운데에서 바닥으로 내려가는 직선인 경우가 많다. 그림은 각진 모서리로 된 액자에 넣고, 몰딩으로 벽의 이음새를 덮는다. 하다못해 잔디밭도 보도와의 명확한 구분을 위해서 구획되어 진다. 이유가 뭘까? 서구인들은 대상을 대할 때 분류하고 범주화시킨 관점에서 보려하기 때문이다. 이러한 분명한 구분을 통해 질서의 정도를 규정한다. 그렇게 사물은 자신이 있어야 할 장소에 있어야 한다.

서양에서는 구분된 경계를 유지하는 것이 중요하다. 그렇지 않으면 범주의 구분이 모호해 지면서 혼돈이 발생한다고 본다.[19] 대부분의 서구인들은 민들레가 없는 잔디를 원하고, 차도와 인도가 명확히 그어진 도로를 원한다. 사람들은 음악회에 가기 전에 셔츠 양쪽이 접한 부분에 넥타이를 맨다. 클래식 음악 역시 일곱 개의 음과 다섯 개의 반음으로 이루어진 음계를 가진다. 각각의 음표는 정해진 높이를 가지고 있으며 그것이 만들어내는 음파의 길이는 분명히 다르다.[20] 좋은 연주는 음악가가 음표를 정확하게 연주하는 것을 의미한다.

이와는 대조적으로 동양의 많은 문화에서는 분명한 경계와 일관된 분류 방식이 일상에서 그렇게 중요해 보이지만은 않는다. 방의 벽들이 여러 색으로 이루어져 있기도 하고, 페인트도 벽이나 천장을 칠할 때 경계를 조금 넘거나 창문에 조금 묻었을 수 있다. 음식도 접시 위에 다양한 색색가지의 재료들이 한데 섞여 있는 경우가 많거니와 접시에 담긴 음식을 여럿이 같이 먹으며 함께 식사를 즐긴다. 도로와 차선도 유동적일 수 있다. 차선 방향이 교통량에 따라 밀물과 썰물처럼 바뀌기도 한다. 캄보디아나 나이지리아의 경우를 보면 혼잡한 시간이나 교통량에 따라 도로의 활용이

유연해 보인다. 인도와 차도의 구분도 마찬가지이다.

이렇듯 지역에 따라 미학적 차이가 아주 다양하게 나타날 수 있는데, 여기서는 미적 기준과 문화와의 관계를 동양과 서양의 차이로 간략하게 짚어 보았다. 어느 지역의 예술을 살펴보고 공부한다면 그 지역에서 사업을 하고자 할 때 전략적으로도 여러 도움을 받을 수 있다. 현지에서 회사의 홈페이지를 새로 오픈하기로 한다면 그곳 사람들에게 익숙하고 선호되는 색상과 상징물과 같은 미적 특징을 십분 활용할 수 있다. 회사의 안내 책자나 상품 가이드북을 본사의 것 그대로 번역하려고만 하지 말고 현지에 맞는 디자인과 레이아웃을 고려해보면 어떨까. 물론 모든 지역에서 미적 고려를 일일이 반영해야만 한다는 것은 현실적으로 어려울 수도 있다. 하

| 예술 시스템 |
| --- |
| 장식예술, 음악, 건축, 웹디자인, 도시 계획 등 사회 안의 미적 접근 체계 |

| 견고성 | 유연성 |
| --- | --- |
| 정확하고 분명하고 곧게 뻗은 선에 의한 견고한 경계를 선호 | 밀려갔다 밀려오는 조수의 변화처럼 유연성을 지니고 있는 경계가 모호한 선을 선호 |

| 리더십 |
| --- |
| • 문화가 다른 지역에 따라 기업의 홈페이지와 같은 웹사이트의 색상이나 디자인에 있어 어떤 차이를 주어야 할지 고민해 볼 필요가 있다. 문화에 따라 선호되는 감각의 차이일 뿐만 아니라 자칫 벌어질 수 있는 오인의 소지 때문이기도 하다. <br><br> • 상징이나 로고들은 전 세계 어디서나 문화를 반영하고 있으며 그에 맞게 만들어지고 있다는 것을 알아야 한다. 당신이 가야할 새로운 문화권에서 자주 사용하고 있는 상징이나 로고가 무엇이고 어떻게 활용되고 있는지 살펴본다면 매우 유용할 것이다. <br><br> • 어떤 문화적 아이콘들이 존중되고 있는지 알아보자. 예를 들어, 중국인들을 상대로 한 마케팅에서 사자나 만리장성에 대한 잘못된 사용은 신뢰를 잃게 만드는 요인이 될 수도 있다. |

표 4-6. 예술 시스템

지만 이와 같은 미적 영역에서도 문화적 차이를 주의 깊게 고려한다면 현지화에 실질적으로 많은 도움을 받을 수 있다.

　이와 같은 문화의 기본적 시스템들을 이해하고 어떻게 문화 간 차이가 나타나는지 파악하는 것은 CQ-지식 향상에 대단히 중요한 부분이다. 이 모든 것들을 살펴볼 시간을 내기가 당장에는 쉽지 않더라도 전반적인 내용과 방향을 숙지하고 세부 사항들은 하나씩 쌓아 나가면 어떨까. 빙산의 비유에서 보았듯이(그림 4-1 참조) 하나의 문화 안에서도 개인 간에 차이가 난다. 이는 방금 위에서 본 미적 성향을 포함해 지금까지 살펴본 여러 문화 시스템에도 그대로 적용 된다는 것 역시 잊지 말아야 할 것이다.


## 나가며
---------------

　사람들의 생각과 행동과 태도에 영향을 미치고 있는 문화의 역할을 분명히 이해하는 것에서부터 CQ-지식의 향상이 시작된다. 또한 세 가지를 구분하는 것 역시도 중요한데 바로 인간 모두에게 공통적으로 나타나는 보편성과 문화 마다 각기 다른 차이점과 한 문화 안에서도 또 다르게 나타나는 개인적 차이이다. 문화 안에서 언어가 가지는 역할에 대한 이해와 사회 마다 제각기 발전시켜온 문화 시스템에 대한 이해는 계속해서 심화시켜 갈 필요가 있다. 문화 시스템에 대한 기본적인 이해에 해당되는 경제, 가족, 교육, 법률, 종교, 예술에 이어, 다음 장부터는 CQ-지식에 있어 또 하나의 중요한 축인 문화 간 가치 차이에 대해 살펴보려 한다. 문화 마다 서로 다른 열개의 가치 체계를 가지고 문화 간 비교를 해보도록 하겠다.

# 문화지능 지식(Part 2)
## : 문화적 가치의 차이를 이해하라

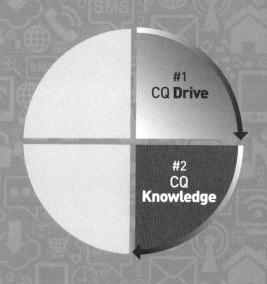

#1
CQ Drive

#2
CQ
Knowledge

## CQ-지식: 다른 문화를 이해하기 위해
## 무엇을 알아야 하는가? 문화 간 유사점과 차이점 이해하기

| 높은 CQ-지식을 가진 리더: | 문화에 대한 풍부하고도 체계적인 이해와 이것이 사람들의 생각과 행동에 미치는 영향을 인지하고 있음. 문화 간 유사점과 차이점에 대한 광범위한 지식을 지님. 문화와 행위의 상관관계를 이해하고 있음. |
|---|---|

CQ-지식은 문화를 이해하고 그 문화가 어떻게 행동에 영향을 미치는지 파악할 수 있는 역량이다. 4장에서는 CQ-지식을 향상시키기 위한 세 가지를 살펴보았는데 (1)우리에게 영향을 미치는 문화의 역할 이해, (2)다른 언어의 이해, (3)기본적인 문화 시스템에 대한 이해였다. 이번 장에서는 CQ-지식을 향상시키고 적용하는 데 필요한 문화 간 가치 차이에 대해 살펴보려고 한다.

4장에서 본 문화 시스템(경제, 예술, 법 등)과 문화적으로 선호되는 가치 사이의 상관관계에 대해서도 생각해 볼 필요가 있다. 문화 간 가치 차이는 이문화 훈련 프로그램에서 중요하게 다루어지는 내용이기도 하다. 가령 멕시코 사람들은 독일 사람들과 비교해 시간이나 권위에 대해 어떻게 대응하는지와 같은 내용이다. 비록 문화 간 가치 차이가 문화지능 리더십 전체에서 보면 일부분이지만 문화이해를 바탕으로 한 레퍼토리를 구축하는 데 중요한 비중과 역할을 한다.

많은 책에서 문화 간 가치 차이에 대한 다양한 내용들이 언급되고 있다.[1] 이 장에서는 열 개의 가치 차이에 대한 전반적인 소개와 이것들이 어떻게 문화지능과 연관되어 있는지를 살펴보고자 한다. 또한 여러 문제점을 안고 있는 스테레오타입에 대해서는 언제나 주의를 기울어야 한다는 점도 재차 강조할 것이다. 가령 모든 노르웨이 사람들은 화법이 직설적이

5장 문화지능 지식(Part 2): 문화적 가치의 차이를 이해하라

고, 모든 한국 사람들은 권력 구조에 순응한다고 단정지어 버리는 태도는 매우 위험하다. 하나의 문화에 속한 사람들 전체에 대해 부정적이거나 비판하는 식의 태도와 표현은 적절하지 못하다. "OOO 나라의 사람들은 모두 게으르고 부정부패가 심하다."처럼 말이다.

하나의 문화 안에서도 다양한 사람들이 있다는 시각을 유지해야 한다. 예를 들어 라틴아메리카 사람들 중에서도 시간관념이 철저해 약속 시간 등에 정확함을 매우 중시하는 사람들이 있는 것처럼 말이다. 문화 간 가치 차이를 이해한다면 처음 만나는 자리에서 상대에 대해 미리 어느 정도 예측을 해볼 수 있다. 물론 그러한 추측이 틀릴 수도 있지만 말이다. 한 발 더 나아가 문화 간 가치의 차이 때문인지 아니면 개인의 독특한 개성 때문인지를 구별하여 상대를 이해할 수 있는 역량은 매우 중요하다.(그림 4-1 참조)

## 개인주의 vs 집합주의

큰 딸아이가 대학을 결정해야 하는 중요한 시기에 있다. 나와 아내는 딸아이가 결정을 하기 위해 고려해야 하는 사안들을 가이드 해 주었다. 하지만 최종적인 선택은 딸아이의 몫이다. 이것이 개인주의적 문화의 방식이다. 아이가 어릴 때부터 자기가 직접 선택을 하도록 만들고, 그것에 책임을 지며 각자의 꿈을 찾아가는 것이다. 집합주의 문화에서 온 몇몇 친구들은 이런 우리의 방식을 깊게 이해하지 못하는 것 같다. 집합주의 문화에서는 아이들의 대학을 결정하는 데 부모가 강한 영향력을 행사한다. 그리고 그런 선택이 가족 전체를 위한 관점에서 최선의 결정이어야 한다고 본다.

개인주의와 집합주의의 핵심적 차이는 정체성에 대한 이해이다. 개인주의적 관점에서는 결정은 전적으로 나의 몫이다. 내가 결정을 해나가는 것이다. 미국, 독일, 호주와 같은 나라에서 개인주의 문화가 강하다. 집합주의 문화가 강한 곳은 아시아, 아프리카, 라틴아메리카 대부분의 나라들이다. 세계의 대부분 지역이 그렇다고 할 수 있다. 이러한 문화에서는 '모난 돌이 정 맞는다'와 같이 다른 사람들보다 두드러지면 미움을 받는다는 속담이 있을 정도이다. 그리고 이러한 태도를 어릴 때부터 배워온다. 영광을 가족에게 돌리고 사회 안에서 조화를 이루며 사는 것을 최고의 덕목으로 여긴다.

맥도날드가 집합주의 문화인 인도에서 매장을 오픈하고 나서 "이번 달의 베스트 직원" 프로그램을 도입하였다. 개인주의 문화에서는 탁월한 성과를 발휘한 개인에게 모두가 보는 앞에서 시상을 하고 격려를 하면 동기부여에도 좋은 영향을 미친다. 그러나 맥도날드는 인도가 집합주의 문화이기에 이것을 지혜롭게 변형시켰다. "이번 달의 베스트 팀"과 "이번 달의 베스트 매장"으로 바꾼 것이다. 개인이냐 아니면 그룹이냐 하는 정체성의 중요한 요소를 이해하게 되면 CQ 리더십을 위한 통찰력을 높일 수 있다.

개인주의 문화에서는 삶의 속도가 상대적으로 빠르다. 결정은 신속하게 이루어지는 것이 일반적이며 그룹 내부의 사람들과 외부의 사람들 간에 구별이나 차이가 적은 편이다. 집합주의 문화에서는 가족이나 친구 혹은 동료와 같은 내부 그룹을 위한 충성이 매우 중요하다. 사회적 조화 역시 매우 중요한 가치이다. 이런 말이 있다. 만약 심리학자 매슬로우가 중국인이었다면 인간 욕구이론 5단계 중 맨 위의 단계를 자아실현이 아닌 사회적 조화로 바꾸었을 것이라고.

| 개인주의 | 집합주의 |
|---|---|
| 개인의 목적과 권리를 중시 | 사람들과의 관계와 그룹의 이익을 중시 |

| 개인주의 | 중간 | 집합주의 |
|---|---|---|
| 앵글로<br>게르만유럽<br>북유럽 | 동유럽<br>라틴유럽 | 아랍<br>유교권 아시아<br>라틴아메리카<br>남아시아<br>사하라이남 아프리카 |

열 개의 클러스터에 대한 보다 자세한 내용은 〈부록〉을 참조 바란다. 대부분의 나라들은 여러 클러스터에서 온 사람들을 포함하고 있다. 예를 들어 북미의 지배적인 클러스터는 앵글로이고 중국은 유교권 아시아이다. 그러나 여러 다른 클러스터의 사람들도 속해 있다. 따라서 여기서 제시하고 있는 클러스터는 가장 대표적인 다수의 그룹을 의미함에 주의하기 바란다.

| 개인주의 문화에서의 리더십 | 집합주의 문화에서의 리더십 |
|---|---|
| • 개인의 인센티브와 목표를 가지고 동기부여<br>• 파트너십은 보통 한두 명을 의미하며 그룹이 아님을 인지해야 한다 | • 그룹의 목표를 가지고 동기부여<br>• 오랜 시간 쌓아 온 관계의 중요성을 인지해야 한다 |

표 5-1. 개인주의 vs 집합주의

세계 대부분은 집합주의 문화이다. 하지만 대개 리더십 관련 책들을 보면 저자도 독자도 모두 개인주의 문화에 속하는 경우가 많았다. 최근 들어 아시아, 라틴아메리카, 아프리카의 문화적 맥락을 이해하며 쓴 리더십 책들이 점점 더 많이 출간되고 있다. 집합주의 문화에서의 리더십에 관한 통찰을 늘리는 데 도움이 될 것이다. 개인주의와 집합주의에 대한 이해는 CQ-지식 향상에 있어 매우 중요한 부분이다.[2]

# 권력거리

델리에서 리더십 세미나를 위해 준비를 하던 아침, 진행을 도와주던 호스트였던 사가르와의 흥미로운 상황을 소개해 보겠다.

**데이비드:** 혹시 세미나에서 필요하다고 했던 복사물이 준비가 되었나요, 사가르?

**사가르:** 네. 옆 건물에 있는 인쇄소에 부탁을 했는데 다 되었을 거예요. 가지러 가면 될 겁니다.

**데이비드:** 고마워요. 내가 가서 찾아올게요.

**사가르:** 아니에요. 아니에요. 다른 사람을 보내겠습니다.

**데이비드:** 고맙긴 하지만, 사가르, 신경 쓰지 마세요. 긴 비행으로 쌓인 피로도 풀 겸 잠시 나가서 좀 걷다가 가지고 올게요. 전혀 문제가 안 되니 걱정 말아요.

**사가르:** 여기서 잠시만 기다려 주세요. 같이 차를 마시고 있으면 다른 사람이 금방 찾아올 겁니다.

사가르는 호스트로서 단지 최선을 다하려 했을 뿐일까? 내가 복사물을 찾으러 가겠다고 끝까지 말했어야 했나? 아니면 사가르는 정말로 나와 차 한잔을 마시려고 했을까? 그것도 아니면 아직 복사물 인쇄가 안 된 것을 알고 그들의 체면을 살려주려고 했나? 사가르는 어떤 이유로 내가 복사물을 찾으러 가는 것을 원치 않았을까? CQ-전략을 활용해 다양한 가능성들에 대해 생각해 볼 수 있다. 나중에서야 다른 인도인 동료와 이 상황에 대해 이야기한 후 사가르의 행동에 대해 이해가 가기 시작했다. 사가르와 나는 권력거리에 대한 생각이 서로 달랐기 때문이다.

나는 인도 문화에서 나타나는 이러한 관계에 대해 충분히 인지하지 못하고 있었다. 높은 권력거리 문화에서는 사람들마다 자신의 지위와 위치에 맞는 역할을 중시한다. 복사를 하거나 복사물을 나르는 사람은 그 일에 충실해야 한다. 학생들을 가르치거나 회사를 경영하는 사람은 그 역할에 집중하면 된다. 내가 복사물을 찾으러 가겠다는 것은 사가르의 역할을 무시하는 행동이었다. 초대한 손님을 잘 보좌해야 하는 그의 역할을 못하게 만들어 버리는 것이다. 다시 위의 상황으로 돌아가 보면 나는 필요한 시간에 복사물을 잘 받을 수 있었다.[3]

권력거리란 말 그대로 상하관계 사이에서 그 거리감의 정도를 말한다. 멕시코, 인도, 가나와 같은 권력거리가 큰 나라에서는 리더에 대한 예우와 존중이 매우 높다. 지위와 직함에 따른 대우가 분명하며 상하관계에 따라 함께 어울리는 것이 어려울 수도 있다. 윗사람에게 자유롭고 격이 없는 질문을 하기는 쉽지 않다. 권력거리는 힘과 지위에 따른 차이를 받아들이는 정도이다. 이것을 통해 힘이 어디에 있고 어떻게 구조화되어 있는지를 알 수 있다.

여러 번 반복했듯이, 이와 같은 가치의 차이는 국가 간 문화 차이로만 존재하는 것이 아니다. 세대, 직업, 조직 등 하위문화 안에서도 그 차이들이 나타난다. 만약 어느 조직을 방문할 기회가 생긴다면 주변과 상황을 유심히 관찰해 보자. 누구에게 어떻게 보고 체계가 이루어지고 있으며, 어떤 타이틀이 지위와 직위에 따라 사용되고 있으며, 그 타이틀은 실제로 조직 공간 내에서 어떻게 드러나고 있는지 등에 대한 것들을 말이다. 그리고 당신을 상급자에게 어떤 방식으로 소개하고 있으며, 사무실 전체에 흐르는 권력에 대한 위계와 분위기도 어떤지 유심히 관찰해 보자. 이와 같은 미묘한 것들을 놓치지 말고 주의 깊게 관찰해 보면 생각보다 많은 것들을 감지할 수 있다. 상대 고객의 조직이 가지는 문화적 맥락을 관찰하고 이해하는 것은 서로의 관계를 위해 유익하게 활용될 수 있다.

권력거리가 큰 나라에서 온 사람들이 미국에 와서 일을 할 때 처음 많이들 어색해 하는 것이 바로 상사와의 관계이자 상사가 자신들을 대하는 태도이다. 인도에서 온 한 엔지니어의 말이다. "일을 시작하면서 미국인 상사에게 어떤 질문을 했는데 자신도 모른다고 하는 말에 충격을 받았었다. 인도에서 그와 같은 상황이었다면 아마 모른다는 말 대신 틀린 답이라도 했을 것이다."

권력거리가 큰 인도네시아에서 미국의 대학으로 유학을 온 한 여학생이 해 준 이야기이다:

> 내가 교무처장님의 방을 나올 때 순간 너무 놀라 어떻게 해야 할지 당황하였다. 나를 위해 문을 열어주고 있었기 때문이다. 감사함을 어떻게 표현해야 할지 생각이 나질 않았다. 그래서 고향에서 하는 것처럼 거의 무릎을 꿇고 앉아버렸다. 나의 논문 지도교수께서 일개 학생일 뿐인 나를 위해 문을 열어주고 계속 잡고 있었기 때문이다.[4]

캐나다, 독일, 핀란드, 오스트리아, 이스라엘은 권력거리가 낮은 나라들이다. 이런 문화에서는 조직 내 직장 상사를 대할 때도 큰 거리감 없이 동료로서 편하게 칭하기도 한다. 상사에게 스스럼없이 질문도 하고 여러 가지 결정과정에도 참여하는 것이 일반적이다.[5]

문화지능 리더십은 다양한 문화 간 가치 지향의 이해와 적응을 필요로 한다. 나는 사람들의 의견을 지위에 상관없이 동등하게 존중하는 참여적 리더십(participative leadership) 스타일을 선호한다(낮은 권력거리). 나에게는 공식적인 직함에 따른 서열보다는 수평적 조직문화가 더 맞다. 내가 선호하는 조직문화는 낮은 권력거리 문화임을 알고 있기 때문에 그 반대의 높은 권력거리 문화를 인정하고 이해하는 데 도움이 된다. 권력거리가 높은 문화에서는 리더가 팀원들에게 무엇을 해야 하는지 분명한 지침을 내려주는 것이 일반적이고 팀원들도 그것에 익숙하다. 참여적 리더십에 익숙한 내가 만약 인도와 같은 나라에서 팀을 이끌어가야 한다면 상반된 리더십 스타일을 잘 조화시켜 이 문제를 풀어가야만 한다.

나는 중동과 서유럽을 오가면서 권력거리에 대한 차이를 경험할 수 있었다. 그러나 한 나라 안에서도 조직마다 차이가 나는 것을 볼 수 있었다. 미국 정부나 미군 부대는 권위에 의한 하향식 방식에 가깝다. 그러나 페이스북의 조직문화는 위계질서나 직함에 의한 구속을 거부한다. 얼마 전 페이스북에서 리더십 개발을 총괄하는 책임자인 빌 맥로혼과 인터뷰를 한 적이 있다. 페이스북은 권력거리가 낮은 조직문화인데 어떻게 글로벌 기업으로서 다른 문화들과의 접점을 찾고 있는지 물어보았다. 나는 빌에게 다음과 같은 질문을 했다:

당신은 페이스북이 매우 분명한 조직문화를 가지고 있다고 말했다. 위계질서 거부, 빠른 속도, 자율성, 변명 사절, 위험 감수 등의 측면에서 말이다. 그런데 이와 같은 가치는 세계의 많은 개발도 상국의 가치와 상반되는 것들이다. 리더십 개발을 위한 접근을 글로벌적 관점에서 어떻게 풀어가고 있는지가 궁금하다.

빌의 대답이다:

당신 말이 맞다. 나 역시 이것이 문제가 되는 부분임을 알고 있다. 우리는 이 문제를 계속 관찰해 오고 있다. 로컬 문화와 페이스북의 조직 문화가 다름에도 잘 풀어갈 수 있는 사람들을 전 세계에서 찾고자 한다. 두 문화를 현명하게 오고갈 수 없다면 많은 어려움이 따르기 때문이다.

그럼에도 우리의 중심 가치를 버려버린다면 페이스북은 문을 닫아야 한다. 우리의 도전과제에 대해서는 분명히 인식하고 있다. 세계의 다양한 문화를 효과적으로 경영하고 더 강력한 영향력을 발휘할 수 있는 최고의 글로벌 팀으로 발전시킬 수 있는 방법을 개발해 나가야 한다.[6]

우리가 문화 간 가치 차이를 배움으로써 찾고자 하는 부분이 바로 이러한 도전 과제들에 대한 통찰력이다. 리더와 조직이 전 세계의 모든 문화적 가치에 다 적응할 필요는 없다. 그러나 권력거리와 리더십과 같은 서로 다른 접근 방식에 대한 균형 잡힌 이해는 필요하다.

| 낮은 권력거리 | | 높은 권력거리 | |
|---|---|---|---|
| 평등을 강조;<br>의사결정의 공유 | | 지위에 따른 차이를 강조;<br>높은 지위의 사람이 결정권을 지님 | |
| **낮음** | **중간** | **높음** | |
| 앵글로<br>게르만유럽<br>북유럽 | 유교권 아시아<br>동유럽*<br>라틴유럽*<br>사하라이남 아프리카 | 아랍<br>라틴아메리카<br>남아시아 | |

열 개의 클러스터에 대한 보다 자세한 내용은 〈부록〉을 참조 바람
*클러스터 내 분산 정도가 상대적으로 큼

| **낮은 권력거리 문화에서의 리더십** | **높은 권력거리 문화에서의 리더십** |
|---|---|
| • 격식을 중시하지 않는다<br>• 권위에 대한 도전이나 질문을 열어놓는다 | • 명령 체계를 주의 깊게 따라야 한다<br>• 권위에 대한 도전이나 질문을 삼간다 |

표 5-2. 권력거리

## 불확실성 회피경향

일어나지 않은 예측할 수 없는 상황에 대해 불안 내지는 불편함을 가지는 정도를 불확실성 회피경향이라고 한다. 높은 불확실성 회피경향은 애매하고 불확실한 것을 꺼리는 경향이 높다는 것을 의미한다. 이런 문화의 사람들은 애매함을 줄일 수 있고 예측 가능성을 최대한 확보하는 데 도움이 되는 구조를 선호한다. 예를 들어, 독일, 일본, 싱가포르와 같이 불확실성 회피경향이 높은 나라의 리더들은 주어진 과제를 언제 어떻게 완성시켜야 하는지 분명한 가이드라인과 일정표를 제시하려는 성향이 높을 수 있다. 불확실성 회피경향이 높은 문화의 팀원들에게 해야 할 과제에 대해 간단히 구두로 지시를 내렸다면 여러 가지 혼란으로 인한 문제들이 발생

할 수 있다.

이에 반해 영국이나 사우디아라비아와 같이 불확실성 회피경향이 낮은 나라에서는 애매하거나 예측하기 어려운 상황을 덜 위협적으로 느낄 수 있다. 업무 지시에 세부 사항이 많지 않고 확정된 데드라인 없이 다양한 방법을 알아서 활용해보라는 리더의 요청이 큰 무리로 느껴지지 않을 수 있다. 애매함과 예측 불가능을 받아들이는 데 거부감이 덜한 지역이다. 엄격한 법과 규칙을 거부하고 자신들과 다른 사람들의 의견을 보다 수용하려는 태도를 보인다.[7]

불확실성 회피경향은 상당히 비슷하게 보이는 두 나라가 가지는 차이를 이해해 볼 수 있는 방법이기도 하다. 좋은 예가 독일과 영국일 것이다. 독일과 영국은 공통점이 많아 보이는 나라이다. 둘 다 서유럽 국가이고, 게르만 어파에 속하는 언어를 사용하고, 독일이 통일되기 전까지는 인구 수도 비슷했고, 영국 왕실은 게르만계이다. 그러나 불확실성 회피경향의 차이를 이해하고 있는 사람이 있다면 프랑크푸르트와 런던의 삶에서 보이는 차이들을 알아챌 수 있을 것이다. 시간엄수, 구조와 체계, 질서는 독일 문화 내부의 작동 원리이다. 그에 비해 영국은 시간과 관련해 더 느긋해 보이는데 데드라인도 마찬가지이다. 정확함에 대해서도 독일보다는 좀 더 여유 있어 보인다. 낯설음 혹은 낯선 상황에 대한 반응 역시 차이를 보인다. 그러나 누누이 얘기했듯이 한 나라 안의 모든 사람들이 천편일률적으로 같을 것이라고 보아서는 절대 안 된다. 모든 영국 사람들이 혹은 모든 독일 사람들이 불확실함과 위험을 똑같이 대하지는 않는다. 우리가 다루고 있는 문화적 가치 차이는 문화지능의 적용에 있어 일부분일 뿐이다. 그러나 문화마다 다른 애매하고 예측하기 어려운 상황을 견디는 정도의 차이를 예상하고 있다면 새로운 만남에 있어 좋은 참조가 될 것이다.

　나는 싱가포르에 상당히 오랫동안 있었던 적이 있다. 어떤 연구를 보니 싱가포르를 불확실성 회피경향이 낮은 문화라고 잘못 말하고 있는 것을 본적이 있다. 그렇게 보게 되면 애매함에도 그리 개의치 않고 열린 결론도 문제가 되지 않을 수 있는 영국과 같은 문화적 성향을 의미한다. 물론 싱가포르는 국제적인 도시국가로 다양한 문화적 가치들을 수용하고 있다. 그러나 그 안을 더 들여다보면 싱가포르인들은 매우 주의 깊게 계획을 세우고 만일의 사태를 잘 대비하려는 성향이 강하다는 것을 알 수 있다.[8] 싱가포르에서 열리는 어떤 행사에 강사로 초대되었을 때 행사준비를 하는 사람들이 내게 십 여 차례나 연락해 온 적이 있다. 어떤 문제는 없는지 준비에 더 필요한 것은 없는지를 계속해서 점검한 것이다. 비슷한 다른 사례도 있는데 우리 가족이 그곳에 살고 있던 당시의 일이다. 아이들을 공원의 나무나 놀이기구 등에서 자유롭게 오르락내리락 하며 놀도록 내버려 두었다. 이때 다른 싱가포르 부부들에게 너무 위험할 수 있으니 주의 깊게 아이들을 챙겨야 한다는 말을 정말 여러 번 들었다. 이런 것들을 보면 위험에 미리 대처하려고 하는 그들의 강한 성향을 짐작할 수 있다. 비록 싱가포르가 다양한 문화적 신념과 가치들을 존중하고 있지만 전통적으로는 경계선과 같은 예측할 수 있는 확실성을 선호한다. 싱가포르 사람들은 안전과 확실성을 위해 국가에서 제시하는 여러 규범들은 물론 각종 소액의 범칙금에 이르기까지 별 거부감이 없어 보인다. 그러나 이것이 높은 불확실성 회피경향의 문화에서 위험을 전적으로 피하려고만 함을 의미하지는 않는다. 사실 싱가포르와 독일은 혁신적인 기술력과 연구 성과를 자랑하는 국가들이기도 하다. 하지만 불확실성 회피경향이 높은 문화에서는 위

| 낮은 불확실성 회피경향 | | 높은 불확실성 회피경향 | |
|---|---|---|---|
| 유연성과 적응력을 중시 | | 계획성과 확실성을 중시 | |
| **낮음** | **중간** | **높음** | |
| 앵글로<br>동유럽<br>북유럽 | 아랍<br>유교권 아시아*<br>게르만유럽<br>남아시아*<br>사하라이남 아프리카 | 라틴유럽<br>라틴아메리카 | |
| 열 개의 클러스터에 대한 보다 자세한 내용은 〈부록〉을 참조 바람<br>*클러스터 내 분산 정도가 상대적으로 큼 | | | |
| **낮은 불확실성 회피경향에서의 리더십**<br>• 독단적인 발언은 피하라<br>• 미지의 것은 탐험해보도록 독려하라<br>• 실제 실행을 맡기면서 상황만을 보고하<br>  도록 하라 | | **높은 불확실성 회피경향에서의 리더십**<br>• 정확한 설명과 지시를 주어라<br>• 잘 구성된 절차와 정책을 필요로 한다<br>• 실행 방안에 대한 조언을 구하되 피드백<br>  과 지원을 분명히 한다 | |

표 5-3. 불확실성 회피경향

험을 주의 깊게 체크하고 대응 계획들을 세심히 챙기려 한다. 낮은 불확실성 회피경향의 문화에서 때론 위험을 불가피한 삶의 일부로 받아들이는 모습과는 대조적이다.

## 협력적 vs 경쟁적

또 다른 문화 간 가치 차이로 협력적인 문화와 경쟁적인 문화가 있다. 협력적인 성향이 강한 문화에서는 서로 간의 보살핌을 중요한 덕목으로 여기고, 어떤 것을 이루어내기 위해 함께 주고받는 도움을 강조한다. 이와는 대조적으로 경쟁적인 성향이 강한 문화에서는 개인의 성취나 성공을 강조하며 그 과정에서 경쟁은 불가피하다고 본다. 두 가지 성향의 문화 모두 결과를 중시하는 것은 같으나 그 방법적 측면에서 차이가 난다.

이와 같은 문화적 차이가 드러나는 다른 예로 사람들이 정치적 논쟁을 지켜보며 가지는 태도가 있다. 당신은 자신이 지지하는 정치인이 상대 진영에 대해 대립적이고 공격적인 모습을 선호하는가? 아니면 상대 진영에 대해 부드럽게 회유하는 방식의 예의를 갖춘 협력적인 태도를 선호하는가? 물론 당신이 지지하는 정치인이 강한 신념과 근성을 가지고 있다는 가정 하에서이다. 당신으로부터 지지와 존중을 얻기 위해 어떤 성향을 가져야 한다고 보는가?

가장 협력적 경향의 문화는 태국, 스웨덴, 덴마크이다. 이런 경향은 이들 국가의 비즈니스나 국제 관계에서도 잘 드러난다. 비즈니스에서나 국가 간 이해관계에서 이익 추구는 당연히 중요하다. 그러나 가장 좋은 길은 이것들을 협력을 통해 얻을 때라고 본다. 많은 스칸디나비아의 기업들은 팀들 간의 협력적인 역량을 이끌어내는 데 능숙한 매니저들을 선호한다. 협력적인 문화에서는 성과를 낸 개인에 대해 칭찬을 덜 하는 편인데 다른 사람들과의 협업을 중시하는 문화 때문이다. 탁월한 성취나 성공은 개인이 뛰어나서 이루어낸 결과이기보다는 다른 사람들과 협력의 결과라고 본다.

반면에 경쟁적인 문화에서는 다른 사람들보다 얼마나 앞서가고 있는가가 중요하다. 경쟁적인 문화에서의 학생 생활기록부는 다른 학생들과의 관계도 간략하게 기술되어 있지만, 개인의 과목별 학업 성취도가 중심이다. 적자생존의 기본원칙에 충실하다. 이 경쟁 방식에 따라 이겨야만 한다. 경쟁은 혁신, 적응, 번영을 이끌어 준다고 본다. 서양 대부분의 비즈니스가 경쟁적인 구조가 강한데 이러한 비즈니스 환경과 문화의 기업은 구성원들의 개인적 삶에는 거의 신경을 쓰지 않는다. 또한 개인의 사적인 일로 인해 업무에 미치는 영향은 본인이 책임을 져야 한다. 여러 매니저들이 직원들의 삶에 신경을 쓰고 있다고는 하지만 궁극적으로 회사 업무란 이겨야만 하는 경쟁의 문제이다. 제너럴일렉트릭(GE)의 CEO였던 잭 웰치는 경쟁적 문화의 전형이다. 목표를 설정하고 결과를 만들어 내는 데 무자비할 정도였는데, 기업은 임금이 가장 낮은 곳이면 세계 어디든지 가야한다는 말을 자주 했다고 한다.[9]

홍콩에 있는 나의 중국인 친구가 미국인 회사 동료와 겪었던 일이다. 둘은 이미 몇 년 전에 미국에서 함께 일을 한 적이 있었는데 이번에 미국인 동료가 홍콩에 오면서 다시 같이 일을 하게 되었다. 정말 오랜만에 보았기 때문에 처음 만난 것처럼 서로가 낯설기도 했다. 근무 첫 날 아침 각자는 자신의 일에 정신이 없었다. 미국인 동료의 말처럼 이렇게 바쁜 업무는 사실 서구에서는 일상적이다. 물론 홍콩도 마찬가지지만 말이다. 점심시간이 되어 둘은 함께 식사를 하러 나갔다. 점심을 먹으면서 미국인 동료는 매우 정감 있고 따뜻하게 대화를 이끌어 갔다. 마치 둘 사이가 정말로 친해 보일 정도였다. 미국인 동료는 자신이 이혼을 하게 된 이야기까지 하면서 이전 부인에 대한 험담도 늘어놓았다. 하지만 중국인 친구는 그 상황이 그리 편하지 않았다고 한다. 그가 내게 한 말이다. "나와 정말 친하게 지내는 친구들이 있다. 그들 중 몇몇은 이혼을 했다. 그러나 이혼한 사실을 몇 년이 지나서야 들을 수 있었다. 그런데 아침에 만난 사람한테서 오후에 그 이야기를 듣고 있었다."

문제는 점심을 먹고 사무실에 돌아와서 벌어졌다. 둘은 돌아오자마자 다시 업무에 집중했다. 미국인 동료는 아침에 같이 논의해보았던 보고서를 단독으로 작성하기 시작했다. 그러면서 보고서에 대해 작성한 사람의 이름만 올리고 그 성과 점수에 대해서도 같은 방식을 적용하자는 것이었다. 중국인 친구는 협력적인 문화 성향이 강하다. 그런 그의 눈에는 친밀하게 대하다가 다시 서로 경쟁적으로 바라보며 논란의 소지까지 있는 성과 점수를 가져가려는 태도가 당황스러웠던 것이다.

그는 미국인 동료가 매우 경쟁적이고 업무중심적인 성향만을 가졌을 거라고 예상하고 있었다. 그런데 처음 같이 식사를 하는 자리에서 전혀 예상하지 못한 모습을 본 것이다. 이 일이 있은 후 중국인 친구는 미국인들

| 협력적 | | 경쟁적 | |
|---|---|---|---|
| 협력과 상호 배려의 행동을 강조 | | 적극적인 행동과 경쟁을 강조 | |
| **협력적** | **중간** | **경쟁적** | |
| 북유럽<br>사하라이남 아프리카 | 아랍<br>유교권 아시아<br>동유럽<br>라틴아메리카<br>라틴유럽<br>남아시아* | 앵글로<br>게르만유럽 | |
| 열 개의 클러스터에 대한 보다 자세한 내용은 〈부록〉을 참조 바람<br>*클러스터 내 분산 정도가 상대적으로 큼 | | | |
| **협력적 문화에서의 리더십**<br>• 업무 수행 전 관계를 다져놓는다<br>• 개인은 물론 가족까지도 신경을 쓰며 신뢰를 쌓는다 | | **경쟁적 문화에서의 리더십**<br>• 관계에 앞서 업무에 집중한다<br>• 결과와 성과에 기반해 신뢰를 형성한다 | |

표 5-4. 협력적 vs 경쟁적

이 개인주의적이고 업무중심적인 성향이 강하지만 친밀감 있는 관계성도 지녔음을 알게 되었다. 결국 같이 일하고 있는 미국인 동료나 다른 사람들과도 발전된 관계와 소통을 할 수 있었다. 그가 상대에 대해 가지고 있던 고정관념과 생각이 변화했기 때문이다.

## 단기 시간지향 vs 장기 시간지향

문화마다 시간에 대해 가지는 생각이 다를 수 있다. 그 중의 하나가 단기 시간지향과 장기 시간지향이다. 다른 말로 '현재'를 가장 중요하게 생각하는가 아니면 '미래'를 중요하게 생각하는가의 차이다. 결과와 그에 따른 보상을 기다리는 정도와도 관련된다.

매우 가까운 미래에 결과를 기대하고 요구하는 문화를 단기 시간지향적 문화라고 한다. 이와는 반대로 매우 오랜 기간 동안 결과와 성과를 기다리는 것은 장기 시간지향적이라고 한다. 한 번은 싱가포르의 신문에 난 기사에서 새로운 의료서비스 법률이 승인을 받았는데 그 시행은 대략 10년 정도 후에 될 것이라는 내용을 본 적이 있다. 상상을 해보았는데 만약 단기 시간지향적 문화인 미국에서 정부가 이와 같은 법률을 만들려 한다면 시민들 대다수가 정말 터무니없다며 황당해했을 것이다. 하지만 싱가포르와 같이 미국보다 장기 시간지향적인 문화에서는 그와 같은 일들이 받아들여진다.

미국의 정치 사이클은 아마 단기 시간지향성을 보여주는 가장 분명한 사례 중의 하나일 것이다. 미국인들은 자신들이 뽑은 정치인들이 주어진 시간 내에 최선의 성과를 낼 수 있기를 바란다. 처음 몇 달부터 성과가 가시적이기를 기대하는데 18개월 안에 상당한 변화가 보이지 않는다면 다음 선거에서 다른 정당 내지는 다른 정치인으로 교체해 버린다고 할 정도이다. 이런 사이클은 계속 반복되고 있다. 즉각적인 해결책을 제시해 주지 않는 장기적인 계획에 대한 인내심이 그리 많지 않다.

단기 시간지향적 문화에서는 단기간의 결과가 어떠했는지를 살펴보고, 새로운 결정을 내릴 때도 빠른 결과를 낼 수 있는 쪽으로 의사결정을 내리는 경향이 강하다. 북미, 영국, 호주와 같은 앵글로 문화에서 가장 잘 나타나는 특징이다. 필리핀과 사하라이남 아프리카에서도 높게 나타난다. 이와 같은 특징은 즉각적인 생존과 이익을 위해 위험을 감수하는데 보다 적극적일 수밖에 없는 해양 연안 국가의 상황과 문화에서 기인한다고 보는 견해가 있다.[10] 단기 시간지향적 문화에서의 비즈니스는 빠른 성과를 요구하고 기대하는데 보통은 일 년 단위나 분기별로 그 결과를 제시해야 한다. 물론 어떤 산업군에 속하고 비즈니스 업종이 무엇인가에 따라 차이가 나기는 하지만 주주들과 같은 이해당사자들은 단기적인 관점에서의 이익과 성과를 원한다.

장기 시간지향적 문화는 일본, 한국, 중국을 포함한 유교문화권에서 많이 볼 수 있다. 이 지역에서는 장기 시간지향의 핵심인 '인내'를 매우 귀한 가치로 여기고 근검절약을 중요시 한다. 개인의 은행예금 비율이 높고 국가차원에서도 보유국고가 높게 나타나는 경향이 있다. 서구의 해양 인접 국가와는 다른 다소 고립된 지형의 문화권에서 보이는 경향이 강하다. 조상과 전통에 대한 존경과 자부심이 매우 높고, 공동체의 질서와 조화를 중시한다. 단기적인 안목과 결정에 따른 위험을 경계한다.[11]

| 단기 시간지향 | | 장기 시간지향 | |
|---|---|---|---|
| 단기적인 성과를 중시<br>(당장의 성공이 중요) | | 장기적인 성과를 중시<br>(성공은 나중에 이루어도 됨) | |
| **단기 시간지향** | **중간** | **장기 시간지향** | |
| 앵글로<br>아랍<br>동유럽<br>북유럽<br>사하라이남 아프리카 | 게르만유럽<br>라틴아메리카<br>라틴유럽<br>남아시아 | 유교권 아시아 | |
| 열 개의 클러스터에 대한 보다 자세한 내용은 〈부록〉을 참조 바람 | | | |
| **단기 시간지향에서의 리더십**<br>• 빠른 성과를 내도록 도와주라<br>• 현재에 집중하라 | | **장기 시간지향에서의 리더십**<br>• 미래를 위해 현재를 희생할 수도 있다<br>• 장기적인 안목(과거와 미래)에서의 성공을 바라보라 | |

표 5-5. 단기 시간지향 vs 장기 시간지향

국제개발 업무에 종사하는 사람들은 종종 장기 시간지향과 단기 시간지향 사이에서 그 결과를 어느 정도의 시간 거리에서 제시해야 하는지에 대해 고민할 때가 많다. 하이티 지진 참사와 같은 재해복구는 단시일 안에 가능한 것이 아니다. 장기적인 관점에서의 접근이 필요한 부분이다. 그러나 기부자 내지는 원조를 하는 사람들 중 상당수가 단기 시간지향적 문화의 사람들이다. 그러다 보니 빠른 성과물을 보여주지 못하는 경우 지원을 중단 하는 사태도 발생한다. 두 가지 시간적 경향 차이를 이해하고 잠재적 갈등을 줄여나간다면 보다 나은 방법과 성과를 만들어 갈 수 있을 것이다.

5장 문화지능 지식(Part 2): 문화적 가치의 차이를 이해하라

# 저맥락 vs 고맥락

간접적인 화법과 직접적인 화법으로 구분되는 문화적 차이는 문화 간 소통에서 가장 많은 갈등이 일어나는 부분이기도 하다. 간접적 화법이 일반적인 문화에서는 직접적 화법을 직설적이고 무례해 보인다고 불쾌하게 여길 수 있다. 서양인들에 대해 그런 인상을 갖기가 쉽다. 반대의 경우도 문제가 될 수 있는데 직접적인 화법을 선호하는 문화에서는 간접적인 화법에 대해 불분명하고 애매하게 말을 한다고 불만을 가지기 쉽다.

이러한 문화 간 소통 방식의 차이는 가령 다문화로 구성된 조직이나 팀에서 여러 갈등으로 나타나기 쉽다. 최근 다문화 팀의 한 리더를 만난 적이 있다. 그녀는 이 문제를 해소하기 위해 팀원들의 문화를 고려해 서로 존중하는 소통 방식을 권유했다. 그런데 여기서 문화 간 차이를 고려한 '서로 존중하는 소통 방식'을 어떻게 이해해야 할까. 전형적인 뉴욕이나 독일 출신 리더들은 있는 그대로를 정확히 말하는 것을 팀원들끼리 서로 존중하는 소통 태도라고 믿을 수 있다. 절대 돌려 말하거나 애매하게 말하지 말라는 것이다. 이런 태도는 매우 기만적인 모습으로 비칠 수 있기 때문이다. 그러나 전형적인 멕시코나 중국 출신의 리더들은 서로의 체면을 손상시키지 않는 선에서 특히 갈등이 생겼다면 점잖게 말하는 방식을 서로 존중하는 소통 방식이라고 믿을 것이다. 이 생각의 이면에서 서로에게 상처를 줄 수 있는 직설적인 화법을 삼가야 할 필요가 있다는 문제의식이 있다. 팀의 원만한 관계와 조화를 중요한 가치로 여기기 때문이다.

이러한 의사소통 방식의 이해를 위해 '맥락'이라는 말을 알 필요가 있다. 의사소통을 할 때 맥락이나 상황, 보디랭귀지와 같은 '말하고 있으나 언어로 표현되고 있지 않은 것'을 주의 깊게 읽어낼 수 있어야 한다. 이를 고맥락 문화에서의 의사소통 방식이라고 한다. 이와는 다른 직접적이고 저맥락적인 의사소통 방식이 있다. 맥락을 읽어내는 것이 중요한 것이 아니라 실제로 말해지고 있는 언어 자체에 보다 집중한다. 따라서 저맥락 문화의 사람들은 '말하고 있는 그대로를 의미하고, 의미하는 바를 말하는' 것이 중요하다고 본다.

개성과 성별은 고맥락(간접적)과 저맥락(직접적) 의사소통 방식에 영향을 미치는 요소일 수 있다. 문화도 마찬가지이다. 예를 들어보자. 이스라엘은 세계에서 가장 직접적인 화법을 선호하는 국가로 나타나고 있다. 그러나 한 이스라엘 여성이 자신을 간접적인 화법을 선호하는 사람이라고 생각할 수 있다. 그럼에도 일본과 같은 매우 고맥락적 문화의 사람들의 눈에는 직접적인 화법을 선호하는 것처럼 보일 수 있다. 마찬가지로 한 일본 남성이 자신을 직접적인 화법을 선호하는 사람으로 생각할 수 있지만 이스라엘 사람들의 눈에는 여전히 간접적인 화법으로 보일 수 있다. 따라서 이와 같은 문화적 차이와 경험은 매우 상대적일 수 있다는 사실을 분명히 인지해야 한다.

고맥락 문화의 사람들은 각자가 속한 국가나 지역에서 서로 공유된 오랜 역사를 가지고 있다. 그러다 보니 서로가 이해하고 공유하는 바가 많을 수밖에 없고 그로인해 쌓인 공통된 가정들(assumption) 역시 많다. 마치 모두가 내부자와 같아서 어떻게 행동해야 하는지를 이미 알고 있는 것과 같은 상황의 고맥락적 작동에 무리가 없다. 대부분의 사람들이 어떻게 생각해하고 행동해야 하는지를 알고 있기 때문에 미리 적어둔 지침이나 정확한 지시는 최소화된다.

가족만큼 가장 고맥락적 문화를 가진 예는 없을 것이다. 함께 오랜 시간 살아오면서 어느 순간 서로 말을 하지 않아도 무엇을 먹고, 어떻게 기념일을 축하하고, 어떻게 의사소통을 해야 하는지 등에 대한 공유된 맥락을 가지고 있기 때문이다. 우리가 다니는 직장 역시 마찬가지일 것이다. 언제 무엇을 제출해야 하는지, 이벤트는 어떻게 준비해야 하는지, 자신들의 직장에서만 쓰는 특정 용어나 전문 용어는 무엇인지 등에 대해 서로 잘 알고 있기 때문이다. 그래서 신입사원이 들어오게 되면 상당 기간 조직의 문화에 적응하기 위한 노력을 기울여야만 한다. 종교 의례 역시 비슷하다. 매우 고맥락적 사례로서 처음 참여하는 사람들은 혼란스러워할 수 있다. 언제 일어서야 하고, 절을 해야 하고, 교리를 암송해야 하는지를 외부인은 알 수 없기 때문이다.

저맥락 문화는 대개 한 지역에서 공유된 역사가 짧은 편이다. 유럽이나 북미의 대부분의 국가 문화가 그렇다. 서로 함께한 기간이 상대적으로 짧기 때문에 공통된 가정들 역시 적다. 서로 간의 의사소통은 물론이고 안내 표시와 같은 지시물도 그렇다. 어디에 주차를 하고, 화장실 물은 어떻게 내리고, 음식은 어디에서 주문을 하는지와 같은 안내 표시를 더 많이 볼 수 있는데 특히 방문객들이 많은 곳이면 더욱 그렇다. 어떻게 해야 하는지에 대한 추가적인 정보와 안내 사항들이 제시된다. 당연히 외부인들에게조차 저맥락 문화가 고맥락 문화보다 진입하기 더 수월하다. 필요한 정보들을 분명하게 볼 수 있기 때문이다. 하지만 유념해야 할 점이 있는데 고맥락 문화권으로부터 온 방문객들은 직접적인 화법으로 인해 자칫 무례하고 공격적이라는 인상뿐만 아니라 상처까지도 받을 수 있다.

다문화 팀 내에서의 고맥락적인 소통 방식은 매우 어려울 수 있다. 팀

| 저맥락(직접적) | | 고맥락(간접적) | |
|---|---|---|---|
| 정확한 의사표현을 선호 | | 암묵적인 의미의 이해를 선호 | |
| **저맥락 문화** | **중간** | **고맥락 문화** | |
| 앵글로<br>게르만유럽<br>북유럽 | 동유럽<br>라틴아메리카<br>라틴유럽 | 아랍<br>유교권 아시아<br>남아시아*<br>사하라이남 아프리카 | |

열 개의 클러스터에 대한 보다 자세한 내용은 〈부록〉을 참조 바람
*클러스터 내 분산 정도가 상대적으로 큼

| **저맥락(직접적) 문화에서의 리더십** | **고맥락(간접적) 문화에서의 리더십** |
|---|---|
| • 이메일로 지시를 전달하며 새로운 내용도 명시하라<br>• 분명한 의사를 전달하라(예: "내가 필요한 것은 …이다")<br>• 실수를 했을 때 사과를 하라 | • 지시 내용에 대해 논의를 거친 후 명시하라<br>• 간접적으로 의사를 전달하라(예: "…이 궁금하다")<br>• 조화를 깼을 때 사과를 하라 |

표 5-6. 저맥락 vs 고맥락

구성원 모두가 고맥락 문화권에서 왔다고 하더라도 그들이 인지하고 있는 맥락들의 의미가 모두 다를 수 있기 때문에 어려움은 마찬가지다. 예를 들어, 당신이 회의 테이블의 어느 자리에 앉는다고 했을 때 어느 문화에서는 리더가 앉는 자리일 수 있지만 다른 문화에서는 외부인이 앉는 자리일 수 있다. 다문화 팀의 리더는 단순히 "존중하는" 자세로 서로를 대하라는 요청을 넘어서야 한다. 존중한다는 것이 문화마다 어떻게 다른지를 분명히 인지시켜야 한다. 직접적인 화법의 팀원은 날카로울 수 있는 화법을 좀 부드럽게 만들 필요가 있고, 간접적인 화법의 팀원은 다른 팀원들의 이해를 위해 보다 분명한 화법으로 표현해야 한다. [12]

# 존재지향 vs 행위지향

---------------------------------

멕시코의 작은 해안 마을로 휴가를 갔던 뉴욕의 한 사업가 이야기다. 매일 아침 그는 멕시코인 어부 한 사람을 보게 되었다. 그 어부는 작은 보트를 타고 바다로 나가 한 두 시간 후에 물고기를 가득 잡아 돌아 왔다. 하루는 뉴욕에서 온 사업가가 그에게 말을 걸었다.

**사업가:** 매일 물고기를 많이 잡아 오시네요.

**어부:** 네, 맞아요. 바다에는 물고기가 정말 많습니다. 하루 종일이라도 잡을 수 있겠어요.

**사업가:** 그러면 왜 더 오랫동안 물고기를 잡지 않나요?

**어부:** 그건 오늘 하루 가족과 함께 먹을 양을 충분히 잡았기 때문이죠.

**사업가:** 그러면 남은 하루 일과는 무엇을 하시나요?

**어부:** 물고기를 잡은 후에는 집에 돌아와 아이들과 함께 시간을 보냅니다. 그리고는 낮잠을 자지요. 저녁이 되면 마을을 산책하기도 하고 친구들과 맥주도 마시고 기타도 치면서 노래를 불러요. 사는 것이 즐겁습니다. 충만한 삶이지요.

**사업가:** 내가 당신을 도와줄 수 있을 것 같습니다. 매일 더 오랫동안 물고기를 잡는다면 나중에는 그 수입으로 큰 보트를 살 수가 있을 거예요. 그래서 더 많은 물고기를 잡아 더 많아진 수입으로 여러 대의 배를 살 수가 있어요. 그런 식으로 여러 선박을 보유하고 있으면 나중에는 중간상인을 거치지 않고 직접 소비자에게

물고기도 팔고 통조림 공장도 지어 생산과 유통과 판매망 모두를 소유할 수 있을 겁니다. 그리고 다시 전 세계로 판매망을 넓힐 수도 있어요. 그렇게 되면 이 작은 어촌을 떠나 멕시코시티나 LA나 뉴욕에 가서 살 수 있습니다. 그러면서 계속 사업을 확장해 가는 겁니다.

**어부:** (관심은 가지만 잘 납득이 안가는 표정으로) 그렇게 성공하는 데 시간은 얼마나 걸릴 것 같습니까?

**사업가:** 잘은 모르겠지만 대략 15년에서 20년은 걸릴 것 같습니다. 하지만 그 때가 되면 회사를 팔수도 있어요. 당신은 억만장자가 되겠지요.

**어부:** 좋아요. 그리고는 다시 무엇을 하나요?

**사업가:** 은퇴를 하는 겁니다. 그리고는 해변가의 한적한 작은 마을로 이사를 가는 겁니다. 물고기도 잡고 아이들과도 놀고 낮잠도 자고 맥주도 마시고 기타도 치면서 즐거운 삶을 보낼 수가 있겠지요.

그 어부는 자신이 이미 그렇게 살고 있는데 왜 그렇게 힘들게 살다가 다시 이 자리로 돌아와야 하는지 의아해했다.

멕시코 어부는 인생을 '존재' 지향적으로 대하는 반면 뉴욕의 사업가는 '행위' 지향적으로 대한다. 모든 문화에서 시간은 중요한 가치를 지닌다. 하지만 시간을 대하는 방식은 문화에 따라 다르게 나타난다. 존재지향적 문화의 사람들은 살기 위해 일하는 경향이 강하다. 이에 반해 행위지향적 문화에서는 일하기 위해서 사는 경향이 강하다고 할 수 있다. 멕시코 어부는 그의 가족과 친구들과 인생을 즐기기 위해 일을 했다. 그에게 일이라는 것은 정체성을 규정하기도 하지만 일부분일 뿐이다. 그가 당신을 처음 만났다면 물고기를 잡는 그의 일에 대해 열심히 이야기하고 싶어 하지 않았을 것이다. 오히려 그의 가족, 아내, 아이들, 친구들에 대해 더 많이 이야기를 나누고 싶어 했을 것이다. 존재지향적인 사람은 커다란 성과를 달성하기 위해 열정을 가지고 매일 열심히 일을 해야 한다고 자신을 밀어붙이지는 않을 것이다.

이와는 다르게 뉴욕의 사업가는 행위지향적인 관점에서 큰 그림을 그리며 살아가고 있다. 어떻게 하면 더 효과적으로 사업 기회를 만들어 성공적으로 이끌어 갈지에 대해서 늘 생각하고 있을 것이다. 그는 처음 만나는 사람에게 직업이 무엇인지 물어보고 싶어 할 것이다. 하는 일에 따라 그와 어떻게 관계를 맺어야 할지도 생각해 볼 것이다. 그렇다고 그가 가족이나 친구들을 생각하지 않는다는 것이 아니다. 가족과 함께 멕시코에서 휴가를 보내고 있었을 수도 있다. 하지만 언제나 그의 생각 안에는 일과 성취에 대한 부분이 클 것이다.[13]

당신이 행위지향적인 성향의 리더라면 존재지향적인 성향의 사람들을 보며 게으르다고 말할 수 있다. 반대로 존재지향적인 성향의 리더라면 행위지향적인 성향의 사람들을 보며 참으로 삶에 여유가 없다고 말할 수 있다. 하지만 둘 다 맞는 말이 아니다. 이것은 사람의 동기의 측면에서 봐야 할 문제이다. 해야 할 일의 목록을 하나씩 이루어 가고 있느냐 아니면 삶의 질을 보호하느냐의 관점에서 말이다. 스칸디나비아 문화에서는 존재지향적인 문화적 성향이 높게 나타난다. 낮은 문화지능을 지닌 스웨덴 리더라면 일주일에 60시간씩 일하는 사람을 보고는 이런 생각을 할 수 있다.

"정말 안됐군, 저 사람은 매우 능력이 부족한 사람일 거야. 그러니 일주일에 35시간 일하면 되는 직업을 구하지 못했을 거야." 하지만 반대로 그가 문화지능이 높은 리더라면 일과 삶의 관계에 있어 그 접근법이 다르다는 것을 이해할 수 있을 것이다. 미국인과 같은 매우 행위지향적인 성향의 리더가 낮은 문화지능을 가지고 있다면 어떨까. 일찍 업무를 마무리하고 아이를 데리러 가는 사람을 보게 되면 자신의 일에 헌신적이지 못한 열정이 부족한 사람으로 간주할 수 있다. 그러나 문화지능이 높았다면 문화마다 차이가 나는 다른 시간 지향을 활용해 다르게 추측해 볼 수 있었을 것이다. 시간을 매우 효과적으로 쓰며 주어진 시간만큼은 업무에 매우 집중하는 사람일 수도 있다고 말이다. 물론 게으르거나 아니면 일중독인 사람들

| 존재지향 | | 행위지향 | |
|---|---|---|---|
| 삶의 질을 중시 | | 근면함으로 삶의 목표의 성취를 중시 | |
| **존재지향** | **중간** | | **행위지향** |
| 아랍<br>라틴아메리카<br>북유럽<br>사하라이남 아프리카 | 유교권 아시아<br>동유럽<br>라틴유럽<br>남아시아* | | 앵글로<br>게르만유럽 |
| 열 개의 클러스터에 대한 보다 자세한 내용은 〈부록〉을 참조 바람<br>*클러스터 내 분산 정도가 상대적으로 큼 | | | |
| **존재지향 문화에서의 리더십**<br>• 개인의 성장을 위한 기회를 만들어 주라<br>• 다른 무엇보다 중요한 것은 그 자신임을 지지하라<br>• 관계를 관리하라 | | **행위지향 문화에서의 리더십**<br>• 훈련과 개발 프로그램을 제공하라<br>• 성과와 업적을 지지하라<br>• 업무 진행 과정을 관리하라 | |

표 5-7. 존재지향 vs 행위지향

도 많다. 하지만 그 점을 여기서 말하려는 것이 아니다. 누군가의 업무에 대한 태도나 삶의 관점에 대해 판단하려 할 때 너무 성급해서는 안 된다는 말이다. 그 사람이 존재지향적 성향이 강한 문화의 사람인지 아니면 행위 지향적 성향이 강한 문화의 사람인지를 함께 이해해야 한다.

## 보편주의 vs 특수주의

이번에 살펴볼 문화 간 가치 차이는 사람들의 행동을 판단하고 평가하는 데 사용하는 기준의 문제이다. 보편주의 문화에서는 누구에게나 똑같이 적용되어야 하는 규칙이 있어야 한다고 본다. 한 사회 안에서 모두가 동의하고 받아들인 기준과 규칙을 지켜야 하는 의무를 강조한다. 삶에 대한 보편주의적 접근에서는 규칙을 중시하기 때문에 행위를 추상적으로 여기는 경향이 있다. 보편주의자는 규칙을 적용함에 있어 다른 사람과의 관계를 전혀 고려해서는 안 된다고 본다. 누군가 규칙을 어겼다면 그 위반 여부 문제는 그가 누구인가와는 상관없이 공정하게 처벌되어야 한다.

특수주의 문화에서는 알고 지내는 사람에 대해서는 특별한 대우를 할 수 있다고 본다. 따라서 특수주의 입장에서는 판단을 할 때 항상 예외가 존재할 수 있다. 모든 상황과 사람에 대해 똑같이 대하는 것이 불가능하다고 본다. 보편주의 문화에서는 말도 안 된다고 볼 수도 있다. 그러나 규칙을 위반한 친구가 있다고 하자. 그는 나의 소중한 친구이다. 나는 그를 도와주고 지켜줄 수 있다. 규칙을 위반하는 것보다 그 친구와의 관계가 더 소중하다고 보는 것이다.[14]

휴이트 어소시에이츠(Hewitt Associates)의 최고다양성책임자(chief diversity officer)였던 안드레스 타피아는 특수주의 문화적 경향을 가진 페루 출신이다. 안드레스는 노스웨스턴 대학교에 입학하여 처음 미국으로 왔을 때 정말 좌절과 불만스러운 경험을 하였다. 그는 매달 학교에 등록금을 나누어 냈는데 예상 못한 문제가 발생했다. 약간의 등록금 보조를 받았지만 페루에 있는 그의 아버지로부터 매달 등록금을 송금 받아야 했다. 그런데 당시 페루는 국가적으로 큰 혼란에 빠져있었다. 테러리즘과 극심한 인플레이션으로 인해 외국으로 돈을 송금하는 데 제약이 있었다. 특히 미국으로의 송금이 어려웠다. 안드레스의 아버지는 믿을 수 있는 사람들에게 매번 부탁을 했다. 페루와 미국을 오가는 사람에게 현금을 주면서 미국에 도착하면 안드레스에게 돈을 부쳐달라는 것이었다.

그러다 보니 매번 몇 주씩 늦게 등록금을 전달 받았다. 노스웨스턴 대학교의 모든 학생들에게 등록금은 매달 15일이 마감일이었다. 하루라도 늦게 내면 연체료를 추가로 내야했다. 매달 15일이 되면 안드레스는 담당부서에 찾아가 사정을 이야기 했다. "미안합니다. 그런데 아직 등록금을 고향에서 받지 못했습니다. 받자마자 바로 납부하겠습니다." 그리고 답변을 언제나 같았다. "50달러 연체료를 더 내야합니다." 안드레스는 사정을 자세히 설명했다. "페루에서 돈을 받고 있는데 테러와 인플레이션과 달러 송금 규제로 다른 경로로 돈을 받고 있습니다. 어쩔 수 없어 그러는데 예외로 고려해 줄 수는 없나요?" 그러나 대학 당국은 보편주의적 입장의 답변만을 주었다. "우리가 예외를 만들어 버리면 다른 학생들에게도 똑같이 해주어야 합니다." 하루는 안드레스가 너무 화가 나서 특수주의적 입장이 담긴 질문을 던졌다. "미안합니다. 그런데 얼마나 많은 학생들이 6천 킬로

미터나 떨어진 나라에서 그것도 테러로 인해 수도에서 자동차가 폭발하고, 상상할 수 없을 만큼의 인플레이션이 발생하고, 해외로 달러를 송금할 수 없는 나라에서 왔나요?" 그러나 이런 질문이 어떤 것도 바꾸지는 못했다. 그는 대학이 정한 규정을 그대로 따를 수밖에 없었다.[15]

무엇이 공정한 것일까? 하나의 규정을 모두에게 똑같이 적용시켜야 하는가 아니면 어쩔 수 없는 상황을 예외적으로 고려해 주어야 하는가? 많은 사람들이 해외로 여행을 가서 물건을 구매하는데 주인과 가격 흥정을 벌인 적이 있을 것이다. 처음에는 그것도 흥미로웠을지 모른다. 하지만 어떤 여행자들은 그런 상황을 매우 싫어하며 도대체 정가가 얼마인지 알고

| 보편주의 | | 특수주의 | |
|---|---|---|---|
| 보편적인 규칙을 중시;<br>기준을 제시하여 모두에게 똑같이 적용 | | 예외의 가능성에 관대함;<br>관계에 따른 특별한 경우를 인정 | |

| 보편주의 | 중간 | 특수주의 |
|---|---|---|
| 앵글로<br>게르만유럽<br>북유럽 | 동유럽<br>라틴유럽 | 아랍<br>유교권 아시아*<br>라틴아메리카<br>남아시아<br>사하라이남 아프리카 |

열 개의 클러스터에 대한 보다 자세한 내용은 〈부록〉을 참조 바람
*클러스터 내 분산 정도가 상대적으로 큼

| 보편주의 문화에서의 리더십 | 특수주의 문화에서의 리더십 |
|---|---|
| • 서면으로 약속과 이행 사항을 명시하고 그것을 지키고 따른다<br>• 상황의 변화가 요구될 때 미리 충분한 사전 주의와 안내를 제시한다 | • 언제든지 가능할 수 있는 유연성을 보여준다<br>• 관계에 투자하고 결정에 있어 상황과 맥락에 따른 고려를 보여준다 |

표 5-8. 보편주의 vs 특수주의

싶어 한다. 그러나 많은 나라에서 가격은 구매하는 사람에 따라 다르다. 인도의 타지마할로 여행을 갔다면 인도인과 외국인 관광객에게 부르는 가격이 다르다는 것을 알 수 있을 것이다. 미국 대학의 입장에서 보면 이러한 행태는 매우 불공정한 것이다. 왜 가격이 변하는가? 하지만 특수주의적 문화의 입장에서 보면 이것은 공정한 것이다. 타지마할을 보기위해 세계의 반대편에서 비행기를 타고 올 정도로 돈이 많은 사람들과 그런 것은 평생 꿈도 꾸어보지 못하는 가난한 인도인들이 왜 같은 가격을 지불해야 하는가? 보편주의적 문화의 입장에서는 전 세계의 기업들에게 일괄된 기준을 만들어 똑같이 적용하는 것을 지지할 것이다. 그러나 특수주의적 문화의 입장에서는 특별한 상황과 관계를 고려하여 그에 맞춘 현지화 방안을 지지할 것이다.

## 중립주의 vs 표현주의

중립주의적 경향이 강한 문화에서는 자신의 감정 표현을 자제하려는 노력을 많이 한다. 무엇을 생각하고 있고 어떻게 느끼는지를 잘 드러내려고 하지 않는다. 그러나 표현주의적 경향이 강한 문화에서는 자신의 감정을 표현할 방법을 찾으려 하거나 아니면 매우 자연스럽게 표현할 것이다. 이러한 문화에서는 감정을 드러내는 것이 긍정적으로 받아들여진다.

한번은 일본의 젊은 경영인들과 그룹 세미나를 가졌던 적이 있다. 그런데 내가 앞에서 세미나를 진행하는 동안 그들이 이해를 하고 있는지를 알기가 어려웠다. 일본은 매우 중립적인 경향이 강한 나라이기 때문에 그들에게서 거의 어떤 비언어적 행위의 반응을 볼 수가 없었다. 남아프리카 공화국에서 온 사람이 이어서 세미나를 진행하였다. 그녀는 일본인들이 반응이 없자 당황하며 전략을 바꾸었다. 개별적인 이름을 호명하며 어떤 의견을 가지고 있는지 직접적으로 물어보는 것이었다. 그런데도 대부분이 답변을 하지 않았다. 사실은 그때 많은 일본인들이 아래만 보고 있었고, 그들 중 일부분은 소리는 내지 않은 채 키득키득 웃고 있었다. 그런데 여기서 조용히 키득키득 웃고 있는 행위는 종종 중립적인 문화에서 자신들이 당황하거나 불편해 하고 있다는 하나의 표시일 수 있다. 그들은 자신들이 곤란하고 난처한 처지에 놓이고 싶지 않았다. 그렇다고 그들의 불편한 심경에 대해 표현하기를 원치도 않았다. 그래서 나온 반응이 긴장으로 인한 조용히 웃는 행위였던 것이다. 결국 남아프리카공화국에서 온 진행자는 질문을 멈추고 세미나 끝에 서면으로 각자의 생각들을 제출하도록 하였다.

중립주의와 표현주의는 우리가 감정을 느끼고 있는가 아닌가에 대한 것이 아니다. 감정을 표현하는 방법에 대한 것이다. 영국, 스웨덴, 네덜란드, 핀란드, 독일 그리고 대부분의 유교권 아시아 국가들은 중립주의 문화가 강하다. 자신이 생각하고 느끼고 있는 감정을 숨기려는 경향이 강하다. 그러다보니 얼굴표정이나 보디랭귀지가 자제되어 있다. 감정을 통제하고 차분함을 유지하는 행동이 존경받는다. 물론 때때로 예상 못한 격한 감정 표출로 주변 분위기가 좋지 않은 것을 볼 때도 있다. 말을 할 때도 일정한 톤을 유지하는 경향이 많다. 차분하게 유지한 목소리에 산만하지 않은 의사 전달을 선호한다. 특히 아시아와 같은 중립주의 문화에서 침묵은 단지 오케이 뿐만 아니라 환영까지도 의미한다. 서로를 인정하고 말한 것을 받아들인다는 존중의 표시일 때도 있다.

이탈리아, 폴란드, 프랑스, 미국 내 아프리카계 사람들은 표현주의 문화가 강하다. 말을 할 때 얼굴 표정과 신체적 제스처가 많은 편이다. 감정 표현이 적은 사람을 보면 차갑다거나 자기 확신이 없다고 생각할 수 있다. 표현주의 문화의 사람들은 감정에 따라 목소리 크기가 변하는 것이 일반적이고, 서로 토론하고 논쟁하기를 좋아한다. 감정적이고 즉흥적인 경향으로 인해 어떤 결정을 할 때도 감정과 직관에 따르는 경우가 많다. 말을 할 때도 감정적이고 극적인 과장으로 주장을 보여줄 수 있다. 여러 사람들과 말을 할 때 자신도 발언을 하기 위해 중간에 끼어들거나 목소리를 높일

| 중립주의 | | 표현주의 | |
|---|---|---|---|
| 감정을 자제한 커뮤니케이션 선호; 감정을 숨김 | | 자유로운 감정 표현을 동반한 커뮤니케이션 선호; 감정을 솔직히 드러냄 | |
| **중립주의** | **중간** | | **표현주의** |
| 유교권 아시아 동유럽 게르만유럽 북유럽 | 앵글로* 남아시아 | | 아랍 라틴아메리카 라틴유럽 사하라이남 아프리카 |
| 열 개의 클러스터에 대한 보다 자세한 내용은 〈부록〉을 참조 바람 *클러스터 내 분산 정도가 상대적으로 큼 | | | |
| **중립주의 문화에서의 리더십** | | **표현주의 문화에서의 리더십** | |
| • 감정을 관리하고 보디랭귀지도 적절한 절제를 유지하라 • 업무에 초점을 둔 자세를 유지하라 | | • 따뜻함과 신뢰를 표현하며 드러내는 것이 좋다 • 보다 더 자유롭게 감정 표현을 하는 것이 좋다 | |

표 5-9. 중립주의 vs 표현주의

수밖에 없는 경우도 있다.[16]

　이러한 차이는 한 사회 내에서도 다르게 나타날 수 있다. 미국은 전체적으로 보면 중립주의와 표현주의의 중간 정도라고 말할 수 있다. 전형적인 미국인이라면 성급하게 버럭 감정을 표출하는 사람에 대해 불편한 심기를 보일 수 있다. 그러나 예외도 존재한다. 자신의 감정을 열정적으로 표현하거나 민감하게 대응하는 사람들도 물론 얼마든지 있기 때문이다. 미국 노동자 계층(working class)은 전통적으로 보다 더 표현주의적이다. 가족과 직장에서 큰 소리로 말하거나 활기 넘치게 웃는 것이 보통이기 때문이다. 그러나 전문 직종을 가진 중산층이나 상류층들은 감정 표현에 있어 보다 절제하는 경향이 있다. 누군가의 행동에 대해 성급하게 판단하기 전에 그 사람의 문화적 배경을 한 번 더 고려해서 이해해 보면 어떨까.

## 단일 시간 vs 복합 시간

　마지막으로 살펴 볼 문화적 차이는 다시 시간에 대한 문제이다. 앞에서는 시간과 관련하여 단기 시간지향과 장기 시간지향에 대해 논의해 보았다. 시간의 문제를 두고 문화마다 서로 차이가 나는 가치 경향들을 여러 차원에서 생각해 볼 수 있는데 그 전에 한 가지 분명히 해 두어야 할 점이 있다. 우리는 한 사람 혹은 한 사회의 시간에 대한 가치 태도를 변화시키려는 것이 아니다. 그러한 태도는 한 사회 내의 구성원들 사이에 깊게 배어 있는 문화이다. 시간 문제를 두고 왜 문화 마다 다른 행동의 차이를 보이는지를 이해한다면 서로 간에 벌어질 수 있는 갈등을 줄여갈 수 있을 것이다.

인류학자인 에드워드 홀은 문화마다 시간을 대하는 방식의 차이를 단일 시간(monochronic)과 복합 시간(polychronic)으로 구분지어 설명했다. 단일 시간 문화에서는 시간에 대한 선형적 접근을 선호한다. 스케줄은 체계적으로 세워지고 최종적으로 목적하는 바까지 리스트대로 하나씩 질서정연하게 진행된다. 그러다보니 단일 시간 문화에서는 계획을 주의 깊게 세우고 효과적으로 시간 관리를 잘 하는 것에 높은 가치를 부여한다. 전형적인 사례로 시간을 잘 지켜야 한다는 것을 들 수 있다. 단일 시간이란 어휘에는 한 번에 하나의 과제에 집중한다는 의미가 들어있다. 몇몇 라틴 유럽의 문화를 제외하고는 서양의 대부분이 단일 시간 문화권이다. 멀티태스킹을 잘 해내고 있는 많은 서양인들에게 이와 같은 단일 시간 문화의 설명이 맞지 않아 보일 수도 있다. 그리고 오늘날 많은 사람들이 마치 한 번에 여러 개의 접시를 동시에 돌려야 하는 것과 같은 상황에 계속 직면해 있는 것도 사실이다. 이때 한 번에 여러 개의 프로젝트를 동시에 한다는 것보다는 시간적 순서를 정해 하나씩 끝낸다는 것에 더 가까운 의미일 것이다. 단일 시간 문화에서는 하나의 과제에 집중을 다한 후에 그 과제를 잘 끝내는 것이 중요하다.

단일 시간 문화에서는 사적인 일과 업무와 같은 공적인 일의 구분을 분명히 한다. 그러나 스마트폰, 이메일, SNS의 급증으로 점점 사생활과 업무의 경계가 불분명해지고 있는 상황이 많아지고 있다. 이런 변화로 인해 스트레스를 받고 있는 리더들이 많아지고 있다고 한다. 그러나 단일 시간 문화에서는 적어도 언제 전화를 걸고 걸지 말아야 할지에 대한 암묵적 규정이 있다. 아침 9시에 업무적인 미팅을 잡아놓았는데 학교에 아이를 데려

다주어야 한다는 식의 이유로 늦게 된다면 받아들일 수 있는 변명이 되지 못한다. 갑작스러운 사고나 상황으로 도저히 미팅을 미리 바꿀 수 있는 상황이 아니었다면 말이다.

에드워드 홀은 이와는 대조적인 문화적 특징으로 복합 시간 지향을 제시한다. 복합 시간 지향의 사회에서는 개인의 사적인 일과 공적인 일들이 뒤섞여 있는 경우가 자주 있다. 그리고 한 번에 여러 가지 것들을 동시에 책임져야 하는 경우도 빈번할 수 있다. 단일 시간 문화에서 온 리더의 눈에는 이런 문화의 사람들이 산만해 보일 수도 있다. 업무 시간에 다른 사람의 일에 참견을 하고, 여기저기 전화를 걸고, 심지어 어딘가 들르기조차 하는 경우가 있기 때문이다. 이런 문화의 사람들은 스마트폰이 나오기도 전에 이미 정신없는 하루 업무와 멀티태스킹에 익숙해져 있었다. 그런데 이들에게 멀티태스킹은 일의 효율성 때문이 아니다. 여러 가지 역할과 관계성으로 인해 생기는 상황 때문에 일의 경중과 우선순위를 고려해 대응해 가고 있는 것이다.[17]

나는 세계의 여러 지역을 다니며 세미나를 진행하는 경우가 많다. 단일 시간 문화의 참가자들은 대개 전체 세미나 일정에 한 번도 빠지지를 않는다. 간혹 늦거나 스마트폰을 사용하고 있는 것이 보이기도 하지만 그래도 통화는 나가서 한다거나 수업 중에 스마트폰 사용은 예의에 어긋난다는 서로간의 암묵적인 약속을 지키려 애쓴다. 누군가 세미나 중에 급한 전화로 통화를 해야 한다면 세미나를 방해해서 미안하다고 양해를 구하고 나가는 경우가 대부분이다. 하지만 중동지역과 같은 복합 시간 문화에서는 세미나 시간에 늦는 경우가 많다. 전화가 오면 받기도 하고 급하지 않은 문자 메시지에 답장을 하기도 한다. 중간에 다른 일로 가버리는 경우도 있다. 세미나 중에 가족과의 통화나 다른 업무로 인한 연락을 자제해 달라고 하는 것은 별 의미가 없어 보인다. 복합 시간 문화에서는 사람들 간의 관계가 시간이나 다른 물질적인 것보다 우위에 있다. 결국 시간을 최대한 효율적으로 활용하여 주어진 시간 안에 업무를 하나씩 끝내야 한다는 것은 여기서는 중요한 지침으로 작동하기가 어려울 수도 있다. 복합 시간 문화에서 개인의 일정은 관계에 따라서 혹은 대화를 하는 과정에서 변화해 갈 수 있다. 복합 시간 문화인 호주 원주민과 아메리카 원주민 문화에서 보여지는 다소 극단적인 사례가 있다. 부족회의는 회의와 논의가 필요하다면 언제든지 열릴 수 있다. 그리고 모두가 자신의 생각과 의견을 말할 수 있

| 단일 시간 | | 복합 시간 | |
|---|---|---|---|
| 시간에 대한 선형적 접근을 선호<br>업무와 사적인 일의 분명한 구분 | | 멀티태스킹을 선호<br>업무와 사적인 일이 섞일 수 있음 | |

| 단일 시간 | 중간 | 복합 시간 |
|---|---|---|
| 앵글로<br>게르만유럽<br>북유럽 | 유교권 아시아*<br>동유럽<br>남아시아 | 아랍<br>라틴아메리카<br>라틴유럽*<br>사하라이남 아프리카 |

열 개의 클러스터에 대한 보다 자세한 내용은 〈부록〉을 참조 바람
*클러스터 내 분산 정도가 상대적으로 큼

| 단일 시간 문화에서의 리더십 | 복합 시간 문화에서의 리더십 |
|---|---|
| • 가능하다면 신뢰를 쌓을 수 있도록 후속 조치와 편의를 제공한다<br>• 데드라인을 맞출 수 없을 때 대안을 제시하고 실행한다 | • 덜 중요한 일의 데드라인에 유연성을 갖는다<br>• 데드라인을 맞출 수 없을 때 관련된 사람들과 상황을 풀어간다 |

표 5-10. 단일 시간 vs 복합 시간

　　　　5장 문화지능 지식(Part 2): 문화적 가치의 차이를 이해하라

도록 한다. 절대 성급한 결론에 도달하려 하지 않으며 만약 그렇게 한다면 무례하거나 심지어 불운이 닥친다고까지 생각한다.

# 나가며

"사람은 사람일 뿐이고 비즈니스는 비즈니스일 뿐이다"라는 만트라에 따라 다양한 문화의 팀원들을 대하는 리더가 있다면 효과적인 팀워크를 이끌어 내기가 어려울 것이다. 문화 간 가치 차이에 따라 어떻게 사람들의 행동이 다르게 나타나는지에 대한 깊은 이해가 없다면 리더로서 실패할 수 있다. 문화에 따라 사람들이 동기를 얻고 업무를 진행하는 방법과 과정을 이해하지 못하고 있기 때문이다. 그러나 4장에서 배운 문화 이해와 함께 지금까지 다룬 문화 간 가치 차이에 대한 이해를 깊게 가지고 있는 리더가 있다면 효과적인 리더십은 물론 팀원들로부터 존경까지 받게 될 것이다. 물론 국가 간 차이를 주로 비교하며 문화 차이를 설명했지만 같은 방식으로 인종, 지역, 조직 등에도 적용해 활용할 수 있다.[18]

CQ-지식의 내용을 어떻게 하면 다른 문화와 사람에 대한 스테레오타입 없이 효과적으로 활용할 수 있을까? 자칫하면 다른 문화와 사람에 대한 성급한 고정관념을 줄 수 있는 일반화의 오류를 피하면서 말이다. 비교문화 심리학자인 조이스 오슬랜드(Joyce Osland)와 알란 버드(Allan Bird)는 실증적인 문화 간 연구에 기초한 광범위한 차이들을 '세련된 스테레오타입(sophisticated stereotypes)'으로 설명한다. 지금까지 다루었던 열 개의 문화 간 가치 차이와 같은 구분들을 통한 세련된 스테레오타입에 대한 이해는 다음과 같은 면에서 도움이 될 수 있다고 한다.


- 오직 하나의 문화에 대한 행동 방식을 이해하고 있는 것보다는 다양한 문화에 대한 행동 방식을 비교하며 이해하고 있는 것이 보다 유용하다.
- 의식적으로 깨어있고자 함이다.
- 설명의 문제이지 평가의 문제가 아니다.
- 다문화적 상황에 직면해 예상해 볼 수 있는 능력을 가질 수 있다.
- 다양한 상황의 관찰과 경험을 통해 지속된 발전을 가질 수 있다.[19]


CQ-지식만으로는 문화지능 리더십이 충분하지 않다. 하지만 사람과 상황을 경영하기 위해 필요한 이해를 다지는 중요한 부분임에 틀림없다. 문화지능의 네 단계 가운데 CQ-지식은 노력한 만큼 결과를 얻을 수 있으므로 가장 쉽게 향상시킬 수 있는 부분이다. 문화 간 차이를 학습하고 이해하는 것은 결국 시간의 문제이기 때문이다. 우리 모두는 문화 이해의 정도를 계속해서 높일 수 있다. CQ-지식의 출발점은 문화가 어떻게 사람들의 생각과 행동에 영향을 미치는가에 대한 이해이다. 거기서부터 우리는 자신에 대한 이해를 높일 수 있을 뿐만 아니라 그를 통해 타인에 대한 이해 역시 넓힐 수 있다.

# CQ-지식 연습

1. 외국어를 공부해 보자. 따로 선생님을 구하는 것이 필요 없다고 생각할 수 있다. 하지만 보통은 현지인을 통해 배우는 것이 가장 좋은 방법이다. 기본적인 문장만을 익혀도 현지를 방문 할 때 유용할 것이다.

2. 다른 나라의 소설이나 전기와 같은 다양한 작품들을 읽어보자. 한 나라의 문화에 대해 생각해 볼 수 있는 매우 좋은 소재가 된다. 『연을 쫓는 아이(The Kite Runner)』, 『백인의 무덤(White Man's Grave)』과 같은 소설이나 『그랜 토리노(Gran Torino)』, 『사랑도 통역이 되나요(Lost in Translation)』와 같은 영화를 보는 것도 CQ-지식을 쌓는데 도움이 된다. 소설, 전기, 영화 등을 통해 다른 세계 다른 문화로 들어가 보면 어떨까.

3. 전 세계의 다양한 뉴스를 접해보자. 세계의 소식을 들을 수 있는 지구촌 뉴스를 활용하는 것도 CQ-지식 향상에 도움이 된다. BBC 뉴스는 세계적으로 인정받는 방송 중 하나이다. 알자지라 방송의 웹사이트를 방문해 같은 뉴스라도 어떻게 다르게 보도가 되고 있는지 보는 것도 좋다. 여행을 하게 되면 평소 보던 신문 대신 다른 지역신문을 살펴보는 것은 어떨까.

4. 방문하려는 지역에 대한 기본적인 통찰을 얻어 보자. BBC 웹사이트에 가보면 전 세계 모든 나라에 관한 정보들이 들어 있다. 한 나라의 기본 정보에서부터 역사는 물론 핵심 이슈에 이르기까지 대화를 위해서도 매우 유용할 수 있는 내용들을 볼 수 있다. 이 외에도 글로벌 비즈니스를 위해 필요한 광범위한 정보를 얻을 수 있는 www.globaledge.msu.edu와 같은 사이트를 활용하는 것도 좋은 방법이다.

5. 식료품점을 방문해 보자. 특히 다른 나라의 식료품들을 전문적으로 취급하는 곳을 가게 되면 문화적 차이에 대한 흥미로운 경험을 해볼 수 있다. 무엇이 비슷하고 무엇이 차이가 나는지를 유심히 살펴보자. 관찰한 것들을 통해 여러 가정 내지는 예상도 해볼 수 있다.

# 문화지능 전략
## : 직관을 믿지 마라

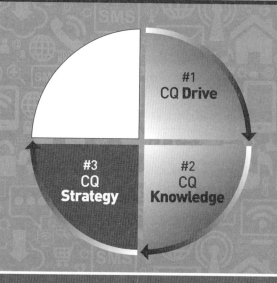

**CQ-전략: 어떤 계획을 어떻게 세우는 것이 필요한가?** 다문화 경험을 의미 있게 만들기 위한 전략

| 높은 CQ-전략을 지진 리더: | 새로운 다문화적 상황을 적절히 대처하기 위한 계획을 세우기 위해 습득한 지식을 잘 활용 함. 다양한 문화적 상황에 적응하고자 미리 가정을 세워보고 그 준비한 내용들이 현실에서 어떠한지 관찰하고 분석하여 다시금 적용하는데 탁월함. 낯선 문화에 대해 무엇을 알고 준비해야 하는지 분명히 인지하고 있음. |
| --- | --- |

라이베리아의 존스 박사를 만나서 그의 친구 해리스 박사가 정말로 어떤 생각을 가지고 있는지 알아보려던 미팅에서였다. 나의 커뮤니케이션 방식은 지극히 북미식의 직설적이고 노골적인 화법의 구사였다.(1장 참조) 그와 대화를 할수록 나의 인내심의 한계가 드러났고 외교적 소통 기술의 필요성을 알고 있음에도 태도를 바꾸어 직접적으로 문제의 핵심을 파고들려 했다. 내가 몬로비아 공항에 도착했을 때는 한 발 물러서 생각할 수 있는 여유가 있었다. 라이베리아 출신의 미국인 청년과 포터의 대화를 들으면서도 그랬고, 호텔에서의 아침 식사 때 미국인 여성 사업가와 영국인 의사의 경험에 대해 서로 대화할 때도 그랬다. 그런데 다른 사람들의 행동과 경험을 대할 때의 나의 모습은 사라지고 정작 내 문제를 풀어나가는 데 있어서는 한 마디로 실패했다.

누군가 내게 라이베리아에서 중요하게 여기는 가치에 대해 조언을 구한다면 사람들 간의 친밀한 관계에서 나온 신의가 무엇보다도 중요하다고 대답해줄 것이다. 낯선 이방인 앞에서 오래된 친구와 동료의 체면을 고려하지 않는 언급이나 내용은 삼가야 한다고 말해줄 것이다. 하지만 이러한 문화적 지식을 나 자신이 정작 필요한 상황에서 효과적으로 활용하지 못했다. 존스 박사와 메디슨 칼리지를 파트너로 할 것인지를 결정하는 중요한 순간에 말이다. 불쾌한 상황 앞에 감정을 조절하여 한 발 물러서 생

6장 문화지능 전략: 직관을 믿지 마라

각을 가다듬었더라면 어떠했을까. 그리고 모세의 조언을 따랐다면 해리스 박사에 대한 보다 많은 솔직한 생각들을 들을 수 있었을지 모른다. 문화가 전혀 다른 상황에서의 소통 기술 부족의 문제였다. 해리스 박사에 대해 알아보기 전에 좀 더 꼼꼼하게 계획을 세워 신중하게 접근을 했다면 보다 효과적인 대화가 될 수 있었을 것이다.

다음 날 모세와 나는 메디슨 칼리지에서 학생들을 가르쳤던 다른 라이베리아 사람을 만났다. 결론적으로 그는 존스 박사에 대한 문제들을 알고 있었다. 어제의 일 때문에 나는 커뮤니케이션에 있어 다른 접근법을 취했다. 존스 박사와 칼리지에 대한 장점들을 물어보면서 대화를 시작해갔다. 한참을 얘기하던 중에 모세가 전화를 해야 한다며 밖으로 나가주어 둘 만이 남게 되었다. 이것도 모세가 이전에 해주었던 조언을 따른 것이다. 라이베리아 사람은 자신과 같은 고향 사람이 앞에 있는 자리에서는 더욱 이방인에게 말을 조심하고 삼간다는 것이었다. 둘만의 시간은 내게 좋은 기회로 여러 질문을 이어나갔다. "존스 박사의 칼리지와 파트너를 체결하는 데 신경을 써야 할 부분이 있다면 뭐라고 생각하나요?" 이에 대한 그의 대답 속에는 부정적인 말은 삼가고 있었다. 그러나 여러 부분에서 신경을 써야한다는 그의 의견 속에는 분명 행간에 들어 있는 메시지가 숨어 있었다. 나는 그의 간접 화법에도 불구하고 그 안에 숨어있는 내용들을 분명히 이해할 수 있었다.

CQ-전략은 우리가 CQ-지식으로부터 알게 된 내용을 실제로 어떻게 활용할 수 있는가에 대한 문제이다. 표면적인 이해를 넘어서서 애매해 보일 수 있지만 결정적일 수 있는 내용을 파악해 리더십을 발휘해 나가야 한다. 결국 CQ-전략에서는 상대 문화에 대해 이해한 내용들을 어떻게 행동으로 옮길 수 있는가에 대한 연결이 핵심 열쇠다. 이것은 효과적인 리더십을 발휘할 수 있는가 없는가의 관건이 될 수 있다.

CQ-전략을 이해하는 한 가지 방법으로 새로운 곳에서 운전을 해야 하는 경우를 예로 들어 보자. 내게 친숙한 곳에서 운전을 한다면 멀티태스킹도 가능할 수 있다. 운전을 하면서 라디오를 듣거나 옆 사람과 얘기를 하거나 전화도 받을 수도 있다. 하지만 처음 가보는 도시에서 운전을 한다면 위에서 말한 멀티태스킹은 거의 불가능하다. 속도를 줄이고 라디오를 끄고 대화는 최소로 해야 한다. 새로운 장소이기 때문에 많은 집중력이 필요하다. 운전자의 좌석이 왼쪽에서 오른쪽으로 바뀐 경우라면 더 심각해진다. 사전에 미리 지도를 참고해 주의 깊은 준비를 하고 계획을 세운다면 보다 수월하게 운전을 할 수 있을 것이다. 가끔 예상치 못한 도로 공사로 GPS가 무용지물일 때가 있을 수 있다. 예상과 준비를 했음에도 돌발 사태로 인해 방향을 수정해야 한다. 낯설고 새로운 문화와의 만남에서 필요한 CQ-전략도 마찬가지다. 평소보다 더 많이 주의를 기울이면서 주변을 신경 써야 한다. 새로운 문화적 상황에서 적절한 전략을 발전시켜 가야 한다. CQ-전략은 다음 세 가지로 나누어 볼 수 있는데 계획하기, 인지하기, 점검하기가 바로 그것이다.[1] 이 세 가지의 내용을 익히고 실제로 적용하기 위한 역량을 개발하는 것이 CQ-전략이다.

## 이문화 간 만남의 준비와 계획

CQ-전략의 시작은 문화적으로 전혀 다른 환경에서 일어날 수 있는 상황을 준비하고 계획하는 데 CQ-지식을 활용하는 것이다. 대부분 리더십 발휘를 위한 행동이 자동반사적 반응일 경우가 많다. 고객 확보 회의, 팀 내의 갈등 중재, 부서 경영 등이 그렇다. 과거의 경험을 바탕으로 매번 많은 준비를 하지 않아도 효과적으로 이끌어갈 수 있다. 그러나 문화가 바뀌면 상황이 달라진다. 그에 맞는 준비와 계획이 필요하게 된다. 그런데 해외출장으로 막대한 경비를 지출하면서도 낯선 나라에서의 미팅을 위한 사전 준비와 계획에 소홀한 리더들이 적지 않다는 것은 놀라운 일이다.

내가 무척 놀랐던 경험 중에 하나는 내성적인 성격의 많은 사람들이 칵테일파티에 오기 전 상당한 준비를 한다는 것이다. 칵테일파티는 주로 서양에서 여러 사람들이 자유로이 서서 간단한 식음료와 함께 이야기를 나누는 사교적 모임 형태이다. 내성적인 사람들은 미리 여러 사람들과의 대화를 위한 준비를 해왔는데 누가 올지, 질문은 무엇으로 할지, 기억하고 있으면 좋은 내용들이 무엇이 있을지 등을 생각해 왔다. 사람들의 성향과 배경에 따라 다양한 내용들을 사교적 모임을 위해 준비해 온 것이다.

문화적으로 다른 사람을 만나야 한다면 무엇을 어떻게 준비해 커뮤니케이션에 임할지 충분한 시간을 가질 필요가 있다. 가령 미팅을 가질 때 처음 3분 간 어떤 식으로 이야기를 시작할지 미리 준비를 해보는 것은 효과적인 미팅을 위해 중요하다. 다음과 같은 질문을 해보는 것은 어떨까.

- 첫만남에서 어색함을 누그러뜨릴 수 있는 적당한 대화 소재로는 무엇이 좋을지 생각해 보자. 떠오른 것이 있다면 그것이 상대의 문화 내지는 개인적 성향에 비추어 적절한지 아닌지를 고려해 보자.
- 가벼운 대화로 어색한 분위기를 바꾸었다면 누가 본격적인 사업으로 주제를 바꿀 것인가?
- 미팅이 진행되는 동안 단계 별로 어떤 과정을 어떻게 이끌어 갈 것인지도 생각해 보자.

상대의 문화에 대한 이해 없이는 이러한 고려를 하기가 쉽지 않다. 좋은 CQ-전략은 높은 CQ-지식을 요구한다. 앞의 두 장에서 다루었던 내용을 바탕으로 가상 시나리오와 같은 적절한 계획을 준비할 필요가 있다. 문화에 대한 이해가 새로운 지역에서의 GPS 작동에 도움을 줄 것이다.

운전자의 방향이 반대인 도로에서 운전을 했을 때 처음엔 익숙하지 않은 방향 때문에 여러 번 실수를 했다. 반복된 실수로 나중에는 내게 맞는 전략 몇 가지를 개발했고 더 이상 처음과 같은 실수를 하지 않았다. 처음 방문하는 낯선 장소를 운전하는 것은 새로운 규칙들에 대한 도전일 수밖에 없다. 그러나 그 횟수가 늘어날수록 나만의 노하우가 쌓여 점점 그 상황들을 잘 극복하게 된다. 아이러니 한 것은 나중에 집으로 돌아 와서는 원래 익숙하던 규칙들이 낯설어 조심을 해야 하는 경우도 생긴다는 점이다. 문화 간 경영 역시도 이와 마찬가지일 것이다.

상당수 사람들이 문화 간 소통 능력을 위해 많은 노력을 기울여 왔고 그것이 매우 자연스럽게 몸에 배일 정도의 수준에 도달한 사람들도 있을 것이다. 그러나 조직의 리더는 여전히 미숙하거나 경험이 부족한 팀원들을 위해 그들의 입장에서 고려해 주어야 한다. 가령 fall(가을, 미국식)과 autumn(가을, 영국식)과 같은 간단한 단어의 차이를 구별하여 사용하는 것이나, 이메일을 쓸 때도 Dear Dr. Kim(친애하는 김박사님)과 Hi, John(안녕, 존)과 같이 사소해 보이지만 미묘한 차이를 구분하여 사용하는 것조차 말이다. 이러한 세심한 노력들도 문화지능과 관련하여 필요하지 않을 수 없다.

CQ-전략의 핵심적 목표는 어떤 상황에서 배운 교훈을 깊이 숙고하고 다음 상황에 그 통찰을 정확하게 적용시키는 것이다. 나는 라이베리아에서 해리스 박사와 모세와 겪었던 경험과 같은 혼동과 실수를 계속적으로 반복할 거라고 본다. 그러나 CQ-전략과 계획은 실수의 반복을 줄여나가면서 상호소통 기술을 점점 더 효과적으로 늘리는 것이다.

높은 CQ-전략을 지닌 리더는 능동적으로 새로운 전략들을 계속 창조해 가면서 새롭고 독특한 상황과 환경에 적응하는 기술을 늘려간다. 다양한 관찰과 이해와 해석이 축적되면서 새로운 환경마다 새로운 전략을 개발해 갈 것이다.[2] 미팅 현장에서의 애매하고 잘못된 단서들로 인한 상황 인식이 빗나가기도 할 것이다. 우리는 비슷한 행동임에도 상대방에 따라 의미가 전혀 달라지는 상황을 관찰하기도 할 것이다. 그러나 시행착오의 노하우를 축적해가며 쌓아온 문화적 지식을 바탕으로 예측되는 상황들에 대한 시나리오를 작성해 보고 효율적으로 미팅을 이끌어 갈 수 있는 계획을 지속적으로 세워나가야 한다. 그리고 이를 바탕으로 다음 단계인 인지하기를 전략적으로 실행해야 한다.

## 만남의 상황 예의주시하기

CQ-전략의 두 번째는 인지하기로 자신과 상대방, 그리고 상황에 대해 인지하기 세 가지다. 높은 문화지능 역량이 필요한 상황에 처할수록 인지하기가 더 어렵다고 말할 수 있다. 그만큼 쉽지 않은 수준으로 상당한 주의와 세심함이 요구되기 때문이다. 한마디로 정신이 깨어있어야 한다는 말로도 표현할 수 있겠다. CEO들은 사람들에 둘러싸여 있다. 많은 이들이 작은 농담에도 웃어주고, 아이디어를 내기라도 하면 칭찬과 찬사를 해주고, 눈치를 살피며 직언하기를 주저하는 사람들이다. 역으로 말하면 CEO는 의식적으로 매우 주의깊게 주변을 살피지 않으면 실제 상황을 꿰뚫어 볼 수가 없다.

인지하기가 받쳐주지 않으면 미리 세운 계획과 전략들이 오히려 위험을 불러올 수 있다. 아마 외국 회사와의 미팅에서 예상했던 것과는 전혀 다른 행동 패턴을 보이는 그룹이나 사람을 경험해 본 적이 있을 것이다. 그래서 사전에 계획을 세웠어도 미팅의 순간에는 다른 가능성들 역시 열어두고 주시해야 한다. 미리 준비한 것들이 상호 간의 커뮤니케이션 과정에서 얼마나 잘 작동하고 있는지를 예의주시하고 있어야 한다는 말이다.

6장 문화지능 전략: 직관을 믿지 마라

문화가 전혀 다른 세계와 사람들과의 접촉에서 상황을 이끌어가야 할 경우 내적이고 외적인 관찰 모두를 해야 하는데 무슨 일이 벌어지고 있는지 서두르지 말고 충분한 시간을 두면서 의도적이고 의식적으로 파악해 가야 한다. 인지하기란 자신이 하고 있는 일을 한 발짝 물러서서 생각해보는 것이다. 우리가 보지 못하고 놓치고 있는 것이 무엇인지를 보기 위함이다. 인지하기에는 빙산의 세 가지 단계인 보편적인 것, 문화적인 것, 개인적인 것의 차이를 현장에서 구분할 수 있는 역량까지를 포함한다. 사실 인지하기 단계에서 의사결정능력과 업무능력이 드러난다고 볼 수 있다.

문화 간 차이를 경영한다는 것은 결코 간단한 문제가 아니다. BMW 회사의 독일인 여사원이 인도로 가서 TATA 자동차 그룹의 인도인 직원을 만나 협상을 벌이고 의사결정을 해야 하는 상황을 상상해보자. 어떻게 해야 그 일련의 과정을 전혀 다른 문화의 사람과 효과적으로 소통해 가며 성공적인 비즈니스로 만들어 갈 수 있을까. 인도인 직원을 만났을 때 문화 간 차이로 인해 예상되는 행동 패턴을 읽을 수도 있다. 그러나 그 인도인 개인의 개성과 성격으로 인해 전혀 예상할 수 없는 행동과 상황도 만들어질 수 있다. 상황을 의식적으로 관찰해 갈 때 문화적인 것과 개인적인 것의 행동 차이가 구분된다. 당신이 상대의 문화적 특성에 맞추어 변화된 행동 패턴을 보이고 있는데 상대 역시도 나의 문화에 맞추어 주려고 한다면 어떻게 상황을 파악해 최선의 커뮤니케이션으로 이끌어 낼 수 있을까. 문화 간 적응이라는 것은 일방통행이 아니며 그렇게 되어서도 안 된다. 리더로서 깨어 있고자 하는 노력과 시간은 문화지능 리더십과 직결되는, 특히 전략적 단계인 인지하기 영역과 매우 밀접할 수밖에 없다.

인지하기란 CQ-지식을 토대로 준비한 계획을 적극적으로 활용하는 과정으로 계획한 것이 특정 상황에 맞는지의 여부도 민첩하게 파악해 조정해 간다. 반응에 대한 반자동적인 충동을 자제하면서 시간을 두고 세운 가정들을 유보하기도 해야 한다. 다양한 문화와의 경험을 인식하고 있어야 한다.

그림 6-1을 한번 보자. 어떤 상황이라고 생각하는가? 잠시 생각할 시간을 가진 후에 무슨 상황인지 설명을 해보자.

그림 6-1. 무슨 상황이라고 생각하는가?

당신이 속한 팀원들과 함께 재미있게 연습을 해볼 수도 있다. 다른 사람들에게도 위의 사진을 보여주며 무슨 생각이 드는지 설명을 들어보자. 왜 이와 같이 자동차가 주차되어 있는지에 대해 각자가 추측한 생각들을 얼마나 강하게 주장하는지를 볼 수 있을 것이다. 사진을 본 많은 사람들이 사려 깊지 못한 회사의 간부가 경계선을 신경 쓰지 않았거나, 아니면 자신

　　　　　　　　　　　6장 문화지능 전략: 직관을 믿지 마라

은 두 개의 주차 공간을 사용할 권한이 있다고 생각해 그랬다고 대답했다. 다른 의견으로는 시간이 너무 촉박해서 급하게 주차를 하느라 그랬을 수 있고, 아니면 아이를 내려야 하는데 2도어 자동차라 공간을 넉넉하게 하느라 그랬을 수 있다고 한다. 눈이 많이 내리는 지역에서 사는 사람이라면 주차장에 눈이 많이 쌓여 주차선을 보지 못했을 수 있다고 생각할 수도 있다. 여기서 중요한 것은 당신의 설명에 스스로가 어느 정도까지 확신할 수 있는가 이다. 더 많은 정보가 없기 때문에 이 사진 뒤에 감추어진 다른 이야기를 알지 못한다. 하지만 우리의 뇌는 즉각적으로 상황을 해석하려 한다. 그리고 해석과 설명이 단지 자신의 경험과 가정에서 나온 경우가 많다.

리더들은 종종 상황을 빨리 읽어 내어 무슨 일이 벌어지고 있는지 해석을 해낸다. 그러나 이러한 판단이 위험할 때가 있다. 전혀 다른 문화적 맥락이라면 정말로 위험하다. 예를 들어 여러 사람들과의 미팅 자리에서 대화를 진행하는데 참석자의 침묵에 익숙하지 않은 리더라면 침묵하는 사람을 보고 지루해하거나 내용을 잘 이해하지 못하고 있다고 단정 짓는 오류를 범할 수 있다. 반대로 침묵은 상대를 존중하는 태도라고 보는 문화에 익숙한 리더라면 어떤 오류를 범할까. 참가자가 지루해 하거나 내용 파악을 못해 침묵하고 있음에도 존중의 표시라고 잘못 받아들일 수 있다.

인지하기는 다문화 간의 미팅 장소에 들어서면서 시작된다. 나는 미팅 장소인 사무실에 들어서면서부터 주변을 유심히 관찰한다. 벽에는 무엇이 걸려 있는지, 사무실은 어떻게 디자인되어 있는지, 직원들의 복장은 어떤지, 직위에 대한 명칭은 어떤지를 말이다. 그리고 누가 회의에 함께 참여하는지, 누가 실질적인 권한을 가지고 있는지, 누가 이 프로젝트의 최종적인 의사결정자인지도 파악하려 한다.

CQ-전략은 우리가 경험하고 관찰하고 있는 것 뒤에 감추어진 그래서 보이지 않는 것을 묻고 찾으려한다. 가령 이 협상에 영향을 미치고 있는 역학 구도는 무엇일까? 이 조직의 리더십은 어떤 식으로 구축되어 작동하고 있는가? 이 사무실은 왜 이와 같이 디자인 되어 있는가?

우리가 익숙한 환경에 있을 때는 위의 내용들을 파악해 가는 과정이 그리 힘들지 않다. 사업상 만난 사람과 친한 친구 사이의 인사법이 다르다는 것을 잘 알고 있다. 공감에 대한 표현도 문화적 차이로 다를 것이라고 신경 쓸 필요가 없다. 그때그때 봐가며 해도 충분한 것들이 많다는 말이다. 감성지능이 높은 사람이라면 익숙한 상황과 환경에서 서로의 갈등을 중재하고 소통하는 기술이 높을 것이다. 그런데 전혀 다른 낯선 문화적 배경에서라면 이야기가 달라진다. 어느 직장이나 조직에서는 동료들끼리 별 문제없이 주고받는 농담이라도 다른 문화의 사람에게 무심코 혹은 서먹한 분위기를 깨기 위한 방법으로 던졌다가는 신뢰를 망칠수도 있다는 것을 명심해야 한다. 저녁에 초대받는 행위가 단순히 한 끼 식사를 하는 의미를 넘어서서 사업의 성사여부를 결정하는 중요한 시간이 될 수도 있다는 것을 알아야 한다.

## 자기인식

다른 문화의 사람들과 함께 일을 할 때 그 업무에 보다 관심과 흥미를 가질 수 있는 방법 중 하나가 자신의 편견과 선입견에 대해 정직해지라는 내용을 3장에서 살펴보았다(CQ-동기). CQ-전략을 향상시키는 데 있어서도 자신을 정직하게 바라보는 것이 중요하다. 효과적인 리더십을 위한 자기인식의 중요성 때문에 이미 많은 조직과 기업에서도 직원들의 리더십 향상을 위해 이 부분을 인적관리 프로그램에서 강조하고 있다. 그렇게 알게 되는 자신의 모습을 확인하고 인지한다면 CQ-전략 향상을 위해 도움이 될 것이다. 예를 들어 미국의 여론조사 연구소인 갤럽에서 만든 강점찾기(StrengthsFinder) 프로그램에서 나를 체크해 본 결과 나의 성향 중 한 가지는 매우 열심히 일을 하면서 그 성과인 높은 생산성에서 만족을 느끼는 적극적인 행동주의자로 나타났다.[3] 일에 집중하는 업무 태도보다 업무를 위해 사람들과의 관계성을 중시하여 그에 시간과 정력을 할애하는 문화에 와있다면 나의 이 같은 성향을 스스로가 유념할 필요가 있다. 자기인지를 활용해 매우 생산적인 하루가 되지 못했다고 느껴질 때 종종 생기는 개인적 불만족을 이해할 필요가 있다. 관계를 중시하는 문화에서 일어날 수 있는 생산성의 문제에 대한 접근의 차이가 나의 기질을 자극할 수 있다. 그렇기 때문에 분명한 자기인식을 통해 다문화간 상황에서 야기될 수 있는 불만족스러운 상황을 현명하게 대처해 갈 수 있어야 한다.

자기인식의 정도는 많은 부분이 자신의 문화적 맥락에 대한 이해에서 비롯된다. 우리의 행동이 얼마만큼 자신의 문화에 영향을 받고 있는지, 상대방이 우리를 바라볼 때 얼마나 우리의 문화적 배경에 따라 판단하고 있는지를 생각해 보면 그 중요성을 알게 된다. 예를 들어, 세계의 많은 사람들이 미국인에 대한 주된 이미지를 전쟁과 베이워치라고 했던 사실을 상기해 보자. 미국의 리더들은 지금 마주대하고 있는 다른 나라의 사람이 위의 두 가지 미국에 대한 강한 이미지를 가지고 있는지 없는지를 대화 속에서 찾아볼 수 있다.

자기인식은 다른 문화적 상황과 사람을 대하면서 자기 컨트롤을 높일 수 있다. 다양한 문화적 차이를 경험하며 가질 수 있는 불편한 감정들과 시차까지 겹쳐 느껴지는 극도의 피로함으로 인해 자칫 원하지 않는 결과를 낳을 수도 있다. 자기인식은 다문화 간 업무에서 발행할 수 있는 신경과민, 불쾌감, 피로감 등을 방지할 수 있는 핵심전략이다.

## 타자인식

우리가 내면에서 일어나고 있는 것을 이해해야 하는 것처럼 우리를 둘러싸고 있는 환경과 상대방에 대해서도 인지해야 한다. 단기간 자원봉사자로 해외 방문 프로그램에 참여한 미국인들을 대상으로 조사한 결과에 따르면 그들에게 취약한 것 중에 하나가 인지하기였다. 참가자들이 활동한 지역은 개발도상국들이었는데 구조 활동을 벌이고 의료지원을 해주고 영어를 가르쳐주고 선교 활동을 했다. 미국으로 돌아온 후 그들에게서 가장 많이 들었던 말이 가난하고 어려운 환경 속에서도 참 행복해 보인다는 것이었다. 가진 것이 별로 없는데도 만족하며 살아가는 모습에 놀랐다는 의미이기도 했다. 여기서 나의 질문은 그들이 정말 보이는 것처럼 행복할까이다. 수많은 자원봉사자들에게 재차 물었던 것이 무엇 때문에 그들이 행복해 보였는가 하는 것이다. 그들이 답한 대개의 내용은 늘 웃음와 미소를 잃지 않았기 때문이라는 것이다. 자원봉사자들을 늘 넉넉하게 대해주며 자신들은 적게 먹어도 더 나은 음식을 더 많이 주려고 했다는 것이다. 나 역시도 그들과 똑같은 상황을 직접 보고 겪었다. 그리고 그들이 얼마나 외부인들을 따뜻하게 맞이해 주고 배려해 주는지를 인정한다. 하지만 이러한 행동이 정말로 무엇을 의미할까?

만약 당신이 새로운 지역을 방문했는데 그 지역 언어를 전혀 모르고 처음 만나는 사이라면 어떻게 하겠는가? "곤니찌와"나 "니하오" 같은 현지어를 몇 번 구사하다보면 상대방이 웃으며 대답하는 것을 경험할 것이다. 그리고 그것이 상당히 어색할 수 있다. 미국인 자원봉사자들이 겪었던 상황도 마찬가지이다. 현지인들이 웃음과 미소를 보이며 밝게 대해준 것은 그들의 긴장 속에서 나온 표현일 수 있다. 행복하고 기쁜 상태에서의 행위가 당황하거나 긴장했을 때의 행위와 유사한 경우가 많은 문화에서 보인다.

태국에는 스물세 가지 종류의 미소가 있다고 한다. 그리고 그 의미가 모두 다르다고 한다. 뉴질랜드의 어느 작은 부족은 극도로 불쾌할 경우 얼굴에 미소를 보이기도 한다고 한다.[4] 이미 언급한 것처럼 우리가 모든 행동의 차이와 의미를 알 필요는 없다. 그러나 다른 사람의 행동을 보다 사려 깊게 파악하려고 노력해야 한다. 상대방이 미소를 짓는 것이 행복하기 때문일 것이라고만 판단해서는 안 된다. 상황의 어색함과 긴장을 미소로 대응하고 있을 수도 있기 때문이다.

CQ-지식이 높아질수록 인지하기도 향상될 수 있다. 인류학자들이 새로운 문명을 접했을 때 반복하는 만트라는 "저것은 도대체 무엇을 의미할까? 왜 그와 같은 행위를 할까?"이다. 이것은 우리들에게도 매우 훌륭한 접근법이 될 수 있다. 다른 문화적 배경을 가진 팀의 일원이나 고객들을 보면서 같은 질문을 잊지 않는다면 말이다. 누군가가 항상 장문의 긴 이메일로 회의를 소집한다고 했을 때 그 이유를 알 것 같다고 속단하지 말고 왜 그럴까 하고 질문을 해보면 어떨까. 어느 특정한 문화권에서 새로운 프로젝트 문제로 회의를 할 때마다 매번 서로 갈등을 겪는다면 왜 늘 이런 일이 생길까라고 이 만트라를 반복해 보자. 결국 우리는 상대방의 행동을 분석 및 해석하면서 의사를 결정해 가야 한다. 그리고 그때 절대 서두르지 말고 천천히 상황을 주시하자. 문화가 다르다면 더더욱 그렇다.

다양한 문화의 고객을 상대하거나 다문화적 업무환경에서의 인지하기 역량을 높일 수 있는 몇 가지 방법들을 제시해 보면 아래와 같다.

- 당신이 가진 시간의 적어도 50% 이상을 부하직원들의 이야기를 들어 보는 것에 할애해 보자. 경청의 중요성은 익히 잘 알려져 있으나, 특히 직원들이 당신과는 전혀 다른 문화권의 사람들이라면 정말로 중요한 조언이다.
- 글로벌 파트너들과 정기적으로 만나면서 그들의 새로운 통찰을 듣고 배워보자.
- 글로벌 세일즈맨에게 지금 무엇을 판매하고 있는지를 물어보자. 무엇을 판매하고 있지 않는지도 물어보자. 최전선에 나가 있는 사람들의 말을 경청해보자.
- 새로운 아이템 소스를 찾아보자. 그때 전 세계의 사람들이 지금 무엇을 보고 있는지 온라인을 활용해 새로운 소스를 체크해보자.
- 다양한 신문매체들을 훑어보자. 런던에서 가장 인기 있는 영화나 베스트셀러는 무엇일까? 두바이와 모스크바에서는 어떨까?
- 예술, 영화, 연극과 같은 장르에서 새로운 트렌드를 계속 예의주시하자.
- 다른 문화의 사람들에게서 공통적으로 발견되는 낯선 제스처나 행동이 있다면 알아보자(예: 거스름돈을 두 손으로 받는 행위). 어떤 전통과 규범에 해당된다면 해당 지역의 전문가에게 물어보는 것도 좋다.

이와 같은 연습은 동일 문화권에서도 유용하지만 다른 문화권에서 보다 더 활용될 수 있다. 인지하기는 굳이 많은 시간을 할애해 투자할 필요까지는 없다. 미팅 중에서, 아니면 여행 중에서, 아니면 사람들과의 대화 속에서 그때그때 마다 여러 다양한 경로에서 실행할 수 있는 전략이다. 우리가 보고 있으나 놓치고 있는 것들을 찾아내려는 단순한 훈련이 CQ-전략 향상에 기여할 것이다.

## 준비와 계획의 적절성 평가

CQ-전략을 발전시키는 또 하나의 중요한 방법은 다른 문화의 사람을 만나기 위해 준비한 계획과 실제로 현장에서 그 계획이 얼마나 적절히 작동했는지를 미팅 후에 돌아와 점검해 보는 것이다. 내가 일 때문에 마닐라에 갔을 때의 경험이다. 나에게 자신의 회사에 글로벌 리더십 컨설팅을 요청한 필리핀 사람과의 저녁 식사 자리였다. 필리핀 문화를 이해하기로는 비즈니스 때문에 만났다고 해도 우선 업무가 아닌 사적 관계를 만들어가면서 차차 업무 이야기를 하는 것이 관례처럼 보였다. 나는 이와 같은 지식에 기초해서 저녁 식사 자리에 임하고자 했다. 그래서 컨설팅과 관련된 문제는 식사의 끝에 가서야 언급하려고 했다.

그런데 필리핀 사람이 함께 테이블에 앉게 된지 얼마 지나지 않아 바로 컨설팅 비용을 물어보았다. 이런 미팅 패턴은 서양에서 주로 이루어지는 방식이다. 그 순간 두 가지 경우일 거라 예상을 했는데 하나는 그가 필리핀의 일반적인 문화적 패턴을 따르지 않는 스타일일 수 있고, 다른 하나는 내가 미국인이기 때문에 나를 배려해 일부러 그런 방식을 취했을 수 있다는 것이다. 나는 그의 생각을 좀 더 알고 싶어 다른 질문을 던져보았다. "이번 저녁은 제가 사겠습니다. 좋아하는 음식을 시키시죠." 그가 바로 대답을 했다. "방금 저녁 식사의 비용 문제를 물어 본 것이 아니고 컨설팅 비용을 물어 본 것입니다." 나는 그의 대답을 보고 이런 스타일이 정말 그의 비즈니스 스타일인지를 한 번만 더 확인해 보고 싶었다. "그 문제에 대해서 당연히 이야기를 나누어 보아야지요. 하지만 그 이야기는 조금 나중에 하기로 하고 우선 처음 만난 자리이니 서로에 대한 이야기를 우선 해보면 어떨까 합니다." 그러자 그가 약간 언짢은 듯이 "당신을 만나게 되어 매우 기쁩니다. 그러나 비용이 얼마인지를 전혀 알지 못하는 상황에서 다른 이야기를 계속 해나간다는 것은 전혀 의미가 없다고 봅니다."

나는 필리핀 문화에 대한 이해를 바탕으로 문화지능적인 계획을 준비해 왔다. 관계를 우선 구축하고 비즈니스 문제로 접근을 하자고 말이다. 그런데 필리핀 고객이 예상과는 다른 접근을 하고 있다는 단서를 발견하고는 재차 그 단서에 대한 나의 해석을 점검해 보았다. 그리고 이번 경우에는 내가 예상한 것과는 전혀 다른 행동 패턴을 보인다는 것을 분명히 알 수 있었다. 필리핀의 일반적인 문화 패턴과는 다르다는 것이다. 나는 즉각 접근 방향을 선회에서 비즈니스 문제부터 이야기를 시작했다. 그리고 6개월 후에 다시 그의 초대를 받고 컨설팅을 위해 필리핀으로 가게 되었다.

CQ-전략의 마지막 단계인 점검하기는 예상하고 계획한 것과 실제 미팅에서 벌어진 것과의 차이를 되돌아보는 것이다. 미국의 다국적 회사에서 중간급 간부로 근무하고 있는 아시아 사람들과 나눈 이야기 중에는 그들이 유리천장에 막혀 고위급 간부로 올라갈 수 없다는 불만이 있었다. 그리고 실제 이유로 거론되고 있는 것 중 하나가 고위급 간부가 가져야 하는 리더십에 대한 확신과 자신감의 부족이었다. 미국에서 유리천장을 뚫고 올라가 고위급 간부가 된 아시아 사람들을 보면 자신에게 익숙했던 문화적 패턴을 변화시켜 보다 자신의 의견을 자신감 있게 피력하기 위한 계획과 전략을 발전시켰다고 한다. 이번에는 반대의 경우를 보자. 서양의 리더들이 아시아 사람들과의 미팅에서 필요한 것은 자신의 소신을 언제 어떻게 적절히 피력해야 하는지에 대한 방식이다. 높은 CQ-전략을 지닌 리더라면 아시아인 파트너의 커뮤니케이션 스타일을 잘 관찰할 것이다. 대화의 순서도 적절히 주고받는 배려를 보이면서 언제 어떻게 자신에게 필요한 의견을 펼치고 관철시켜야 할지를 파악할 것이다. 그리고 미팅이 끝나고 나면 다시금 준비단계에서부터 미팅까지를 모니터링해야 한다.[5] 적절한 방향을 설정했었는지, 효과적인 커뮤니케이션은 이루어졌었는지, 그랬다면 어떤 계기로 언제부터였는지, 무엇이 가장 큰 문제였었는지 등등 과정 전반에 걸친 체크를 해야 한다. 이 마지막 점검하기 과정을 통해 당신이 생각하는 것 이상으로 상당한 상호문화능력을 발전시킬 수 있다. 계획하기, 인지하기, 점검하기라는 세 단계는 종종 거의 동시에 일어나기도 한다. 탁월한 계획을 바탕으로, 나와 상대방의 상태를 주시하고, 세운 전략이 제대로 작동했는지를 정확히 파악하는 것이 CQ-전략의 목적이다.

　이러한 일련의 과정에서 잊지 말아야 할 중요한 것이 있다. 벌어지고 있는 상황을 예상과는 달리 잘 이해할 수 없거나, 상대방도 잘 파악할 수 없어 혼란을 느낄 수 있다. 그런데 문화지능이 매우 높은 사람조차도 다른 문화적 맥락에서는 언제든지 그러한 혼란을 느낄 수 있다. 어떻게 모든 상황을 바로바로 파악하고 이해할 수 있겠는가. 상황에 따라 당연히 판단을 유보하고 가정을 재정비하며 상황 파악이 안된 불편한 자리에 앉아있어야 할 때도 있다. CQ-전략에는 바로 이러한 혼란과 당혹스러움도 받아들여야 한다는 것이 포함되어 있다. 이러한 경험이 축적되어 문화지능이 발전되어가기 때문이다.[6] 우리가 그러한 이해와 전략을 가질 때 이문화 경영에서 흔히 일어날 수 있는 문제들로 치부되는 상황들을 뛰어넘어 보다 경쟁력을 갖춘 리더로서의 자질을 만들어 갈 수 있다. 다문화적 상황에서 비즈니스는 비즈니스일 뿐이야 라든가 리더십은 직감이야 라는 식의 태도를 지양하게 된다. 라이베리아에서 존스 박사에 대해 알아보고자 할 때 첫 미팅에서 커뮤니케이션의 방법적 실수를 범했다. 현지인인 모세의 조언을 받아들이면서 다른 미팅에서는 충분한 계획과 대화 과정에서의 인지하기 기술을 최대한 발휘하려 했다. 라이베리아 사람의 대답과 반응을 주의 깊게 모니터링하면서 대화를 진행한 것이다. 처음의 실수는 결코 시간을 낭비한 것이 아니다. 그 실수로 인해 더 준비된 효과적인 미팅을 이끌어 갈 수 있었기 때문이다.

다양한 문화의 사람들을 점점 더 많이 만나면서 우리가 상대방의 문화적 성향을 넘어 개인의 성향까지를 파악하며 깊은 소통을 하기란 현실적으로 쉽지 않다. 사실 이러한 소통의 어려움은 가족과 같은 가장 가까운 사람들과도 마찬가지이다. 집에서 유일한 남자이자 가장인 나 역시 가족들과의 오해를 늘 겪고 있다. 그러나 우리가 자신이 가정하고 있는 바가 옳은 것인지, 계획은 적절하게 세우고 있는지, 모니터링은 잘 하고 있는지를 계속 염두에 두고 있다면 문화 간 다양성을 경영하고 리더십을 발휘할 수 있는 역량은 높아갈 것이다. 점검하기란 우리의 해석이 맞았는지 아닌지를 확인해 주고 다음 번 계획을 준비하는데 보다 효과적인 전략을 제시해 줄 것이다.

# 나가며

결국 존스 박사와 메디슨 컬리지와의 파트너십 체결은 이루어지지 않았다. 해리슨 박사도 학교를 그만두었다는 소식을 들었다. 나는 라이베리아에서 가졌던 경험을 늘 소중하게 간직하고 있다. 그리고 지금은 다시 중국의 몇몇 조직과의 파트너십 문제로 바쁜 일정이다. 어느 중국인 사업가와 그의 비즈니스에 대해서 상충되는 이야기를 들은 적이 있다. 그의 참여와 도움이 없이는 우리가 원하는 지역에서의 일이 쉽지 않을 것이라는 말을 듣기고 했고, 그와는 절대 어떤 파트너십도 맺지를 말라는 충고를 듣기도 했다. 이렇게 서로 다른 입장의 의견을 듣게 되면 의사결정을 하는 것이 쉽지가 않다. 하지만 CQ-전략을 통해 나의 준비와 계획을 발전시켜 필요한 정보를 얻고자 최선을 다할 것이다. 중국과 라이베리아 두 나라는 서로 너무나도 다르다. 그러나 라이베리아에서 배운 전략들을 통해 중국에서도 여러 장애들을 잘 극복하고자 한다.

일단 CQ-전략에 대한 기술을 배우게 되면 모든 종류의 관계와 상황에 적용을 할 수가 있다. 기성세대에 대해 강한 반감을 지닌 소위 고스족이라 불리는 십대들에게도 적용을 해볼 수 있다. 한번 스스로에게 물어보자. 그들의 상징과도 같은 검은 드레스, 피어싱, 문신 그리고 음악 뒤에 감추어져 있어 내가 보지 못하고 있는 것이 무엇일까. 그들은 어떻다고 쉽게 단정 지어 버리지 말자. 이런 질문을 해보면 어떨까. 문화적 맥락이 전혀 다른 두 상황과 장소에서 같은 유머를 사용했다면 같은 반응이 나올 수 있을까 라고.

CQ-전략은 여러 가지 이유에서 매우 중요하다. 우선, 문화적 맥락이 다양한 상황들을 위해 사전 준비와 계획을 꾸준히 세워나간다면 매번 다각적일 수밖에 없는 훈련이 혁신적이고 창의적인 역량을 늘려 줄 것이다. 둘째, 인지하기를 위한 끊임없는 의식적 노력이 특정 상황을 위한 계획이 적절한지에 대한 능동적 사고능력을 높일 것이다. 셋째, 실제로 벌어진 상황을 다시 점검해 보는 과정을 통해 자신의 변화와 혁신을 지속시킬 수 있다.

# CQ-전략 연습

1. "왜, 왜, 도대체 왜?"라는 질문을 계속 던져보는 연습을 하자. 왜냐고 반복적으로 자신에게 물어보면 문제를 대하는 깊이가 더 깊어진다.[7] 아래와 같은 질문들처럼 말이다:

   • 아직까지 일본 기업과 계약을 성사시키지 못했다. 왜일까?
   • 그쪽에서 우리가 떠날 때까지 서명을 하지 않았는데 그것은 왜일까?
   • 수잔이 회계부서를 떠난 후 그들이 업무에 불편을 느끼는 것 같은데 그것은 왜일까?
   • 일본 기업의 리더들과 신뢰가 형성되면 매우 오래 지속되는데 그것은 왜일까?
   • 신뢰는 관계성 속에서 만들어지며 계약 여부에 의해 실현되지 않는데 그것은 왜일까?

   문화가 다른 상대방에게 "왜"라는 질문을 직접적으로 던진다면, 여러 사람들이 함께 있는 자리에서 전체를 상대로 직접적으로 질문을 던진다면 그들은 매우 방어적으로 변할 수 있다. 개인적으로 따로 물어본다면 더 효과적일 때도 많다.

2. 상호문화적 성찰을 하는데 일지를 쓰면 도움이 된다. 그림 6-1의 예시처럼 어떤 것에 대한 예상이나 기대를 메모해 두는 습관을 가지면 상호문화적 관심과 그 실천에 기여할 수 있다. 자신의 메모들을 나중에 다시 꺼내 생각해 보는 것도 매우 좋은 방법이다. 그리고 그러한 내용을 주변의 동료나 지인들과 함께 논의해 볼 수도 있다.[8]

3. 당신이 보거나 읽고 있는 것들에 나타난 상호문화적 상황을 유심히 재고해보자. 전문 저널이나 신문 속에서 아니면 영화에 나타난 상호문화적 상황과 이야기 전개를 관찰하면서 자신도 한 번 그 속으로 들어가 생각해 보자. 성급하게 문제를 풀려고 하지 마라. 천천히 상황을 파악하며 다각적으로 생각을 해보자. 그런 인지하기에 이어서 다시 계획을 짜보면 어떨까. 그리고 종합적으로 그와 같은 상황에 대응하는 총체적 전략을 그려보면 좋은 연습이 될 수 있다.

4. 매우 적극적인 플랜을 구상해 보자. 새로운 과제에 참여하게 되었는데 다른 문화의 사람들과 함께 해야 한다면 어떻게 대처해 나가야 할까. 나의 문화적 색깔 외에 상대의 문화적 입장을 반영해 본다면 어떤 변화들이 예상되고 준비를 해야만 할까. 이것들을 다른 동료들과도 함께 논의해 보면 어떨까.

5. 문화에 대한 전문가를 찾으면 좋다. 다른 문화와 업무를 함께 한다면 현지 문화에 전문적인 코치를 찾으면 도움이 될 것이다. 다만 코치를 찾을 때 주의해야 할 사항이 있는데 다음과 같다:

- 두 문화의 차이에 대해 얼마나 알고 있는가?
- 코치 자신의 문화에 대한 인식은 물론 상대 문화에 대한 인식의 정도는 어떠한가?
- 당신의 문화에 대해서는 얼마나 익숙한가? 당신 국가의 문화는 물론 직업 문화에 대해서도 말이다.
- 여러 다른 문화적 상황에서 다양한 업무와 경험을 해보았는가?
- 당신에게 단지 지식 전달을 넘어서 다각적인 질문들을 제시해줄 수 있는가?
- 상대 문화에서 특히 어려움이나 불편함을 더 가질 수 있는 개인의 성격이나 특성이 있다면 무엇들이 있는지 제시해 줄 수 있는가?

문화적 다양성에 대해 깊은 통찰을 가진 문화 가이드는 당신을 위한 좋은 길잡이 역할을 해줄 것이다. 가장 훌륭한 문화 가이드의 자질과 역할은 당신에게 질문하는 역량을 높여 줄 수 있는 사람이다. 상호문화적 상황에서 자신과 상대에게 질문하는 내용의 넓이와 깊이를 말이다.

# 문화지능 행동
## : 자기 자신이 되어라

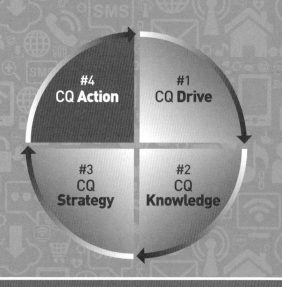

#4
CQ **Action**

#1
CQ **Drive**

#3
CQ
**Strategy**

#2
CQ
**Knowledge**

### CQ-행동: 다른 문화에의 적응을 위해서 어떤 행동의 변화가 필요할까?

다른 문화에서의 원활한 소통을 위해
언어적 행위와 비언어적 행위를 적절히 변화시킴

| 높은 CQ-행동을 가진 리더: | 문화지능의 다른 세 가지 능력인 동기와 지식과 전략을 행동으로 실천해 냄. 상황에 따라 적절하게 구사할 수 있는 폭넓은 행위의 레퍼토리를 지님. |
|---|---|

2년 전 사이먼은 시카고에 있는 한 기업의 CEO직을 그만두고 뉴잉글랜드에 있는 작은 사립대학의 총장으로 자리를 옮겼다. 이 대학은 양질의 교양수업으로 오랫동안 좋은 명성을 유지하고 있었는데 최근 10년 간 학교 사정이 점점 나빠지고 있었다. 학교의 조직 구조는 상황 대응에 유연하지 못했고 등록 학생 수도 줄어들고 있었다. 또한 학교 교직원이나 학생들의 인종적 다양성도 거의 없었다. 사이먼은 이런 학교 상황을 타개해 가기에 적합해 보였다. 사이먼은 교육을 늘 매우 가치 있는 중요한 부분으로 인식하고 있었을 뿐만 아니라 현재 대학이 직면한 문제 해결에도 많은 관심과 열정을 가지고 있었다. 그는 혁신가이자 카리스마 넘치는 리더일뿐만 아니라 중국계 미국인으로 다른 문화에 대한 호기심도 많았다. 내가 사이먼을 만난 건 대학교와 같은 교육기관의 리더십과 문화지능에 대한 연구에 그가 도움을 주기로 했기 때문이었다. 사이먼은 자신 스스로를 강박적인 성격을 지닌 리더라고 말한다. 헬스광에 옷은 언제나 다림질이 잘 되어있고 사무실은 깔끔하게 정돈되어 있어야 했다. 매력적인 웃음 역시 그의 이러한 성격과 어울리는 것 같다.

　사이먼은 대학에서의 처음 2년이 그가 해왔던 업무 중에서 가장 힘들었다고 한다. 정말로 그의 진실이 묻어 나온 말이었다. 대학으로 오기 전 경영을 맡은 회사는 파산 직전의 상황이었다. 그러나 그는 3년이 채 안 걸려

25년간의 회사 역사에서 가장 이윤이 높은 성과를 달성시켜 놓았다. 그 전의 회사에서도 경영을 맡아 어려움에 처한 상황을 정상 궤도에 올려놓은 바 있다. 그러나 이번에는 상황이 달라 보였다. 대학 경영을 맡은 지 24개월이 지났지만 별다른 성과가 없어 보였기 때문이다. 재무구조가 보다 투명해지고 학생 등록률이 약간 높아졌지만 그동안 보여 왔던 과거의 성과들과는 차이가 컸다.

사이먼은 대학 문화에 대한 상당한 이해를 가지고 있었다. 기업의 세계에서 적용하던 방식을 대학에 그대로 적용해서는 안 된다는 것도 알고 있었다. 지금 그가 살고 있는 뉴잉글랜드는 그가 겪어보았던 지역 중에서 인종적 다양성이 가장 낮은 곳이었지만 언제나 새로운 문화적 환경에 잘 적응해왔다. 그는 대학 경영에 대한 강한 동기를 가지고 있었고 비즈니스와 교육의 적절한 접목을 이끌어내고자 했다. 하지만 결과는 자신이 원하던 것과는 매우 달라 보였다.

사이먼을 만나기 위해 대학을 방문했을 때 그는 회의 중이었는데 나를 그 자리에 동석시켰다. 미래 비전에 대한 내용이었는데 그의 프레젠테이션을 듣고 있으니 몇 분도 채 안되어 매우 인상적이라는 느낌이 들었다. 상당히 실제적인 접근처럼 보였고 유머도 섞어가며 고무적인 대학 비전을 제시하고 있었다. 그런데 주변을 둘러보니 다른 참가자들은 멍하니 앉아 있는 것처럼 보였고 지루해 하는 것 같기도 했다. 내가 발표를 하는 입장이라면 이런 상황을 참을 수 없었을 텐데 사이먼은 아랑곳하지 않고 열정적으로 자신의 입장과 생각을 전달해 나갔다.

사이먼이 처한 상황에서 도전과제에 대한 강한 동기를 가지는 것은 매우 중요하다(CQ-동기). 또한 조직마다 차이가 나는 조직문화에 대한 지식도 가져야 한다. 물론 여기에는 조직의 문화 차이에서부터 국가나 인종으로 인한 문화 차이의 영역까지 그 범위가 다양하다(CQ-지식). 그 다음은 실제 벌어질 상황에 대한 준비와 일어나고 있는 상황에 대한 정확한 해석 능력이 필요하다(CQ-전략). 마지막으로 자신에게 자문해 봐야할 것이 있다. 내가 이 상황을 효과적으로 이끌어 갈 수 있을까? 조직 구성원들에게 공동의 목표를 향한 동기부여를 할 수 있을까? 이것들을 효과적으로 잘 실현해 낼 수 있을까? 개인의 리더십은 결국 어떤 성과를 만들어 내는가에 의해 판단된다.

문화지능의 마지막 단계는 바로 실천에 해당하는 CQ-행동이다. 누군가를 만나는지 알고 있는가? 그리고 효과적인 의사소통을 할 수 있는가? 정체성을 지키면서도 필요한 행동의 적응을 통해 상대를 존중하며 상황을 이끌어 갈 수 있는가? CQ-행동은 문화가 다른 사람들과의 만남에서 언어적/비언어적 행위의 변화를 적절하게 발휘할 수 있는 능력을 말한다. 자신을 유지하면서도 적절한 행위의 변화를 통해 상대와 최상의 커뮤니케이션을 하려는 것이다. 이 책의 앞부분에서 언급했던 것처럼 문화지능 모델이 가지는 두 가지 혁명적인 측면은 내적 관점의 변화와 외적 행위의 변화이다. 문화가 다를 때 단순히 해서는 안 되는 금기사항을 익히고 그것들을 지키려는 것 이상을 말한다. 억지로 인위적인 흉내만을 내려하면 부자연스럽고 기대에 못 미칠 수밖에 없다.[1] 행위의 변화는 내적 동기에 의해 그 진정성이 드러나게 된다.

아이러니하게도 행동을 적응할 수 있는 가장 효과적인 방법은 문화지능의 다른 세 개의 역량을 통해서이다. CQ-행동은 CQ-동기, CQ-지식, CQ-전략 이 세 가지가 합쳐진 결과라고도 볼 수 있다. 어떤 의미에서는 이 책 전체가 결국 CQ-행동을 위한 것일 수도 있다. 행동을 통해서 우리의 문화지능이 드러날 수밖에 없기 때문이다. 리더십을 위해 중요한 CQ-행동으로 다음 세 가지, 즉 의사표현의 태도, 언어적 행위, 비언어적 행위를 구분하여 제시하고자 한다.[2] 이 세 가지에 대한 이해와 실천은 글로벌 리더로서의 역량 향상에 분명히 기여할 것이다.

## 의사소통의 효과적인 적응

4장(CQ-지식)에서 효과적인 리더십을 위해 언어가 가지는 중요성에 대해 언급을 했었다. 문화적으로 다양한 사람들과 상황에서 비전을 제시하고, 신뢰를 쌓고, 방향을 제시하고, 갈등을 조정하는 등 서로 생각을 주고받는 데 핵심적인 역할을 하는 것이 바로 언어이다. 이때 그 방식은 당연히 분명하고 효과적이면서도 서로 존중하는 태도의 언어 전달이 필요하다. 의사소통은 내가 상대에게 일방적으로 전달하는 것만을 의미하지 않는다. 상대방이 나의 말을 얼마나 이해하는가도 중요하기 때문이다.

### 어떻게 CQ-행동을 향상시킬 수 있는가

1. 의사소통의 효과적인 적응
2. 문화에 따른 리더십의 변화
3. 어느 정도까지 적응해야 하는가

**핵심 질문:** 이문화 간 프로젝트를 할 때 어떤 행동의 변화와 적응이 필요한가?

사이먼의 의사전달 방식이 내게는 명료하고 설득력 있어 보였다. 그러나 그가 경영하고 있는 학교의 동료나 구성원들에게는 그렇게 보이지 않는 것 같았다. 내가 그들 몇몇과 인터뷰를 해본 결과로도 그 사실을 알 수 있었다. 사이먼의 리더십에 대해 물어보았을 때 많은 답변들이 학교를 비즈니스로 대하려는 외부인과 같다는 것이었다. 몇몇 교수들은 그가 계속해서 사용하는 용어에 대해서도 불편해 했는데, 가령 기업가 정신이나 자본화와 같은 단어들이었다. 이것은 그들에게 사이먼이 대학이라는 조직과 문화를 잘 이해하고 있지 못하는 것처럼 보였을 것이다. 그리고 그가 이전에 기업이라는 조직을 이끌어 가며 겪었던 경험들에 대해 종종 언급하는 것도 적절해 보이지 않을 때가 있다고 한다.[3] 또 하나 인터뷰에서 들었던 의견 중에 사이먼의 열정에 대한 진정성이 의심 간다는 언급도 있었다. 직원 대부분은 뉴잉글랜드 지역 출신의 사람들인데 사이먼이 자신들의 지역에 들어와 열정과 카리스마를 앞세워 마치 뭔가를 팔려고 하는 인상도 받는다고 했다. 그의 전달 방법 내지는 내용이 상당히 부자연스러웠다는 것을 알 수 있다. 한 여직원은 그에 대해 '중고차 판매원' 같다는 인상을 받기도 했다고 한다. 대학 문화와는 다소 동떨어질 수 있는 과장되거나 현란한 언변 때문이라는 것이다. 우리는 내부에서도 나타나는 하위문화에서의 문화적 차이를 종종 간과한다. 사이먼이 아시아계이기 때문에 문제가 있는 것처럼 보는 사람은 없었다. 대신에 너무 기업적 마인드를 가진 것과 미국 중서부 지역 출신이라는 차이를 언급하고 있었다.

CQ-행동은 다른 세 가지 문화지능 역량의 자연스러운 결과물로 드러나야 한다. 그럴 때 새로운 문화적 환경에서의 효과적인 의사소통 능력을 입증할 수 있다. 새로운 문화의 사람들과 어떻게 효과적인 소통을 할 수 있을지 계속해서 다시 배우고자 하는 동기와 에너지(CQ-동기), 새로이 마주해야할 곳이 어떤 문화 시스템과 가치를 가지는지에 대한 광범위한 이해(CQ-지식), 그리고 계획하기, 인지하기, 점검하기라는 상호문화 간 전략적 접근(CQ-전략)이 CQ-행동으로 자연스럽게 이어져야 하는 것이다. 이제부터는 다른 문화의 사람들과 소통을 하게 될 때 주의해야 할 세 가지 의사소통 행위, 곧 언어적 행위, 전달 방식과 태도, 비언어적 행위에 대해서 살펴보겠다.[4]

## 언어적 행위

어느 문화에서는 비전과 전망을 제시하는 말이 다른 문화에서는 의심과 불신을 야기할 수도 있다. 사이먼의 똑같은 프레젠테이션을 가지고도 듣는 사람에 따라 받아들이는 입장이 차이가 난다. 나는 그가 제시하는 내용에 큰 영감을 받았지만, 정작 그와 함께 일을 하고 있는 대학 관계자들은 그러질 못했다. 문화적으로 차이가 나는 상황에서 사용하는 언어에 대해 다음과 같이 여러 각도에서 생각을 해보려고 한다: 대화의 주제, 요청, 사과, 칭찬

### 대화의 주제

문화적으로 다른 상황에서 행동에 대한 적절한 적응으로는 대화를 할 때 어떤 주제가 좋은가를 익히는 것도 포함된다. 업무와 관련해서 적용 가능하지만 비공식적인 사적인 자리에서 보다 분명한 상황을 마주하게 된다. 앞에서 다른 문화적 배경의 사람들과 저녁식사를 하거나 함께 사적인 자리를 가질 때가 업무로 만나서 이야기를 나누는 것보다 더 힘들 수 있다

고 했다. 그러나 이런 사적인 자리가 더 중요할 때가 많다.

가끔 다른 문화의 사람들이 사적으로 내게 물어보는 것들 중에는 수입이 얼마나 되는지, 살고 있는 집의 가격은 얼마인지와 같은 것들이 있다. 그런데 나의 문화권에서는 이런 질문들은 아무리 가까운 사이라도 하면 껄끄러운 것들이다. 나의 동료들 몇 명은 매우 "뚱뚱하다"라는 말을 대놓고 들어본 적이 있다고 한다. 그런데 이 말은 내가 어린 딸들에게 절대로 상대에게 그렇게 표현해서는 안 된다고 가르치는 것 중 하나이기도 한다. 하지만 어떤 문화에서는 이런 직설적인 표현들이 전혀 문제가 되지 않는다고 한다. 많은 아프리카 국가들 중에는 뚱뚱하다는 표현이 칭찬을 의미한다고까지 한다. 성공과 부를 상징하기 때문이라는 것이다. 한번은 내가 매우 예의 없는 사람처럼 되어버린 경우가 있었다. 아직 결혼하지 않은 상대에게 과거의 연애경험을 물어 본적이 있었는데 그것이 문제가 되었던 것이다. 단지 상대에 대해 조금 더 알고자 하는 순수한 마음이었는데 그들의 문화에서는 해서는 안 되는 질문이었던 것이다.

다른 예들도 많이 있다. 가령 종교나 정치와 같은 주제는 미국에서는 사적 대화로서 자주 나누지 않는 내용들이다. 물론 공식적으로 그러한 주제에 대한 토론이 있다면 예외이지만 말이다. 하지만 독일에서는 그러한 주제에 대한 열띤 토론이 오히려 익숙해 보인다. 독일 사람들은 많은 경우 그와 같은 주제의 대화나 토론을 통해 상대를 알아간다고 한다. 이와는 다르게 중국에서는 서로를 처음 알아가는 방법으로 가족에 대한 이야기를 많이 한다고 한다. 그렇게 가까워진 후에야 정치나 사회적 주제에 대해서도 이야기를 나눈다. 미국이나 일본에서는 저녁 식사 자리에서 직장 이야기를 하는 경우가 많으나, 영국에서는 하루의 업무가 끝나면 직장 동료들과도 업무 이야기는 삼가는 편이다. 이렇듯 대화를 나눌 때도 그 주제들이 문화마다 차이가 나는 경우가 많기 때문에 대화 주제에 대한 전략적인 접근이 필요하다.[5]

다른 문화의 사람과 공유할 수 있는 주제로 매우 어려운 것 중에 하나가 바로 유머이다. 나는 최근에 비행기에서 중국계 미국인 사업가와 옆자리에 앉은 적이 있다. 그녀는 정기적으로 미국과 중국을 오가며 세미나 등과 같은 행사의 연사들을 통역해 주고 있었다. 그런데 중국에서 연설을 맡은 많은 미국인이나 영국인들이 농담이나 유머로 이야기를 시작하는 경우가 많다는 것이다. 여기서 문제는 미국인들의 유머를 중국인들에게 이해시키기가 쉽지 않거나 불가능할 때조차 있다고 한다. 그래서 통역을 하면서 중국의 청중들에게 연사가 지금 유머를 하고 있으니 끝나게 되면 예의 있게 많은 박수를 보내달라고 없는 말을 지어 전달한다고까지 한다. 그만큼 유머는 같은 문화의 사람들만이 공유할 수 있는, 그래서 다른 문화의 사람들과는 공유하기가 매우 어려운 내용이다.

문화지능이 높은 리더는 상대방과 대화할 수 있는 주제의 선별력이 뛰어나다. 특히 비공식적인 사적인 자리에서의 레퍼토리에 대한 준비가 다양하다. 가벼운 대화를 효과적으로 활용할 수 있으며 그 주제 역시 문화적 상황에 맞게 구분지어 대응할 수 있다.

### 요청

저명한 언어학자인 헬렌 스펜서(Helen Spencer-Oatey) 교수는 문화가 다른 사람들 사이에서 어떤 요청이나 요구를 할 때 차이가 나타난다고 한다. 직설적이고 직접적인 화법보다는 간접적이고 우회적인 화법이 일반적인 중국과 같은 나라에서는 요구나 요청을 할 경우 제안하는 식으로 말하거나 우회적인 화법을 사용할 가능성이 높다. 그러나 미국이나 이스라엘과 같은 나라에서는 직접적인 요구나 명령의 형태가 더욱 빈번하게 사용된다. 가령 회사에서 부하 직원에게 예산계획서를 작성하라는 요구를 한다고 가정할 때 위와 같은 매우 상반된 형태의 요청 방식을 살펴보자.

"예산계획서를 작성해라."
"당신이 예산계획서를 작성했으면 좋겠다."
"예산계획서를 작성하면 어떻겠는가?"
"예산계획서를 작성해볼 수 있겠는가?"
"예산계획서를 작성해 본다면 많은 도움이 될 것 같다."[6]

리더들은 이렇게 문화마다 서로 다른 요청 방식들을 인지하고 상황에 가장 적절한 형태를 선택할 수 있어야 한다. 그런데 주의할 것은 이것이 권력거리의 차이와도 깊이 연관되어 있다는 점이다. 간접적인 화법이 일반화된 사회라도 서로 간의 권력거리가 크게 되면 직접적인 화법을 사용한다는 것이다. 중국 회사의 사장이 비서에게 예산계획서 작성을 요청할 때 직접적인 화법으로 할 수 있다는 것이다. 하지만 대체적으로 부하직원은 상사의 간접적인 요청 화법에 익숙해 있다. 동료들끼리 부탁을 하는 경우라면 말할 것도 없이 간접적인 형태의 화법이 자연스러울 것이다. 따라서 당신은 조직 내 상하구조의 관계에서 화법을 적절히 선택해 쓸 수 있는 기술을 익힐 필요가 있다.

프랑스에서 직장을 다니고 있는 미국인 수잔나는 파리에서 쇼핑할 때

도움을 청하는 방식의 중요성을 깨달았다. 수잔나의 프랑스어는 유창하다. 하지만 이 사실이 의사소통을 하는 데 있어서 느끼는 장애를 줄여주지는 못한다. 과거에 그녀가 프랑스에 잠시 머물렀을 때에는 프랑스인들이 미국인을 좋아하지 않는다는 생각을 극복하기 힘들었다. 그녀가 상점 주인에게 "립스틱은 어디에 있나요?"와 같이 뭔가를 물어볼 때마다 그들의 반응은 퉁명스러웠기 때문이다. 하루는 프랑스 친구가 제안하기를 상점에 들어가 어떤 요청을 할 때 말하는 방식을 바꾸어 보라고 했다. "문제가 좀 있는데 도와주실 수 있나요?"라고 묻고 상대가 "네"라고 대답하면, 그때 립스틱 찾는 것을 도와달라고 요청해보라는 것이다. 수잔나는 그렇게 해 보았고, 믿을 수 없을 만큼 태도가 변한 프랑스인들의 모습을 경험했다. 이제 그녀는 이런 식으로 도움이 필요한 경우에 무언가를 당연히 요구하는 사람의 자세가 아니라 자신을 낮추는 태도로 겸손하게 상대방을 대한다. 그녀는 이와 같은 변화를 동료나 부하 직원에게도 그대로 적용해 보았다. 그리고 이러한 작은 태도의 변화가 그녀가 원하는 것을 훨씬 수월하게 얻을 수 있도록 도와주었다.[7]

여행을 하고 있다면 그 나라의 언어로 다음과 같이 말하는 법을 배워 보라. "죄송합니다. 저는 당신의 언어를 모릅니다. 혹시 영어를 하실 수 있나요?" 당신이 어떤 도움을 상대에게 당연하듯이 요구하는 자세가 아니라 보다 겸손한 자세가 필요하기 때문이다. 다음 표현을 한번 들어 보자. "여기 누구 영어 할 줄 아는 사람 있나요?" 어떻게 들리는가? 여러분이 태국에 있다고 가정한다면 왜 그들이 영어를 해야 한다고 생각하는가? 당신은 그 나라의 손님일 뿐이다. 무시하고 놓칠 수 있는 이런 사소한 노력으로 인해 당신은 필요한 도움을 쉽게 얻을 수도 있고 아닐 수도 있다.

## 사과

다른 의사소통의 과제는 언제 그리고 어떻게 사과하는지에 대한 방식을 아는 것이다. 대부분의 문화에서 상대방의 공격적인 언행이나 태도는 마땅히 사과가 필요하다고 동의할 것이다. 그런데 문제는 무엇이 사과를 해야 할 상황인가 아닌가에 대한 해석의 차이가 존재한다는 것이다.

내가 캐나다 가정에서 자랐기 때문에 "sorry"라는 말은 일상에서 너무나도 자주 표현되는 익숙한 말이었다. 서로 항상 썼던 표현이기에 내 입에서도 무심코 튀어 나왔다. 브라질 같은 나라를 방문했을 때 길에서 살짝 스쳐만 가도 나는 "sorry"란 말을 썼고, 그때마다 상대는 나를 쳐다보며 도대체 뭐가 미안하다는 말인지 의아한 눈으로 쳐다보았다. 나의 문화에서는 개인의 사적 공간을 침해하는 것은 하나의 위협으로 간주된다. 그러나 브라질에서는 많은 사람들이 가까운 거리에서 서로 사적 공간을 공유하며 사는 것을 삶의 일부로 받아들인다. 다른 문화의 동료에게 언제 그리고 어떻게 사과를 해야 하는지 그 방법을 배우는 것은 매우 중요하다. 복합 시간 문화의 사람은 약속 시간보다 한 시간 정도 늦는 것을 대수롭지 않게 생각할 수도 있다. 그러나 단일 시간 문화의 사람에게는 이와 같은 행동은 사과를 요구할 정도의 무례한 행동으로 여겨진다. 자신의 소중한 시간이 허비된 점과 상대방에 대해 존중하는 마음이 없다는 것이 큰 이유일 것이다. 다른 한편 복합 시간 문화의 사람에게는 단일 시간 문화의 사람이 대화를 하는 도중 다른 약속으로 인해 갑자기 미팅을 중단한다면 사과를 요구할 정도로 언짢아 할 수 있다. 다른 예로 상하관계가 중요한 문화에서는 상급자는 하급자에게 공손한 자세를 기대할 것이다. 그러나 그렇지 않은 문화의 사람에게는 이러한 모습이 낯설 수 있다. 물론 이때 이러한 태도를 흉내 낼 필요는 없다. 이러한 행동의 차이를 이해하고 있는 현명함이 중요하지 똑같이 따라해야하는 것은 아니기 때문이다.

한국의 광고업체 중에는 이메일을 활용해 광고를 하는 곳이 있다. 그런데 광고 문구를 보면 "당신에게 스팸 메일을 보내서 미안합니다"라고 시작을 한다. 스팸 메일에 대한 양해를 구하는 것은 한국의 문화에서는 어떤 신뢰를 줄 수 있을지 몰라도 미국에서는 오히려 반대의 효과가 나타난다. 자주 대하거나 거래가 많은 문화의 사람들에 대해서는 언제 어떻게 사과를 하는 것이 일반적인지 배울 필요가 있다.

2001년에 남중국해에서 미국 정찰기가 중국의 전투기와 충돌한 사건이 있었다. 중국은 미국에게 공식적인 사과를 요청했고 이로 인해 중국과 미국의 외교적 마찰은 한동안 계속되었다. 중국외교부는 모든 것이 미국정부의 책임이라고 주장했다. 그러나 미국 콜린 파워 국무장관은 중국 전투기가 과도하게 공격적으로 비행을 해 벌이진 일이라며 사과를 거부했다.

그의 거절은 사과에 대한 미국 문화의 일반적인 입장과도 연관된다. 사과는 과오를 범한 사람이 분명히 판명 났을 때 하는 것이라고 보는 견해이다. 그때 책임을 인정하고 받아들이겠다는 의미이다. 그러나 중국에서 사과란 더 큰 그림에서 이해될 때가 많다. 전체의 조화를 위해 필요하다면 인정하는 것이다. 누구의 잘못이 조목조목 명확히 밝혀져야만 한다는 의미보다는 벌어진 안타까운 사건에 기꺼이 책임을 통감하겠다는 측면이 강하다. 중국인들이 그렇게 화가 난 이유는 중국 영공에서 벌어진 미국 전투기와의 사고 때문이라기보다는 사고에 대한 미국 정부의 사과 의지가 보이질 않았기 때문이다.[8] 우리는 문화 간 가치 차이에 대한 내용들을 보다 깊게 이해하고 그 지식을 CQ-전략과 연계해 서로 다른 문화끼리 사과를 주고받는 방법을 터득하고 노력할 수 있다.

## 칭찬

서로 칭찬을 주고받는 것도 문화지능에서 요구되는 의사소통 기술 중 하나이다. 칭찬을 받았다고 할 때, 그것을 인정해야 할까 아니면 자화자찬처럼 보일 수 있으니 거부해야 할까? 당신이 동료나 부하직원을 칭찬하고자 한다면 어떤 방법이 가장 좋을까? 모두가 보는 앞에서 칭찬을 해주어야 할까 아니면 사적으로 단둘이 있을 때 해야 할까, 그것도 아니면 하지 않는 편이 나을까? 많은 서양 문화에서는 칭찬을 받을 때는 그냥 간단히 인정하는 것이 좋은 방법이다. 그러나 동양 문화에서는 그 반대가 일반적이다. 일본이나 중국에서는 칭찬을 받으면 거부나 부인을 하는 것이 적당한 방법으로 간주된다. 물론 모두가 그런 것은 아니다. 개인의 성향이나 가정교육에 따라 다를 수도 있다. 따라서 인지하고 계획하고 점검하기(CQ-전략)의 방법을 통해 상황을 주의 깊게 관찰하고 적절히 대응하는 것이 필요하다.

리더라면 부하직원을 격려하고 칭찬하면서 그들의 업무역량을 북돋우고자 할 것이다. 그러나 그 정도가 너무 지나치게 되면 상대방이 적정선 이상의 친밀감이나 관계에 대한 부담감을 가질 수 있고 이로 인한 여러 가지 부작용들이 생길 수도 있다. 개인주의가 강한 문화에서 온 리더가 집합주의가 강한 문화의 직원들 앞에서 한 사람을 일으켜 세워 공개적인 칭찬과 지지를 아끼지 않았다면 당사자가 매우 당황하거나 부끄러워 어쩔 줄을 몰라 했을 수 있다. 반대의 경우도 마찬가지이다. 집합주의가 강한 문화에서 온 리더가 개인주의가 강한 문화의 직원들 앞에서 실적이 매우 뛰어난 직원에 대해 칭찬을 거의 안한다고 한다면 사기를 겪는 일이 될 것이다.

리더라고 해서 모든 문화에 맞는 칭찬 방법과 규칙들을 알고 있을 수는 없다. 하지만 적절한 칭찬 방법에 대한 조언을 듣고 그 내용을 이해하고 실천해가야 한다. 리더들에게 있어 다른 문화에 대한 존중과 성급한 판단을 유보하는 자세는 직원들의 성과를 격려하고 칭찬하는 데 필요한 소통의 기본 자질이다.

효과적인 리더십은 언어의 교환을 통해 이루어진다. 다른 언어를 사용하는 업무 현장은 많은 과제를 안고 있을 수밖에 없다. 새로운 언어를 직접 배워 의사를 전달하든 통역을 통해 전달하든 위와 같은 도전 과제는 피할 수 없다.

## 전달 방식과 태도

언어의 선택도 중요하지만 그 언어를 전달하는 방식이나 태도 역시도 중요하다. 적절한 언어를 선택했다고 해도 그 전달하는 과정에서 잘못된 오해가 생길 수 있기 때문이다. 문화지능이 높은 리더는 상대방과의 소통에서 문서로 전달을 하거나 전화를 하거나 아니면 직접 대면을 할 때 각기 다른 의사소통의 방법과 기술을 활용한다. 문화적 배경이 다른 상대에 맞추어 감정 표현의 정도, 일의 속도와 같은 시간문제, 스타일과 방법 등을 적절하게 조절하기 위해서이다. 의사소통의 전달 방식과 태도는 주의 깊게 선택된 언어 그 자체만큼이나 중요하다. 영어가 모국어인 많은 사람들이 그렇지 않은 사람들과 대화를 할 때 상대를 고려하지 않고 말하는 경우가 상당히 많다. 내 갈 길만을 가겠다는 일방적인 방식처럼 말이다. 뉴욕에서 자란 나는 말을 빠르게 하고, 요지를 정확하게 전달하려 하며, 열정이 표현에서 많이 드러난다. 그래서 사람들과 말을 할 때는 말의 속도를 줄이려 애를 쓰는데, 특히 상대방이 영어를 모국어로 쓰지 않는 경우라면 더더욱 그렇다. 영어를 모국어로 쓰지 않는 사람들과 의사소통을 할 때 필요한 몇 가지 유의 사항들은 다음과 같다:

- 천천히 절대 천천히 말하기
- 명료하고 분명한 어휘를 사용해 차근차근 말하기
- 비격식적인 일상 속어들은 피하기
- 중요한 부분은 다른 표현을 사용해 반복해주기
- 너무 긴 문장은 피하기
- 시각적인 도구를 활용하기(사진, 표, 그래프 등)
- 이론과 사례를 적절히 섞어서 설명하기
- 잘 요약된 유인물을 제공하기
- 좀 더 자주 끊어서 말하기

이와 같은 방법들은 소규모 그룹이나 일대일로 대화를 할 때도 적용할 수 있다. 자신이 말하려고 하는 바가 자연스럽고 진정성 있게 잘 전달될 수 있는 방법들을 찾아야 한다. 그리고 상대가 전혀 다른 문화권의 사람이라면 자신의 의사전달 스타일을 필요에 따라 적절히 바꿀 필요도 있다. 사이먼은 이러한 측면에서 뉴잉글랜드 지역의 대학 관계자들과의 의사소통을 위해 다시금 그 방법을 숙고해볼 필요가 있다. 우리는 전달하는 방법의 적절한 변화도 필요하지만 동시에 잘 이해하고 있는지도 체크해 보아야 한다. 단순히 "잘 이해하고 있나요?"라고 물어보는 것만으로는 충분하지 않다. 상대방이 나의 말을 잘 이해할 수 있는 다양한 방법들을 연구하고 개발해야 한다. 그리고 그 상대가 전혀 다른 문화권의 사람들이라면 전문가들의 자문과 같은 여러 방법들을 통해 문화 간 소통 능력을 향상시켜야 한다.

## 비언어적 행위

비록 문자 그대로의 의미가 중요하지만 비언어적 행위가 언어를 전달하는 과정 중에 가미되면서 감지되는 뉘앙스가 달라진다. 그리고 그러한 비언어적 행위가 언어적 행위보다 의사소통에서 훨씬 더 중요할 때가 많다. 거리, 접촉, 자세와 태도, 제스처, 얼굴 표정, 눈맞추기 같은 사례를 가지고 문화마다 차이가 나는 중요한 비언어적 행위를 살펴보겠다.

### 거리

우리 대부분은 누군가에 의해 개인적 공간이 침해당했다고 느낄 때 불편함을 느끼게 된다. 다른 사람과 대화를 나눌 때도 이런 사적 공간의 침해를 느낄 수 있는데 이때 문화마다 나타나는 적절한 거리에도 차이가 있다. 대부분의 앵글로 클러스터에서는 대화 시 유지되는 상대방과의 거리가 평균 50센티미터 정도라고 한다. 라틴 클러스터에서는 조금 더 가까운 35센티미터이고 아랍 클러스터에서는 25센티미터 정도라고 한다. 아랍인들이 앵글로 문화권에서 자신들의 방식대로 거리를 유지하면 상대방은 매우 거슬린다거나 심지어 공격적이라는 인상까지 받을 수 있다. 그리고 이와 반대되는 상황이 되면 아랍인은 앵글로 문화권의 사람에 대해 차갑거나 냉랭한 느낌을 받기 쉽다.[9] 직원들이 모여 교육을 이수하는 자리에서도 의자를 배치하는 간격을 당연히 문화마다 다르게 고려할 필요가 있다. 사무실 공간을 꾸미는 경우에도 마찬가지이다. 상사가 직원들을 대할 때도 문화마다 그 거리의 차이를 인지하고 있어야 한다. 결국 사회적 거리의 차이와 그에 따른 적절한 변화를 줄 수 있는 준비가 필요하다.[10]

## 접촉

서구 문화에서 보편적이던 악수가 이제는 세계 어디서나 공적인 업무나 미팅의 자리에서 통상적인 인사형태가 되었다. 그러나 악수의 세기나 손을 잡고 있는 시간, 누가 먼저 청해야 하는지와 같은 세부적인 내용이 문화마다 다를 수 있다. 많은 경우 함께 일어서서 악수를 하지 않으면 예의 없게 보일 수 있다. 특히 상대의 지위나 위치가 더 높은 사람이라면 더더욱 그렇다. 다른 사람의 등이나 어깨에 손을 올리는 행위도 모든 곳에서 허락되는 것은 아니다. 신체적인 접촉을 할 때는 상대의 지위나 성별, 나이와 같은 것들을 고려하지 않으면 안 된다. 예를 들어, 권력거리가 높은 많은 지역에서는 악수를 할 때 서로의 지위고하에 따른 세심한 주의를 요한다. 상사와 악수를 하는 부하 직원의 경우 왼손을 악수하는 팔의 중간에 두기도 한다. 아프리카의 많은 지역에서는 유럽이나 미국보다 악수를 더 부드럽게 하는데 반해 시간은 더 오래한다. 문화마다 다른 이러한 차이들을 구분하고 적절히 대응하는 것은 리더에게 있어 중요하다. 다른 문화의 사람들을 만나게 되면 이러한 차이들을 유심히 살피고 기억해 두는 것이 좋다. 또 하나 일반적으로 동의하고 있는 내용은 북미나 북유럽, 아시아에서는 신체적 접촉이 상대적으로 적은편이라는 것이다. 반대로 라틴아메리카나 남동유럽, 중동에서는 더 많다고 한다. 물론 같은 문화 안에서도 이러한 것들이 개인마다 차이가 난다는 것을 잊어버리면 안 된다.

## 자세와 태도

성문화(成文化)되지 않은, 심지어는 무의식적인 문화적 규범들이 있다. 예를 들어 개인이 앉거나 서고, 고개 숙여 인사하는 등의 행위가 일반적인 지역이 있다. 어떤 문화권에서는 성별이나 나이 혹은 지위에 따라 몸을 통한 제스처가 분명하게 차이를 보인다. 특히 태국이나 일본, 한국에서는 고개를 숙여서 인사를 하는 것이 매우 중요한 비언어적 행위이다. 이와 같은 인사법에 관한 성문화되지 않은 규범들은 외부인이 습득하기에 매우 어렵고 복잡하다. 문화지능이 높은 리더는 이와 같은 상황에 당황하지 않고 어떠한 자세로 대응해야 하는지 잘 알고 있다. 우리도 그에 맞추어 행동을 변화시켜 보는 것이 필요하다.

## 제스처

사람들은 말을 하면서 자주 제스처를 사용한다. 언어를 이해하지 못하면 특히 어려운 부분이 제스처이기도 한다. 제스처는 또한 비언어적 행위 가운데 가장 개인적인 특성을 반영한 것이기도 하다. 이 때문에 많은 문화적 규범들 가운데에서도 제스처는 그것이 문화적인 것인지 아니면 지극히 개인적인 것인지를 구분해야 한다. 그리고 이와 같은 구분을 위해 CQ-전략을 최대한 활용할 필요가 있다. 눈앞에 보이는 상황을 잘 주시해 보자. 만약 어떤 사람이 말을 하면서 자주 쓰는 제스처가 있다고 할 때 그 사람만이 즐겨 쓰는 개인적인 것인지 아니면 그 사람이 속한 문화의 대다수가 쓰는 것인지를 구분해 보자. 같은 문화의 사람이 그와 같은 제스처를 자주 쓰는지를 보면 알 수 있다. 나는 국제 회의장에서 발표를 할 때 바지 주머니에 손을 무심코 넣은 적이 있었다. 그런데 이와 같은 행동은 어떤 문화권에서는 너무 격식이 없어 보이거나 심지어 무례하게 보이기까지 한다. 다른 문화에서 어떤 한 사람이 쓰고 있는 제스처를 보고 그것을 따라하려고 하기 전에 다시금 주의 깊게 살펴보고 점검해 보자.

### 얼굴 표정

얼굴 표정만큼 오해의 소지가 많은 것도 없다. 경제적으로 매우 가난하고 어려운 사람들이 자신들을 웃으며 대해준다고 그들이 삶에 매우 만족하고 행복해 한다고 말하는 미국인 자원봉사자들의 사례를 보면 잘 알 수 있다. 여러 번 들어본 다른 예가 있는데 서양인들이 인도의 가족사진을 보면서 왜 모두들 심각한 표정으로 웃고 있지 않느냐는 말이었다. 이것은 5장에서 다루었던 중립주의와 표현주의라는 문화적 차이를 반영하는 것으로 얼굴 표정 역시 같은 맥락에서 이해할 수 있다. 얼굴 표정에 나타난 의미를 정확히 이해하고 해석하기란 정말로 어려운 일이다. 다른 문화권에서 얼굴 표정으로 상황을 판단하기 위해서는 매우 신중해야 한다. 문화적 차이로 인해 표현의 방법과 정도가 차이가 난다면 약간만이라도 상대의 문화에 한번 맞추어 보면 어떨까.

### 눈맞추기

마지막으로 중요한 비언어적 행위는 눈맞추기(eye contact)이다. 이를 언제 그리고 얼마나 오랫동안 하는 것이 적당한가는 문화마다 차이가 있다. 성별, 나이, 지위 등에 따라 어떠한 방식으로 눈을 맞추는 것이 가장 좋은 지가 성문화 되어 있지 않기 때문에 상당히 복잡하고 어려울 수 있다. 한 번은 신입 사원을 선발하려는 여성 매니저와 이야기를 나눈 적이 있다. 그녀는 지원자들 중 한 명이 매우 적합한 인재로 판단되어 고용을 하려는데 한 가지 걸리는 게 있다고 했다. 자신의 시선을 자꾸 피하려는 것 같아 왠지 신뢰감이 떨어진다는 것이었다. 나는 그녀에게 즉시 그 지원자의 문화적 배경을 물어보았더니 사우디아라비아 출신이라고 했다. 아랍사람들은 대개 길게 눈을 맞추는 데 익숙한 사람들이지만 유독 많은 사우디아라비아 남성들은 여성들과 눈을 맞추는 것을 피하는 경향이 많다. 대부분의 아랍 사람들과 라틴계 사람, 그리고 인도와 파키스탄 사람들은 길게 눈을 맞추지만, 아프리카나 동아시아에서는 그렇지 않다. 아프리카나 동아시아 사람들은 상대방이 지나치게 눈을 똑바로 쳐다볼 경우 화가 났거나 권위에 반항하는 것으로 보기 때문에 시선을 정면으로 맞추는 것은 피하는 편이다.[11]

많은 사람들이 요청하는 것 중에 하나가 전 세계의 모든 금기사항과 같은 리스트를 만들어 보면 어떻겠느냐는 것이다. 그런데 이와 같은 정보에 너무 의지를 하게 되면 매우 위험할 수도 있다. 성별, 나이, 지위와 같은 차이로 인해 일반화하기 어려운 점과 같은 문화권에서도 사람들마다 선호도에서 차이를 보이기 때문이다. 상당히 주관적일 수도 있는 요소들이 자칫 지나친 고정관념을 만들어 유연함을 잃게 할 수도 있다. 그러나 이러한 정보와 리스트들이 필요하기도 하다. 처음 다른 문화에 대해 배우기 시작할 때 유용하기 때문이다. 이에 관해 도움이 될 만한 책으로는 베스트셀러인 테리 모리슨과 웨인 코너웨이의 『세계 60개국 비즈니스 사전(Kiss,

Bow, or Shake Hands)』이 있다. 그러나 스테레오타입에 빠지지 않도록 주의해서 읽어야 한다. 다른 추천서로는 앤디 모린스키의『글로벌 스킬(Global Dexterity)』인데 문화지능적인 접근법으로 권해주고 싶은 책이다.

우리의 목표는 언어 구사와 전달 그리고 비언어적 행위에 있어 모든 문화적 상황에 완벽하고자 함이 아니다. 핵심은 문화적으로 다른 상대방의 행동을 정확히 관찰하고 그것을 반영하여 나의 행동을 얼마나 적절히 변화시킬 수 있는가하는 역량을 개발시키는 것이다.

## 문화에 따른 리더십의 변화

이 책에서 우리는 문화적 차이에 따라 어떻게 리더십을 적응해야 하는지 그 차이들을 살펴보고 있다. 문화지능이 높은 리더의 CQ-행동은 어떤 차이를 보일까? 전반적인 설명 대신에 협상력과 관련된 구체적인 사례를 들어서 그 내용을 한번 살펴보겠다. 협상은 우리의 일상에서 누구나 필요한 업무 역량 중 하나이다. 상대가 이사진이든 공무원이든 고객이든 그 대상은 매우 다양할 수 있다. 그리고 문화가 다른 지역에 가더라도 상황은 마찬가지 일 뿐만 아니라 효과적인 협상은 더 어려워 보일 것이다. 그러나 리더는 이해가 충돌하는 상황에서 타협하고 절충하는 작업을 통해 모두가 만족할 수 있는 결과를 이끌어야 한다.[12]

5장에서 다루었던 문화 마다 다른 가치 차이들은 협상의 자리에서 직접적인 영향을 미치는 부분이다. 『글로벌 협상가(The Global Negotiator)』의 저자 제스왈드 살라쿠제(Jeswald Salacuse)는 그의 연구를 토대로 10가지 질문

을 던진다. 문화가 다른 상황에서 말이다.[13]

## 1. 협상 목적의 차이: 계약 or 관계

어떤 문화에서는 서로 파트너가 되어 간다는 것은 관계가 쌓여간다는 의미를 지니고 있다. 그러나 다른 문화에서는 단지 계약에 대한 거래를 의미하기도 한다. 가능하면 이 두 가지 중에 빠른 선택을 하는 것이 좋다. 관계를 중시하는 문화의 협상가와 파트너가 되려고 하는 상황에서 낮은 가격의 계약서만을 관철시키려 협상 테이블에서 애를 쓴다면 그 거래는 쉽지 않을 수 있다. 반대로 계약 자체가 중요한 문화의 사람과의 협상에서 어떤 친밀한 관계를 쌓으려 애를 쓰고 있다면 뭔가 문제가 있어 보이거나 시간 낭비로 끝나기 쉽다.

## 2. 협상 태도: 협력적 or 적대적

협상 가이드 책을 보면 모두가 서로 윈-윈 하려고 한다는 전제가 많다. 그러나 어떤 문화와 조직에서는 내가 이기면 상대는 질 수밖에 없다고 전제 하기도 한다. 서로 윈-윈 하려는 협상가는 문제 해결에 있어 보다 협력적일 것이다. 그러나 상대는 질 수밖에 없다고 보는 협상가는 매우 적대적일 수 있다. 당신은 CQ-행동을 통해 상대에 따른 적절한 협상 능력을 발휘할 수 있을 것이다.

## 3. 협상 분위기: 격식 or 비격식

어떤 문화에서는 협상에 있어 매우 격식을 중시하는데 그러다보니 직함을 강조하고 사적인 이야기는 피하려고 한다. 예를 들어 한국인들은 미국인들에 비해 상당히 격식을 중시하는 협상 문화를 가졌다. 그러나 미국인들은 종종 협상을 시작할 때 상대의 이름을 부른다거나 간단한 사담을 주고받으면서 서로 편안한 분위기를 만든다. 다른 문화의 사람과 처음 갖는 협상 자리에서는 우선 격식을 갖춘 태도로 협상에 임하면서 진행 과정을 지켜보며 상황에 맞게 적응해가는 것이 더 쉽고 안전한 방법이 될 수 있다.

### 4. 의사소통: 직접적 or 간접적

많은 아시아의 유교권 문화에서는 간접적인 화법이 일반적이기 때문에 처음 미팅 자리에서 바로 거절하는 것과 같은 분명한 의사전달을 회피하기 쉽다. 이에 대해 직접적인 화법의 상대방은 무슨 일이 일어나고 있는지 정확하게 꿰뚫지 못할 수 있다. 문화마다 차이가 날 수 있는 간접적인 화법과 직접적인 화법에 대해 알지 못한다면 많은 오해가 만들어 질 수 있다. 간접적인 화법의 문화권 협상가에 대해 분명한 의사표현을 안한다고 하거나 동의하는 것처럼 보이나 알 수 없어 겉과 속이 다르게 보인다고 비난할 수 있다. 그러나 역으로 보면 직접적인 화법에 대해서도 매우 공격적이거나 지나치게 밀어붙여 무례해 보인다고 말할 수도 있다.

### 5. 시간에 대한 민감성: 높음 or 낮음

시간과 관련된 인식의 차이는 문화 간 협상에서 가장 갈등이 많은 부분이라고 할 수 있다. 많은 아시아나 라틴 문화에서는 서로 알아가는 충분한 시간을 가지지 않고서 어떤 중요한 사안에 합의하거나 계약을 맺는다는 것이 잘 납득이 가지 않을 수 있다. 이곳에서는 협상하는 상대와 시간을 가지고 서로 알아가는 과정이 필요하다고 본다. 그러한 이유로 함께 식사를 한다든지 술을 마신다든지 아니면 문화유적지를 방문하거나 골프와 같은 운동을 같이 하기도 한다. 이렇게 관계를 형성하는 과정은 매우 중요한데 서로에 대해 알아가고 이해하고자 성의를 다하는 모습 속에 신뢰를 쌓아갈 수 있다고 보기 때문이다. 이와는 대조적으로 많은 서유럽이나 북미의 문화에서는 가장 효율적으로 거래를 성사시키는 것이 중요하다. 그렇기 때문에 관계를 쌓기 위해 투자하는 시간은 개인에게 주어진 사적인 시간을 낭비하는 것이라고 여길 수도 있다. 맥도날드가 러시아의 모스크바에서 햄버거를 팔기까지 거의 10년이라는 길고 긴 협상의 기간이 걸렸다고 한다. 다른 문화와의 협상은 투자해야 하는 시간의 양과 관계의 설정이 다를 수 있다는 예상과 그에 맞는 접근법이 필요하다. 그리고 대개 다른 문화와의 협상에는 시간이 더 오래 걸린다고 한다.

### 6. 감정 표현: 높음 or 낮음

협상에 임할 때 감정 표현의 수위는 어느 정도까지 해야 할까? 5장에서 살펴보았듯이 라틴유럽과 같은 표현주의 문화에서는 협상 테이블에서도 자신들의 감정을 잘 드러낸다. 그에 비해 네덜란드나 일본과 같은 중립주의 문화에서는 자신들의 감정을 잘 드러내지 않는 편이다. 우선 처음에는 중립적인 자세로 시작을 하다가 상대방의 경향에 맞추어 가면 어떨까.

### 7. 계약서의 형태: 큰 틀 위주 or 세심한 디테일

문화 간 차이는 계약서를 작성하는 방식과 내용에도 영향을 미친다. 미국인들은 모든 상황을 예상하고 고려한 매우 세심한 계약서를 선호한다.

그래서 그 계약서를 가지고 일어날 수 있는 다양한 상황들에 대처할 수 있게 만든다. 그러나 중국을 비롯한 상당수의 나라에서는 전체적으로 큰 틀만을 제시한 계약서를 선호한다. 계약은 작성한 종이가 아니라 서로의 관계와 신뢰가 더 중요하다고 보기 때문이다. 이와 같은 문화권에서 사업을 하다가 어떤 문제가 발생하게 된다면 계약서를 가지고 따지기 전에 우선 상대방과의 협의를 통해 해결 방안을 모색하는 것이 좋을 것이다.

### 8. 협상 전개 방식: 상한가 vs 하한가

협상을 전개시키는 그 출발 방식에 있어 전체적인 원칙과 동의부터 끌어내는 방식이 하나있고, 반대로 세부적인 사안에서 시작하는 방식이 또 하나 있다. 살라쿠제는 조직문화나 개인의 선호도에 따라 다르게 나타날 수는 있지만 문화에 따른 협상 전개 방식의 차이를 위와 같이 구분지어 볼 수 있다고 했다. 좀 더 구체적으로 부연을 해보면 이렇다. 상한가를 제시하며 협상을 시작하는 방식과 하한가부터 시작하는 방식이다. 첫 번째 방식은 상대방이 제시된 모든 조건들의 수용의사가 있을 때 상한가를 제시하며 협상을 시작하는 방식이다. 반대는 하한가를 제시하면서 협상을 시작한다. 상대방이 추가적으로 받아들이는 조건들에 따라 가격이 오를 수 있다. CQ-행동을 협상에 적용시키는데 있어 이와 같은 방식의 차이를 아는 것 역시 도움이 될 것이다.[14]

### 9. 팀의 권력구조: 리더에게 집중 or 그룹 전체에 분산

효과적인 협상을 위해서는 상대 조직이 어떤 권력구조로 이루어 졌으며 누가 최종적인 결정권을 가지고 있는지 파악하는 것이 필요하다. 그런데 다른 문화와 협상을 하게 되면 이런 구조를 파악하는 것이 쉽지만은 않다. 많은 집합주의적 문화에서는 협상 테이블에 여러 사람들이 동행하는 경우가 많고 게다가 참석하지는 않았지만 최종 결정에 참여하는 또 다른 사람들이 있을 수 있다. 이와는 다르게 많은 개인주의적 문화에서는 한 두 명이 최종 결정권자이기 쉽다. 누가 결정을 하는 사람인지 안다는 속단은 피하는 게 좋다. CQ-지식과 CQ-전략을 활용해 이 사안을 해결해 보자.

## 10. 위험 감수: 높음 or 낮음

문화에 따라 조직이나 개인에게 보이는 불확실성 회피경향의 차이가 나타난다. 이스라엘이나 일본은 불확실성 회피경향이 매우 높은 나라들이다. 따라서 이들 나라의 조직에서는 그러한 성향으로 인해 보다 자세하고 분명한 내용과 절차를 선호한다. 반대로 불확실성 회피경향이 낮은 나라에서는 상대가 계속해서 그 다음은 그 다음은 하며 앞으로 전개될 시나리오를 물어온다면 당혹과 불신을 가질 수 있다.

당신이 협상가라면 상대 문화에 대한 스테레오타입을 경계해야 한다. 그것들은 처음 단계에서 추측을 위한 방법으로 활용될 수는 있다. 그러나 잘못하다가는 그러한 스테레오타입으로 인해 협상과정 전체가 문제될 수 있다. CQ-전략에서 인지하기를 최대한 활용해 빙산 아래의 보이지 않는 부분까지 파악할 수 있어야 한다. 상대방만의 또 다른 독특한 성격이나 특징을 잡아낼 수 있어야 하기 때문이다. 동시에 상대가 나를 어떻게 보고 있는지도 유의해야 할 필요가 있다. 상대방 역시 나의 문화에 대한 스테레오타입을 가지고 있거나, 이전에 겪은 경험으로 인한 편견이 있을 수도 있다.

일단 협상에 대한 계획이 섰다면 이제는 조금 느슨한 태도로 상황에 적응하려는 준비를 해야 한다. 당신은 중대한 사안들에 대한 양보를 원치 않을 것이다. 하지만 유연하지 못한 태도로 인해 협상에 실패하는 것도 원치 않을 것이다. 협상 과정에서 중요한 것은 CQ-전략을 활용해 보이지 않는 것을 보려는 주의와 노력이다. 나는 협상을 위해 현지 문화에 정통한 전문가들의 도움도 최대한 받고자 한다. 그들이 내가 보지 못하는 것들을 그러나 실제로 일어나고 있는 것들을 훨씬 잘 볼 수 있기 때문이다. 당신이 신뢰할 수 있는 현지 문화의 전문가를 찾아 도움을 받는다면 상대방의 전략은 물론 술책들까지 이해하게 될 것이다.

협상이라는 사례를 통해 어떻게 CQ-행동이 리더십 역량을 위해 필요한지 살펴보았다. 자신은 물론 조직의 이익을 포기하지 않으면서도 잘 이끌어 갈 수 있는 능력이 중요하다. 문화 간 협상을 위해서는 문화지능의 네 가지 역량이 모두 필요하다. 언제 어떻게 마주하게 될지 모르는 다양한 상황들을 훌륭하게 풀어나가기 위해서 지금부터 준비를 시작하면 어떨까.

## 어느 정도까지 적응해야 하는가

우리는 언제나 다른 사람의 문화에 적응해야만 할까? 만약 그렇다고 한다면 누가 누구에게 적응하는 것이 맞을까? 너무 지나칠 정도로 적응하려는 모습은 오히려 의구심과 불신을 만들 수도 있다. 그러나 정반대의 경우도 분명 문제가 될 수 있다. 언제 우리의 전략을 변경하고, 언제 변경하지 말아야 할까? 정말 먹기 힘든 음식이 앞에 놓여 있을 때 어떻게 해야만 할까? 그래도 먹어야 할까 아니면 거절해야 할까? 우리가 문화적 이해와 행위의 폭을 넓힐 수 있다면 그래서 다양한 레퍼토리를 활용할 수 있다면 보다 유연하고 적절한 대응을 해 나갈 수 있을 것이다.

언제 우리의 행동을 상대의 문화에 맞추어 바꾸는 것이 적당한지를 아는 것은 간단하지 않다. 단순히 다른 문화를 아는 것 이상이기 때문이다. CQ-지식과 CQ-전략을 활용해 상대가 어떤 행동을 할지 예측해가며 수정해가는 적응력을 발휘해 가며, 자신의 행위 변화의 수위 역시도 결정해 가야 하기 때문이다.

상황에 따라 전혀 행동의 변화를 가지지 않는 것이 최선의 방법일 때도 있다. 다른 문화의 행동을 따라한다는 것은 양날의 검과도 같다. 어느 정도 수준에서는 상대의 의사소통 스타일이나 패턴에 맞추는 것이 긍정적으로 보인다. 그러나 과도한 적응은 오히려 부정적인 인상을 줄 수도 있다. 너무 모든 것을 흉내 내려고 한다면 진정성이 없는 기만적인 행동으로 보일 수도 있다.[15] 자신의 문화를 모두 버리고 상대와 똑같이 하려고 들지 말자. 새로운 문화에서 생각 없이 모든 것을 받아들이려는 무비판적인 태도는 결코 문화지능적인 것이 아니다.

나는 가끔 어른들이 청소년들과 어떤 작업을 하거나 함께 일을 할 때 그들과 똑같이 따라하려는 것을 보곤 한다. 청소년들은 선생님이 자신들을 이해하고 존중해주려는 모습에 당연히 고마움을 가질 것이다. 그러나 이것이 청소년들과 똑같은 옷을 입고 똑같은 공연을 보러가는 것을 의미하지 않는다. 50대의 선생님이 교실에서 10대와 같은 스타일의 옷을 입고 수업하는 것처럼 어색한 것은 없을 것이다. 이와 마찬가지로 어느 문화에서 외부인이 자신들의 전통 의상을 입고 일상적 업무를 본다면 상당히 부자연스러워 보일 수가 있다. 새로운 문화의 지역에 갔을 때 여성들은 집에서 편하게 입는 옷보다는 좀 더 점잖은 의상을, 남성들은 다소 격식을 갖춘 의상을 입는 것이 우선은 무리가 없어 보일 것이다. 만약에 당신이 일본에서 열리는 컨퍼런스에 초대 되었을 때 점잖으면서도 다소 예의를 갖춘 의상을 입고 간다면 일본인들에게 좋은 인상을 주게 될 것이다. 그러나 그들이 당신에게 완벽한 일본식의 행동과 태도를 기대하지는 않는다. 당신이 일본인들의 행동 방식을 그대로 따라한다면 재미있어 보이거나 심하면 모욕적이거나 불쾌해 보일 수도 있다.

그렇다면 상대의 문화에 어디까지 적응을 해야 하는지 어떻게 판단을 할 수 있을까? 나의 경우는 두 가지 기본적인 물음을 가지고 그 수위를 조절하려 노력한다.

### 1. 엄격한(tight) 문화인가 느슨한(loose) 문화인가?

"엄격한 vs 느슨한"의 차이는 한 문화 안에서 사회적 규범이 얼마나 강하게 작동하는가를 의미한다. 엄격한 문화에서는 사람들이 어떻게 행동을 해야 하는지가 규정된 것처럼 분명해 보인다. 사우디아라비아나 일본과 같은 나라가 매우 엄격한 문화에 속하는데 어떤 행동이 적당한지 아닌지가 잘 드러나기 때문이다. 느슨한 문화의 전형적인 장소는 국제적인 도시를 들 수 있다. 다양한 이국적인 문화가 혼재하고 있는 상황을 조화롭게 흡수하기 위해 어떤 행위가 적당하다고 하는 규범이 덜 강하다. 태국이나 네덜란드와 같은 나라가 느슨한 문화에 속한다.[16]

당신이 사우디아라비아를 여행하는 여성이라면 아바야(abaya)를 착용해야할지 말지에 대한 고민을 할 필요가 없다. 법적으로 무조건 착용해야하기 때문이다. 엄격한 문화에서는 어떤 옷을 입고 어떤 행동을 해야 할지 그 기준이 분명하다. 일본 문화는 사우디 아라비아만큼 엄격하지 않을 수도 있지만 수용 가능한 행동 규약에서 벗어나면 느슨한 문화인 런던에 비해 도쿄에서는 큰 문제가 될 것이다.

## 2. 자신을 잃어버리면서까지 타협해야 하는가?

나는 다른 문화에 그저 맞추어 주기 위해 나 자신을 변화시켜 적응해야 한다고 보지 않는다. 아마 당신도 나와 같은 생각일 것이다. 가령 중국에서 비즈니스를 할 때 생길 수 있는 과도한 음주 문제에 대해 건강이나 종교적 신념에 반하는 상황을 적절히 조절해 가며 적응하는 사람들을 본다. 아니면 블룸버그와 같이 그 어떤 종류의 선물이나 저녁식사와 같은 접대를 받는 행위 자체를 금지하고 있는 기업도 있다. 물론 이와 같은 정책은 전 세계의 많은 지역에서 행하고 있는 상대에 대한 호의에 반하는 상황을 만들기도 한다.

문화지능은 상대방의 선호나 기대에 맞추어 단순히 따르는 행위가 아니다. 늘 자신에 대한 자각이 가장 깊은 곳에서 의식되고 있고, 그 내면의 나침반을 필요로 한다. 내가 보고 있는 상대의 행위를 단순히 그대로 흉내 내려는 것이 아니라, 다른 문화에 대한 인지와 사람들의 행동 패턴에 대한 이해, 그리고 상황 적응을 통해 이루어 내려는 목적에 입각한 자신의 자각이 우선이다.

상대의 문화에 대한 적응을 어디까지 해야 하는가의 문제는 위의 두 가지 기본적인 물음을 생각하면서 조절할 수 있다. 업무 시간이 끝난 후 잠재적 고객과의 저녁식사와 음주를 거절할 권리는 누구나 가지고 있다. 그러나 다른 문화에서는 일상적일 수 있는 것을 다른 방식으로 대응할 수 있는 방안들을 생각해 보는 것이 좋다. 나는 저녁식사에 초대받는 것을 거부하는 블룸버그의 기업 정책을 존중한다. 그러나 적어도 이와 같은 행위를 통해 꽌시를 더 굳건히 만들어 갈 수 있는 중국 문화에 대한 이해도 필요하다고 본다.

경험의 축적과 함께 향상된 문화지능이 언제 그리고 얼마만큼 상대의 문화에 적응할 필요가 있을지를 의식적인 노력 없이도 자연스럽게 대응해 갈 수 있다면 그것이 바로 우리의 목적 지점이다. 누구나 친숙한 자신의 문화권 내에서는 큰 의식적 노력 없이 생각하고 행동하는 방식을 자연스럽게 맞추어 갈 수 있는 것처럼 다른 문화권에서도 마찬가지의 수준까지 높이고자 한다. 시도와 실수의 연속일 것이다. 그러나 조금씩 시도해보고 무슨 일이 벌어지는지를 지켜보자. 다양한 많은 상황들 안에서 실험을 해보자. 다른 문화적 상황을 이해할 수 있는 믿을 수 있는 동료나 지인들에게 적응 내용과 방법에 대한 조언도 구해보자. 다른 사람들에게도 계속해서 물어보자.

행동은 애매하게 보일 수 있다. 같은 행동도 누가 어디서 누구와 하는가에 따라 매우 다양한 의미를 지닐 수 있기 때문이다. 네 개의 문화지능 역량을 통해 어떤 행동으로 어떻게 적응할지에 대한 보다 효과적인 방법들을 발전시킬 수 있을 것이다.

# 나가며

————————

　나의 두 딸은 성향이 너무나 다르다. 에밀리는 집에서 시간을 보내면서 책을 읽고 대화를 나누고 음식도 함께 먹는 것을 좋아한다. 그러나 그레이스는 밖에서의 활동을 더 좋아한다. 자전거를 타거나 호수에서 카약 타는 것을 매우 좋아한다. 커피도 밖에서 마시는 것을 더 즐기는 것 같다. 두 딸아이의 다른 성향 때문에 나의 사랑은 같지만 그 표현 방식은 차이가 난다. 나는 카멜레온은 아니지만 두 아이가 각자 좋아하는 방식에 맞추어 주려고 노력을 한다.

　우리는 일을 하며 만나는 사람들의 성향과 취향에 모두 맞추어 줄 수는 없다. 하지만 문화가 다른 사람들에 대한 차이를 이해하는 것은 상대에 대한 존중과 보다 효과적인 소통을 만들어 갈 수 있다. 이것이 나에게 문화 지능이 정말로 중요한 이유이기도 하다. 상대에 대한 정중한 태도와 존중의 마음은 글로벌 리더가 가져야 하는 가장 중요한 덕목이다. 이러한 생각과 태도에 바탕을 둔 행위의 적응일 때 나 스스로에게 변화를 허락하는 것이다.

# CQ-행동 연습

1. 당신이 당장 일을 해야 하는 새로운 문화권의 행동 규범과 금기 사항들을 학습해 보자. 언제 어떻게 명함을 교환하고, 선물을 주는 관례는 어떻고, 왼손의 사용에 대한 관례는 어떠한 지 등 세세한 행동 규범을 마스터하는 것은 가치 있는 일이다. 모든 행동 규범과 금기 사항 등을 마스터할 수는 없지만 가장 유용한 사항들에 대한 학습을 계속해서 축적해 갈 수 있다.

2. 지속적인 피드백을 구하자. 올바른 피드백과 조언이 담긴 격려는 CQ-행동의 향상을 위해 매우 중요하다. 다른 문화의 사람들과 일을 할 때 필요한 정직한 평가를 구할 수 있는 방법을 찾아내자. 긍정적이든 부정적이든 두 가지 피드백 모두가 더 유연하고 효과적인 CQ-행동의 향상에 도움을 줄 것이다.

3. 함께 할 수 있는 동료가 있다면 동행하는 것이 더 좋다. 해외에서의 업무를 위해 비즈니스 여행을 떠나야 할 때 가능하다면 동료와 함께 가자. 여러 가지 어려움들을 동반할 수밖에 없는 문화 간 협상과 협업의 과정을 단독으로 헤쳐 나가는 것보다 훨씬 더 효과적일 것이다.

4. 조직의 다양한 분야에서 새로운 인재를 고용할 때 지원자의 CQ-행동에 대해서도 평가를 해보자. 다양한 인력풀을 고용하는 것에 대한 중요성은 점점 강조되고 있다. 하지만 이것이 단순하게 다양한 문화의 사람들을 채용해야 한다는 의미는 아니다. 그것만으로는 충분하지 않기 때문이다. 문화지능에 대한 측면을 함께 평가해 보는 것이 필요하다. 또한 이것은 다른 문화의 사람들에게만 적용되는 것이 아니라 자국의 사람들을 채용할 때 역시 평가해 보아야 한다.

5. 다른 문화에 대한 부적절한 농담이나 폄하와 같은 직설적인 언행 등에 대해서는 무관용의 원칙을 지켜야 한다(인종적, 성적, 종교적 차이 등도 다른 문화에 포함된다). 당신의 조직이 추구하는 목적에 방해가 되지 않는다면 다른 문화의 의상이나 행동에 대해서도 유연성을 가지고 다양성을 고무시키면 어떨까.

PART III

# 문화지능
# 지렛대의 힘

# 문화지능 리더십에
# 투자하라

사이먼은 뉴잉글랜드에 있는 작은 사립대학의 총장으로 6개월을 더 근무하고는 더 이상 일이 자신과 맞지 않다고 생각해 그만두게 된다. 그가 학교에서 근무하면서 성장한 능력 중 하나는 상황에 대한 인지능력으로 어떤 일들이 벌어지고 있는지에 대한 정확한 파악이었다. 학교문화에 적응하기 위해 필요하면 자신의 행동을 변화시켰다. 하지만 자신에게 어느 정도 맞추어 주고자 했던 학교의 의지는 잘 몰랐던 것 같다.

그는 여러 가지 일들로 복잡했던 학교를 그만두고 지금은 다른 조직에서 새로운 리더로서의 역할을 이어가고 있다. 다양한 조직의 경영진과 간부들에게 코칭과 교육을 제공하는 컨설팅 회사의 고위직으로 자리를 옮겼다. 이 회사는 미국 내에서 상당한 성공을 거둔 후 유럽과 아시아로 사업을 확장하게 되었는데 그때부터 5년 간 계속되는 적자를 벗어나지 못하고 있었다. 작년만 해도 5백만 달러의 손해를 보았다. 사이먼은 자신은 물론 조직이 직면한 과제 중 하나가 다양한 문화에 대한 리더십이라는 것을 알게 되었다. 조직 내부는 물론 지역과 인종의 각기 다른 문화들을 모두 포괄한 상황이었다. 그는 자신은 물론 동료 고위 간부들도 별반 차이가 없어 보였고 어떻게 새로운 리더십 개발이 가능한지 고심하고 있었다. 몇 개월 동안 나와 사이먼은 수차례에 걸쳐 서로 이메일과 전화를 주고받고 식사도 함께 하면서 이 문제를 논의해 왔다. 그는 문화지능에 대해 보다 자세히 알기를 원했고 그것이 실제로 자신과 조직의 리더십 변화에 이바지할 수 있을지를 궁금해 했다.

직설적이지만 상냥한 말투로 나에게 했던 말이다. "오케이, 데이브, 그럼 문화지능 연구가 나와 같은 처지의 사람들에게 무슨 의미가 있는지 보여줘 봐." 그러면서 구체적으로 세 가지 질문을 던졌다:

1. 누군가의 문화지능을 어떻게 예측할 수 있는가?
2. 높은 문화지능이 가져올 수 있는 이점은 무엇인가?
3. 문화지능이 높아질 때 조직에 돌아오는 투자 대비 수익은 무엇인가?

나는 우선 사이먼에게 리더의 문화지능을 예상하는 데 필요한 변수들을 설명했다. 그리고는 문화지능 리더십이 가져오는 결과들에 대해서도 제시하였고, 높은 문화지능 리더십이 가져올 수 있는 조직의 투자 대비 수익에 대해서도 논의하였다.

## 문화지능 예측하기

어떤 사람이 높은 문화지능을 가지고 있는지 아닌지를 어떻게 예측할 수 있는가? 개인의 성격적 특성과 경험이 문화지능의 향상에 어떻게 영향을 주는지를 알아보기 위한 연구들이 이루어졌다.[1] 누구나 문화지능을 높일 수 있다는 사실은 잊지 말아야 한다. 이 연구에서 강조하는 바는 문화지능은 타고난 것이라기보다는 학습된다는 것이다. 동시에 개인의 성격적 특성이 문화지능을 형성시키는 데 일정한 연관성이 있다는 점을 이해할 필요가 있다. 그러면 이제부터 개인의 성격적 특성과 경험이라는 두 가지 요소가 문화지능 향상과 갖는 상관관계에 대해 살펴보도록 하겠다.

### 개인의 성격

나는 달리기 하는 것을 좋아한다. 세계의 어디를 가든 일주일에 세 네 번 이상은 꾸준히 조깅을 한다. 나보다 유전학적으로 달리기를 하는 데 더 나은 신체구조를 가진 사람들이 있다. 당연히 좋은 신체조건을 가진 사람들이 달리기를 잘 한다. 그러나 그런 조건에도 전혀 연습을 하지 않는다면 내가 더 잘 달릴 수도 있다. 문화지능도 마찬가지이다. 개인의 성격적 특성에 따라 다른 문화에 적응하는 데 더 유리해 보이는 측면도 있어 보인다. 그러나 누구나 문화지능을 높일 수 있다. 개인의 성격이 어떻게 문화지능의 네 가지 측면에 영향을 미칠 수 있을까? 다섯 가지 성격유형 모델은 개인의 성격을 이해하는 데 가장 널리 활용되는 심리학의 한 모델이다. 표 8-1은 다섯 가지 성격유형과 문화지능의 네 가지 차원과의 관계를 보여주고 있다. "√" 표시는 개인의 성격과 문화지능 각각의 차원과의 긍정적인 관계를 의미한다. 예를 들어, 외향적인 사람은 상대적으로 높은 CQ-동기와 CQ-지식과 CQ-행동의 잠재력을 지녔다고 볼 수 있다. 우호적인 사람은 CQ-행동에 보다 강할 수 있다.[2]

다섯 가지 성격유형 모델에 대한 테스트를 온라인상에서 받아볼 수 있는데 결과를 바로 볼 수 있다. 자신의 성격유형의 경향을 문화지능과 연관 지어서 이해해 볼 수 있다. 외향적인 성격이라고 해서 CQ-행동이 높다고 말할 수는 없다. 외향적인 성격과 CQ-행동 사이에는 긍정적인 관계가,

CQ-전략 사이에는 서로 부정적인 관계가 있을 수 있다는 이해의 정도로 보면 된다. 표 8-1에 나타난 것처럼 세상에 대해 호기심이 많은 개방적인 성격은 문화지능의 네 가지 측면 모두와 긍정적인 관계를 보이고 있다. 팀원들과 함께 이러한 상관관계에 대해 각자의 테스트 결과를 바탕으로 다양한 의견들을 나누어 보자.

| 개인의<br>성격 | 정의 | CQ<br>-동기 | CQ<br>-지식 | CQ<br>-전략 | CQ<br>-행동 |
|---|---|---|---|---|---|
| 외향성 | 타인과의 교제나 상호작용을 원하는 사교적이고 적극적인 성향의 정도 | ✓ | ✓ | | ✓ |
| 우호성 | 타인을 신뢰하고 존중하며 그들과 원만하고 조화로운 관계를 유지하려는 성향의 정도 | | | | ✓ |
| 성실성 | 사회적 규칙을 잘 준수하고 책임 의식이 강하며 계획적이고 체계적인 성향의 정도 | | | ✓ | |
| 정서적<br>안정성 | 침착하고 감정적이지 않으며 불안, 두려움 등과 같은 부정적인 정서의 통제 정도 | | | | ✓ |
| 개방성 | 호기심이 많고 상상력이 풍부하며 새로운 경험과 낯선 관점들을 인내하고 탐색하려는 성향의 정도 | ✓ | ✓ | ✓ | ✓ |

표8-1. 개인의 성격과 문화지능과의 상관관계

### 경험

세 가지 유형의 경험은 높은 문화지능과 상관관계가 있는데, 상호문화적 경험, 정규 교육, 다문화 팀에 참여한 경험이 그것이다. 문화지능을 높이기 위해 매우 유용하다고 이 책에서 소개한 제안들이기도 하다.

상호문화적 경험은 그것 자체만으로는 문화지능을 높일 수 있다고 단언할 수 없다. 문화지능의 네 가지 역량을 발휘하려는 노력과 결합되었을 때 중요한 역할을 할 수 있다는 것이다. 특히, 다수의 장소에서 다양한 문화적 경험을 한 사람은 한두 장소에서 더 오랜 기간 경험한 사람보다 문화 간 소통 능력이 더 높을 수 있다고 한다. 일 년 이상 거주해 본 나라들이 많으면 많을수록 이러한 국제적 경험과 문화지능이 긍정적으로 작용한다는 것이다.[3] 또한 낯선 나라의 주류 문화에 적응하기 위해 소수 이방인으로서 기울여야 했을 상당한 노력은 문화지능 향상의 귀중한 경험이 될 수 있다. 다른 문화에 대한 유년기 시절의 경험은 성년이 되고 겪은 경험에 비해 덜 효과적일 수 있다. 여행을 하건 직업 때문이건 성인이 되어 자신이 직접 결정한 타문화와의 만남에 비해 말이다. 또한 나이와 상관없이 매우 중요한 변수는 이러한 경험을 누가 어떻게 해석해 주는가이다. 어린아이를 데리고 다른 문화권에 간 부모가 현지 문화에 대해 부정적인 말만을 계속한다면 그 아이의 문화지능은 높아지는 것이 아니라 반대로 낮아질 것이다. 그러나 다행인 것은 그 반대 경우가 가능하다는 데 있다. 아이들에게 다른 문화에 대한 풍부한 경험을 만들어 주고 거기서 배운 차이들에 대해 긍정적으로 바라볼 수 있도록 도와준다면 아이들의 문화지능은 일찍부터 개발될 것이다. 해외로 유학을 떠난 학생이 매일 스카이프나 페이스북만을 보고 있거나, 해외 출장을 다니는 직원이 늘 호텔에서 식사를 하고 택시로 미팅 장소만을 오간다면 어떨까. 국제적인 경험과 감각을 향유하고 높일 수 있는 귀한 시간을 제대로 활용하지 못하는 것이 된다. 그러나 그 반대의 시간을 보낸다면 이러한 상호문화적 경험은 문화지능의 네 가지 역량을 높여줄 수 있다.[4]

8장 문화지능 리더십에 투자하라

교육의 정도 역시 문화지능에 긍정적인 영향을 미친다. 정규 교육과 비정규 교육 과정 모두에 걸친 학습은 전체적인 문화지능 향상과도 연관된다. 특히 대학과 대학원 수준의 교육은 복잡한 세계에 대한 이해 과정에서 보다 비판적 능력과 다양한 접근 방식을 향상시킬 수 있다. 정규 교육 과정이 세계에 대한 올바른 지식 전달을 하지 못하고 있다는 비판들은 타당한 부분이 많다. 그럼에도 대학은 새로운 생각들을 배워 그것들을 자신의 이해와 경험에 접목시키고, 궁극적으로 삶에 유용할 수 있도록 통합시키는 학습의 장이다. 따라서 문화를 분석하고 해석하며 소통하는 데 교육 콘텐츠와 학습과정을 잘 활용한다면 문화지능 확장에 큰 도움이 될 수 있다. 물론 이것은 선형적이거나 인과적인 관계는 아니다. 대학원 과정의 학생과 박사학위를 받은 사람들조차 낮은 문화지능을 가진 경우가 너무나 많기 때문이다. 하지만 강의를 듣고 과제를 고민하면서 축적되는 교육은 문화지능을 향상시키는 데 가장 영향력 있고 효과적인 방법 중의 하나임에는 틀림없다.[5]

마지막으로 다문화 팀에 참여해 보았던 경험이 있다면 여러 다문화적 상황에 적응하는 데 도움이 될 수 있다. 단일 문화의 사람들과만 한 팀으로 일해 보았다면 다양한 사람들과 함께 일을 하기 위해 필요한 창조성과 유연성 측면에서 제한된 지식을 가지게 된다. 다문화 팀의 일원으로 일한 경험이 많으면 많을수록 문화지능을 향상시킬 수 있는 기회가 보다 많아질 것이다. 그러나 다양성만으로는 충분하지 않다. 마치 국제적 경험과 교육이 높은 문화지능을 보장해 주지 않는 것처럼 말이다. 다양성이라는 그 사실 자체는 스테레오타입을 강화시키면서 다른 문화의 사람들과 함께 일을 할 경우에 두려움과 의기소침 등을 야기할 수 있다. 그러나 다문화 팀에서의 실제적 경험은 서로 함께 일을 해보면서 문화지능을 향상시킬 수 있는 기회를 제공해 줄 수 있다. 당신이 일하고 있는 조직 내에 다문화적 구성원들이 없다면 외부의 관련 분야에서 찾아보는 것도 한 가지 방법이다. 아니면 완전히 다른 관심사나 정치적 견해, 종교적 신념을 가진 사람들과 친구가 되어보는 것도 좋다. 하위문화에서 다른 생각을 가진 사람들과 교류하며 소통해 보는 경험도 문화지능의 향상을 위해 도움이 되기 때문이다.[6]

젠더, 나이, 고향, 종교, 직업과 관련해서도 문화지능 연구들이 진행되고 있다. 그러나 아직까지는 문화지능과의 관계 규명이 충분하지 않다. 그러나 위에서 본 개인적 성격과 경험이라는 두 가지는 문화지능과의 연관성에 대해 일정 부분 연구결과들을 참조해 볼 수 있다고 본다. 문화지능은 매우 다이내믹한 능력으로 누구나 학습하고 경험해가면서 향상시킬 수 있다. 그 첫 번째 단계가 바로 상대방의 배경이 그가 사고하고 행동하는 방식에 영향을 주고 있다는 사실의 인식이다.


## 문화지능의 이점

높은 문화지능이 가져올 수 있는 이점에는 무엇이 있을까? 문화지능이 높은 리더가 가질 수 있는 강점에 대한 내용으로 이 책의 초판 이후 추가된 연구 성과 중 하나이다. 그 동안 높은 문화지능이 가져올 수 있는 결과들에 대한 다양한 연구가 있어왔다.[7] 이제부터는 그 성과들에 대한 주요한 내용들을 살펴보겠다. 1장에서 다루었던 글로벌 리더십의 도전과 기회와 연관된 내용으로 오늘날 글로벌 리더가 직면한 핵심 과제들이다.

## 문화 간 적응력

문화 간 적응력은 문화적으로 다른 조건과 상황에서 얼마나 잘 적응할수 있는가의 문제로 문화지능은 이러한 다문화적 적응력을 높여준다. 문화지능은 생각과 가치와 전통이 전혀 다른 새로운 환경에 적응하고 일을해나가는 데 필요한 능력을 향상시켜 준다. 이를 통해 낯선 조직문화와 사회적 관계방식에의 적응은 물론 새로운 환경에서의 감정과 심리적인 적응에도 도움을 줄 것이다.[8]

특히, 높은 CQ-동기와 CQ-행동을 지닌 리더는 문화적으로 다른 일상의 적응에 필요한 감정과 심리적인 적응력이 높게 나타난다.[9] 문화지능다중 테스트에 기반한 연구에 따르면 자가 테스트의 결과와 동료들이 평가해 준 테스트 결과가 거의 일치하는 것으로 나타났다. 본인이 자신의 문화 간 적응력을 측정해 본 결과와 타인의 눈으로 본 자신의 문화 간 적응력 측정 결과가 거의 틀리지 않다는 말이다. 따라서 자가 테스트 결과만을가지고도 개인의 문화 간 적응력의 신뢰도가 높게 나타난다는 것을 알 수있다.[10]

문화지능이 높은 리더가 다문화간 업무에서 덜 지친다고 한다. 높은 문화지능과 체력, 에너지, 생산성이 연관되어 있다는 연구 결과들이 나왔는데, 특히 잦은 해외 출장의 경우에 더 분명하다고 한다.[11] 이것이 맞는 말일 수밖에 없는 것이, 한번 상상을 해보자. 아무리 새로운 장소로 여행을가는 것을 즐기는 사람이 있다고 하더라도 매달 문화적으로 낯선 사람들을 만나 협상을 하고, 업무를 고민하고, 갈등을 풀어가야 한다고 생각을 해보자. 게다가 시차까지도 적응을 해야 한다면 그 피로와 스트레스가 적지 않을 것이다. 이때 문화지능이 높다면 불가피한 업무적 피로와 스트레스를 보다 더 잘 관리하고 극복해 나갈 수 있을 것이다.

높은 문화지능을 가지고 있다면 어떤 일들일 벌어질 지 미리 예상을 하고 그에 대비한 밑그림을 그려갈 수 있다. 자신의 내부와 외적인 환경 두 가지를 모두 전략적으로 잘 적응해 갈 수 있다. 목표에 대한 분명한 집중과 높은 업무 성과를 발휘하며 다문화간 관계와 협상을 이끌어 갈 수 있을 것이다.

## 의사결정 능력

높은 문화지능의 다른 결과로는 문화적으로 다양한 상황에서 그 상황을 파악하고 효과적인 의사결정을 할 수 있는 능력의 향상이다. 자신의 문화 안에서 축적된 경험을 바탕으로 직감에 의존했던 의사결정 방식이 다른 문화권에서도 통할 것이라는 생각은 위험하다. 1장에서 살펴 본 것처럼 오늘날 고위급 경영자들의 가장 큰 도전 과제 중 하나는 보다 나은 의사결정을 위해 세계의 다양한 고객들을 이해해야 한다는 것이다.[12] 해외 시장의 중요성은 점점 더 커져가고 있다. 많은 글로벌 리더들이 문화적으로 너무나도 다른 다양한 사람들과의 계속된 협상과 의사결정을 위해 문화지능의 필요성을 언급하고 있다. 상이한 상황들을 진단하고 효과적인 결정을 내리기 위해서 말이다. 문화지능의 네 가지 역량은 일상의 비즈니스는 물론 위기의 순간에서 최선의 전략적 결정을 내리는 데 도움이 될 것이다.[13]

항공사보다 상호문화적 상황에 더 민감한 기업은 없는 것 같다. 9/11 이

후 항공사들은 잠재적 위기 상황과 관리에 더 신경을 쓰고 있다. 두세 개의 문화적 차이를 가진 파일럿들이 함께 조종석에 앉아 비행 책임을 공유하고 있다. 국외선 비행 역시 조종사와 관제탑 사이의 커뮤니케이션이 중요하다. 효과적인 커뮤니케이션과 정확한 의사결정이 중요할 수밖에 없다. 루프트한자나 카타르 항공과 같은 기업에서는 문화지능이 전반적인 위기관리 전략을 위해 중요한 역할을 한다고 보고, 파일럿의 문화지능을 높이기 위한 훈련과 개발에 힘쓰고 있다.

문화지능은 리더들에게 다문화간 상황에서 맞닥뜨린 상황을 파악하고 판단해 보다 나은 결정을 내릴 수 있도록 돕는다. 특히 CQ-지식과 CQ-전략이 상호문화적 판단과 의사결정을 위한 역량 발휘에 긍정적으로 연관되어 있다.[14]

## 협상력

협상력은 리더가 지니고 있어야 하는 중요한 자질 중의 하나이다. 이미 7장에서 CQ-행동을 협상에 어떻게 활용할 수 있는가에 대해 살펴본 바가 있다. 높은 문화지능은 이문화간 협상의 성공을 위해 중요한 역할을 한다. 그것이 계약서에 서명하는 공식적인 협상이든 아니면 일상의 업무에서 직원이나 동료 혹은 고객들과의 논의와 합의에 해당하든 상관없이 말이다.

특히, 높은 CQ-동기는 리더들에게 상대방 협상가들과 상호작용 하는 데 대한 동기부여를 제공한다. 높은 문화지능을 가진 리더들은 상대방에게 더 적합한 협상의 자세를 보여준다. 또한 높은 CQ-동기는 자신과 다른 방식의 협상 기술과 스타일에 적응하기 위한 자신감을 부여해준다. 이문

화 간의 협상은 진행 과정에 있어 일반적으로 더 많은 시간과 인내심이 요구된다.[15]

게다가 높은 CQ-전략은 이문화간의 협상에 있어 리더들이 효율성을 갖는 데 중요한 역할을 한다. 적합한 협상 계획을 준비하고, 협상의 과정에서 어떻게 진행되어 가는지 주의를 기울이고, 협상이 끝난 후 준비하고 계획한 것들과 실제 벌이진 일 사이의 정확성을 점검하는 것은 협상력 향상의 중요한 요소이다.[16]

많은 서구의 기업들이 중국과 같은 나라에 진출하려 애쓰고 있다. 당연히 중국의 관료나 기업인들을 상대로 효과적인 협상을 위해 애쓰고 있을 것이다. 중국에서는 종종 자국의 기업들이 국가의 이익을 위해 희생이나 변화를 요구받는다. 외부인의 시선으로는 잘 이해가 되지 않을 수 있다. 자유로운 기업 활동과 표현의 자유와 같은 가치의 문제에 의문이 들기도 한다. 그러나 많은 중국인의 눈에는 서구인들의 고압적인 협상 기술이 오히려 그들의 중국 진출 기회를 놓치게 하는 요인으로 비치기도 한다. 경제 주간지 포브스(Forbes)의 세계에서 가장 영향력 있는 여성 100인에 선정되기도 했던 홍콩의 에바 청의 말이다. "구글의 전 세계 지식과 정보를 구축시키는 작업이 중국 정치에 대한 반체제 인사 명단의 해킹과 맞물리면서 중국에서 계속 서비스를 할 수 있을지 문제가 제기되고 있다."[17] 새로운 아이디어를 가지고 중국으로 진출하기를 원한다면 그것이 어떻게 중국과 중국 경제, 중국 사람을 위해 이로울 수 있는지 중국 정부를 설득할 수 있어야 한다는 의미를 포함한 말이다. 에바 청은 다음과 같은 말을 덧붙였다. "중국 정부에게는 사회적 안정이 경제적 이익보다 중요하다. 곧 정치가 경제보다 우선이다. 비즈니스를 위해서는 더 현명해져야 한다. 정치적

이데올로기를 자극하는 것이 아니라 비즈니스 그 자체의 아젠다에 보다 초점을 두어야 한다."[18] 문화 간 차이를 극복하며 성공적인 협상으로 이끌어가기 위해 필요한 것들이 그렇게 단순하지 않다는 것, 그리고 그것들은 우리 일상의 글로벌 네트워크 역시 중요한 기반이 된다는 점을 상기시키고 있다.

## 리더십 역량

다양한 문화적 상황에서 전반적인 리더십 역량을 효과적으로 발휘할 수 있다. 조직 내 구성원들의 문화적 차이에 대한 전략적 경영과 다문화 팀 내 구성원들의 화합과 효과적인 공동의 목표 달성을 이끌어 낸다. CQ-전략과 CQ-행동은 이문화간 리더십 역량에 가장 크게 영향을 미칠 수 있다.[19] 높은 문화지능은 앞에서 살펴보았던 의사결정 능력이나 협상력뿐만 아니라 효과적인 커뮤니케이션 능력, 리더십 개발, 인수합병 등에도 기여를 한다.[20] 이제부터는 리더십 역량과 직결된 좀 더 세부적인 사안들을 살펴보겠는데, 업무의 전문성, 신뢰성 구축, 판매와 서비스, 창조와 혁신이 그 내용이다.

### 업무의 전문성

21세기의 많은 조직들이 중요하게 여기는 리더십 역량 중 하나는 업무의 전문성과 그 결과가 말해주는 실적일 것이다. 예를 들어 페이스북의 리더십 개발 책임자였던 빌 맥로흔은 나에게 이런 말을 했다. "페이스북이란 조직 내에서의 리더십은 지위나 직함에서 나오지 않는다. 얼마나 막강한 영향력을 가지고 있는가에 달려있다. 이 말은 얼마나 높은 가치를 창출하고 있는가를 의미한다. 이를 통해 조직 내에서의 리더십을 인정받는다."[21]

페이스북이 수평적이고 능력 위주의 회사이기 때문에 업무의 전문성과 성과는 동료들에게 영향력과 귀감을 주게 된다. 그러나 구성원들이 다양하면 할수록 그들에게 영향력과 영감을 불어넣기 위해서는 자신의 전문성이 극복해야 하는 도전들도 더 많아지게 된다.

문화지능이 높은 리더는 자신의 전문성을 다른 문화적 환경에서도 훌륭히 끌어낼 수 있는 감각을 지닌다. 그가 과학 기술에 뛰어난 기술자이든 회계 분야에 탁월한 전문가이든 사람들과의 소통에 뛰어난 연설가이자 언변가이든 상관없이 말이다.[22] 특히 많은 조직들이 수평적이고 분권적인 형태로 변화하고 있기 때문에 다른 문화에서도 자신의 전문성을 훌륭히 발휘하고 동료들에게도 귀감이 될 수 있다면 자신만의 중요한 역량이 될 것이다. 높은 문화지능은 리더십을 발휘하는 데 있어 긍정적으로 작용할 수밖에 없다.[23]

## 신뢰성 구축

다양한 문화적 상황에서 효과적이고 전략적인 리더십을 발휘할 수 있는 또 하나의 능력이 바로 신뢰성 구축이다. 문화가 서로 다른 조직 구성원, 다국적인 조직과 팀, 전 세계에 걸쳐 있는 고객, 해외 지사, 사업 파트너와의 신뢰 구축은 매우 중요하다. 신뢰를 의미하는 바가 문화마다 다를 수 있다. 그리고 상대방이나 상대의 조직이 믿을만한지 아닌지의 판단을 직감에 의존하는 경우가 많다. 그런데 이렇게 주관적으로 보이는 판단 기준이 절대적일 때가 부지기수이다. 같은 행동이라도 문화에 따라 다르게 해석될 수 있다. 예를 들어, 권력거리가 낮은 문화에서는 어떤 리더가 자신이 실패했던 경험을 공유함으로써 신뢰를 쌓아나갈 수 있다. 그런데 권력거리가 높은 문화에서는 이와 같은 행동을 특히 초기에 보이면 오히려 신뢰 구축에 방해가 될 수도 있다.

높은 문화지능을 가진 리더라면 다양한 문화의 동료와 고객을 포함한 여러 관계 속의 사람들과 원만한 신뢰를 구축해 나갈 것이다. 특히 높은 CQ-전략은 다문화적 상황에서 효과적인 신뢰를 구축하는 데 가장 영향력이 클 수 있다.[24]

### 판매와 서비스

문화지능이 높은 리더라면 문화가 다른 새로운 시장에서 성장을 촉진시키고 현지의 고객들에게도 만족도를 높여갈 것이다. 다니엘 핑크는 그의 책 『파는 것이 인간이다(To Sell IS Human)』에서 세일즈를 할 때 상대방이 당장에 나와 같은 생각을 갖도록 할 필요는 없다고 말한다. 상대방이 주목할 수 있는 어떤 것을 제시하면서 대화를 시작하도록 조언한다. 그리고 이를 참여의 단계로 끌어 올린다. 그러한 단계를 지남으로써 나와 상대방 모두가 바라는 결과를 도출해 나아가라고 조언한다.[25] 문화지능은 당신이 다른 문화적 맥락에서 이와 같은 조언을 현실화시키는 데 도움을 줄 것이다.

중국이나 인도에서 성공하기 위해 필요한 세일즈 기술은 높은 문화지능이다. HSBC 은행의 최고재무책임자인 더그 플린트의 말이다:

당신이 만약 미국이나 유럽에서 열리는 비즈니스 포럼에 참석한다면 25년 내에 가장 커다란 글로벌 환경의 변화가 중국과 인도

시장임을 알 수 있을 것이다. 그만큼 미국과 유럽에서 중국과 인도 시장의 부상과 그 중요성을 실감하고 있다는 말이다. 그런데 그들에게 중국과 인도의 역사와 문화에 대해 조금이라도 물어본다면 거의 아는 것이 없다는 사실을 금방 알게 될 것이다.[26]

문화지능이 높다는 것은 다른 문화의 사람들을 이해하고 그들의 관심 대상을 대화로 이어나갈 수 있는 능력을 말한다. 당신은 중국이나 인도 시장의 규모를 실감해 가고 있을 것이다. 그리고 서로 다른 문화적 배경의 소비자들에게 당신의 아이디어와 서비스와 생산품을 판매하는 데 필요한 문화지능의 힘 역시 점점 더 실감해 갈 것이다.[27]

### 창조와 혁신

창조와 혁신은 글로벌 리더십을 위한 핵심 역량 중 하나이다. 높은 문화지능과 창의적인 능력 사이의 상관관계가 계속해서 밝혀지고 있다. 그러나 창조적인 사람 모두가 문화지능이 높다는 것을 의미하지는 않는다. 창의적인 기업가들이나 혁신가들의 문화지능이 매우 낮아 보이는 경우를 쉽게 볼 수가 있다. 그러나 둘 사이의 분명한 관계에 대한 연구결과들이 나오고 있는데 다만 그 순서에 유의해야 한다. 곧 높은 문화지능이 그렇지 않은 경우보다 더 창의적이라는 말이다.[28] 문화지능을 높여 창의력의 근육을 계속 길러보는 것은 어떨까.

다양한 문화적 환경에서의 업무를 위한 창의력이 리더들에게 요구되고 있다. 각기 다른 문화의 팀과 일원들에게 어떻게 주어진 과제를 달성시킬 수 있는 동기를 부여해 줄 수 있겠는가. 팀을 구성하는 사람들의 문화가 매우 다양하다면 그들을 하나로 모아 목표를 완성시키기 위한 창의적인 리더십 역량이 필요할 것이다. 마찬가지로 뛰어난 아이디어를 가졌다면 문화적으로 다양한 시장에서 각각에 맞게 실현시킬 수 있는 역동적인 창의력이 필요할 것이다. 따라서 문화지능이 높아진다면 창의력 역시 높아질 것이다.

21세기의 급변하고 있는 글로벌 환경에서 새로운 기회를 만들어 가기 위해 필요한 기술로서 문화지능 역량이 많은 고위 경영자들에게 공감되고 있다. 높은 문화지능은 리더들에게 문화 간 적응력, 의사결정 능력, 협상력, 리더십 역량이라는 네 가지 능력의 향상을 제시해 주고 있다.[29]

## 투자 대비 수익

문화지능이 높아진다면 조직은 어떤 기대를 가질 수 있겠는가? 큰 그림에서 보면 문화지능이 높은 리더들을 가진 조직은 당연히 자신들이 원하는 목적을 보다 잘 이룰 수 있을 것이다. 거대한 금융서비스 기업인 버클레이는 유럽, 아프리카, 아시아, 호주, 미국, 중동 등지에서 급증하고 있는 업무 때문에 고위급 경영자들이 문화지능을 활용할 수 있도록 돕고 있다. 로이드 TSB 그룹은 증가하는 글로벌 고객들과의 관계를 위해 문화지능을 도입했고 그에 따른 수입의 증가와 보다 나은 원가관리를 달성했다. 레비 스트라우스 역시 문화지능을 활용한 글로벌 마케팅 전략의 변화를 통해 이윤을 증가시켰다.[30] 이외 다수의 기업, 대학, 비영리단체, 정부 등에서도 문화지능을 통해 자신들이 원하는 목적 달성을 위한 긍정적인 효과를 보고 있다.

그동안 연구 결과와 내용들을 보면 주로 개인들이 문화지능을 통해 얻을 수 있는 강점과 성과들이었는데 이것을 조직과 팀 단위로도 확장시켜 그 효과와 수익을 다룰 필요가 있다. 이에 대해서는 보다 많은 연구들이 장기적으로 진행되어 그 성과를 입증해 나가야 하겠지만, 여기서는 지금까지의 성과가 보여주는 연구 결과들을 살펴보도록 하겠다.

### 다문화 팀의 업무 역량 강화

서로 다른 나라의 사람들과 한 팀을 이루었을 때 발생할 수 있는 문제들과 과제는 그 역동성 만큼이나 다양하다. 해외로 출장을 나가거나 아니면 이메일이나 화상회의와 같은 여러 방식으로 다른 나라의 사람들과 커뮤니케이션을 해야 한다면 그 과제 역시 간단하지 않다. 하지만 역으로 이런 상황에서 순조로운 팀플레이는 물론 해외업무에서의 원활한 글로벌 소통이 가능하다면 당면한 과제가 오히려 새로운 기회로 바뀔 수 있다. 이를 위한 출발은 팀의 리더가 얼마나 문화지능 역량을 갖추어 팀원들과 업무를 이끌어 가느냐에 달려 있다. 물론 점차적으로 팀 구성원들에 대한 문화지능 역량의 향상도 도모해야 한다. 그렇게 문화지능이 향상된 조직은 다문화적 관계와 소통에 있어 높아진 소통 능력과 업무 역량을 발휘해 나갈 것이다.[31]

### 다양한 문화 시장으로의 확대(해외 시장과 국내 시장)

국내 시장 밖에서 벌어지고 있는 엄청난 기회의 증가로 인해 해외 시장으로의 확대에 많은 기업들이 큰 관심과 노력을 기울이고 있다는 말을 앞에서 언급했었다.[32] 일본 최대의 이동통신업체인 NTT는 아프리카와 중동으로의 공격적인 시장 확장을 꾀하고 있다. 독일 기업인 로켓인터넷도 나이지리아 등으로 시장을 확대하고 있다. 월마트, 테스코, 까르푸와 같은 유통업체들도 서로 앞 다투어 세계 시장에서 특히 중산층들을 겨냥하며 경쟁하고 있다. 뉴욕의 작은 조명회사 대표인 레리 리버만은 유럽, 중국, 일본 등 해외로 영업을 확장하지 않으면 경기침체 속에서 회사의 운명을 장담할 수 없다고 하면서 국내 시장만의 한계를 지적하기도 했다.[33] 그리고 위와 같은 기업들은 문화지능을 자신들의 기업 정체성에 반영하기 시작하면서 자사의 상품과 서비스를 다양한 해외 시장에 적응시키기 위해 지속적인 노력을 기울이고 있다.

새로운 해외 시장에 수백만 달러를 투자했는데 갑자기 현지 정부가 사업 허가를 취소한다면 어떨지 한 번 상상해 보자. 그런데 이런 일이 실제로 중국 시장의 암웨이에서 일어났다. 암웨이는 직접 판매로 유명한 거대한 기업인데 중국 정부에서는 아직 그와 같은 판매 방식에 준비가 덜 되었다는 이유로 진출을 막았다. 당시 암웨이 아시아의 부사장이던 에바 청은 미국 본사에 이 상황을 보고 해야 했다. 중국 시장 진출을 위한 투자를 계속 해야 할지의 문제에서부터 이 일련의 상황에 대한 자신의 의견을 미국 본사에 전달했다. 그녀는 자신의 문화지능을 바탕으로 중국 정부가 원하는 방향에 맞추어 암웨이의 현지 사업 전략에 대한 수정이 불가피함을 본사에 피력하였다. 그녀의 다각적인 노력으로 인해 이루어진 결과는 중국 정부가 직접 판매에 대한 정책을 수정하였고 암웨이 아시아 지부 역시 비즈니스 전략을 변화시킨 것이다. 그리고 현재 암웨이 아시아는 지속적인 성장과 함께 막대한 이윤을 창출해 가고 있다.

한편 중국의 기업들 역시 자신들의 해외 진출을 도울 수 있는 글로벌 감각을 갖춘 인재들을 찾고 있다. 글로벌 시장에서 중국 기업의 브랜드 가치를 높이고 상품과 서비스를 판매하고 투자를 유치하고 인수합병을 하는 등 일련의 사업을 성공적으로 수행할 수 있는 문화지능이 높은 리더들을 필요로 하고 있다.

중국의 달리안 완다 그룹이 해외 시장을 확대하는 과정에서 보여준 문화지능 활용은 좋은 사례 중 하나일 것이다. 부동산 개발, 여행과 엔터테인먼트 사업 등을 하고 있는 달리안 완다 그룹은 미국의 AMC 엔터테인먼트를 인수한 후 다양한 문화적 환경에서 효과적으로 업무를 할 수 있는 능력(문화지능)을 가진 인재들은 물론 영어, 스페인어, 러시아어와 같은 현지 언어에 유창한 인재들도 대거 고용하였다. 세계 최대 돈육가공업체인 중국 WH그룹(구 쌍후이)은 미국 돈육 가공업체 스미스필드 푸드를 인수한 후 중국어와 영어에 능통하고 문화지능이 높은 리더를 영입하려 했는데 이는 미국 현지의 돈육 가공업자들과의 지속적인 관계의 중요성을 염두했기 때문이다.[34]

조사에 따르면 중국 비즈니스 리더들의 45% 이상이 인수합병을 포함한 서양의 비즈니스 파트너들과의 업무에서 가장 큰 도전 중 하나를 문화적 장벽이라고 답변했다. 이로 인해 현재 계속 성장하고 있는 중국 기업들은 문화지능이 높은 인재 고용을 강조하고 있다.[35] 글로벌 시장에서 중국 기업들이 경쟁력을 입증하고 있는 한 분야가 기술 산업이다. 바이두, 알리바바, 레노버와 같은 기업들은 글로벌 시장에서의 커뮤니케이션과 운영관리 및 연구개발을 위해 세계 최고의 대학에서 인재들을 영입하고 있다. 다음 장에서는 실제 성공적인 기업과 조직들의 사례를 살펴볼 것이다.

## 다양한 문화의 고객, 환자, 학생 등을 위한 서비스

즉각적인 게시물과 사진들이 실시간 공유되고 있는 시대에 소비자들에게 훌륭한 서비스를 제공해야 하는 것은 문화적 배경과는 더 이상 상관이 없어 보인다. 문화지능이 높은 리더나 팀원들로 구성된 조직은 문화적으로 다양한 고객들에게 최상의 서비스를 제공할 수 있는 방법을 더 잘 예상할 수 있으며 실수가 발생하면 이에 대응하는 적절한 방법 역시 더 잘 파악할 수 있을 것이다.

미디어 회사인 IAC의 PR 책임자인 저스틴 사코가 트위터에 남긴 글이다. "아프리카로 갑니다. AIDS에 안 걸렸으면 좋겠네요. 그냥 농담이에요. 난 백인이잖아요!" 이 사건으로 그녀는 즉각 회사에서 해고되었다. 그런데 이런 과오를 범하기 전에 그녀는 PR 책임자로서 회사를 대표해 과연 어떤 작업을 했을지 궁금하지 않을 수 없다. 나 역시 그 동안 이와 유사한 실수를 하지 않았다고 볼 수 없다. 그러나 어느 정도의 문화지능적 사고를 하기만 했어도 이런 말을 하기 전에 한 번 더 생각해 보았을 것이다. 당신이 팀원들의 문화지능을 향상시키기 위한 투자를 한다면 그로 인해 돌아오는 팀 전체의 신뢰와 평판은 귀중한 자산이 될 것이다.

## 속도와 능률

대부분의 기업, 정부기관, 비영리단체와 같은 조직에서는 최소한의 작업으로 최대의 효과를 얻고자 한다. 문화지능이 높은 리더들이 이끄는 조직은 문화적으로 다양한 상황에서 보다 더 빨리 원하는 성과를 얻을 수 있다. 문화지능이 낮은 조직보다 더 효과적이고 신속한 협상과 결과를 이끌어 낼 수 있다. 다만 여기서 "신속한"이란 의미는 상대적이라는 것에 유의할 필요가 있다. 다른 문화와의 업무는 시간이 더 오래 걸리는 것이 일반적이다. 그러나 문화지능이 높은 조직은 상대의 문화적 가치를 고려해 가면서 타임 라인과 기대를 보다 잘 조정할 수 있다. 적시 납품 및 후속 조치는 문화지능이 높은 리더가 있는 조직에서 더 잘 이행될 수 있다.

### 생산적인 글로벌 업무

해외로 인력을 파견하기 위해서는 많은 비용이 든다. 게다가 이를 통해 원하는 목적을 모두 이룰 수 있는 확률은 50대 50이다. 글로벌 업무를 위해서는 문화지능이 높을수록 더 효과적이다. 해외로 파견되는 사람의 와이프나 아이들 같은 가족들도 CQ-동기가 높으면 더 좋을 것이다. 문화지능이 높은 리더들이 더 성공적으로 업무를 완성시킬 수 있는데 더 빨리 배우고 적응할 수 있을 뿐만 아니라 문화충격과 같은 어려움들을 더 잘 인내하고 이겨낼 수 있기 때문이다. 또한 리더의 문화지능을 계발시키고 평가하는 조직은 해외업무에서 돌아온 리더의 경험을 다음 과제를 위한 계획 수립에 활용한다. 다문화적 경험들은 조직의 지속적인 학습을 위해 유용하기 때문이다.[36]

### 인재의 기용

앞에서도 언급했듯이 훌륭한 인재들을 영입하고 유지하는 것은 리더의 중요한 역할 중 하나이다.[37] 문화지능이 가지는 가치와 강점들을 반영한 인재 영입은 기업의 미래를 위한 기회의 확대로 이어질 것이다. 노바티스나 나이키와 같은 기업들은 그들이 찾고 있는 잠재적 인력들이 다문화 환경에 대한 경험과 문화적 역량을 가지고 있을 때 기업 발전에 대한 기여도가 높다는 사실을 확인했다. 이들은 문화다양성을 비즈니스를 위한 장애물이 아닌 성장 동력으로 분명히 간주하고 있다.

새롭게 주목받고 있는 글로벌 리더의 85%가 강하게 동의하는 내용이 있다. 이들은 앞으로 고용주들이 갖추어야 할 중요한 자질로 글로벌 감각과 공익적 헌신을 들고 있다. 이때 문화지능의 역할이 계속 커질 것이며 개인과 조직이 성장하고 발전하는 데 기여할 것으로 보인다.[38]

### 이윤과 비용 절감

그렇다면 결국 최종적인 결론은 무엇인가? 높은 문화지능과 수익성 및 비용 절감 사이의 상관관계를 나타내는 연구들이 있다. 이미 이러한 상관관계에 대한 다양한 입증은 앞서 여러 가지 사례와 함께 논의 되었다. 높은 문화지능을 갖춘 조직이 팀의 성과를 높이고, 새로운 시장으로 확장하고, 효율성을 최대화하면서 비용을 감소시키는 데 성공한다면, 매우 명확하게 문화지능과 수익성에 대한 직접적인 영향을 확인하는 것이다.[39]

앞으로 계속 더 많은 연구와 실증을 통해 문화지능이 높은 리더와 조직의 발전 관계에 대한 논의가 입증되어야 한다고 본다. 그러나 지금까지의 연구 결과들도 이미 많은 긍정적인 상관관계들을 제시하고 있다.

# 나가며

----------

대학총장이었던 사이먼은 지금 새로운 컨설팅 회사에서 리더로서의 역할에 충실하며 눈에 띄는 성과들을 만들어 가고 있다. 15개국에 걸쳐 트레이너와 코치들로 이루어진 팀들을 이끌고 있다. 회사는 올해 최고의 수익을 창출할 것으로 전망하고 있기도 하다. 물론 사이먼의 성공에 기여한 여러가지 요인들이 있을 것이다. 설문조사를 통해 그를 분석한 자료에 따르면 높은 설득력의 기술과 조직 통솔 및 통합 능력을 지닌 보기 드문 능력의 소유자로 설명되고 있다. 그가 뉴잉글랜드의 한 대학 총장으로 있으면서 진실성이 결여되고 영악하다는 말까지 들었던 사람과 동일 인물이라는 것에 대해 여전히 믿기가 어려울 정도이다.

문화지능은 개인이든 조직이든 업무 실행 역량과 직결된다. 문화지능은 여러 요소들로 구성되어 있는데 누구나 구성 요소들의 유기적인 개발과 향상을 도모할 수 있다. 이 내용에 대해서는 이어지는 장에서 계속해서 다루도록 하겠다.

# 문화지능으로
# 조직을 발전시켜라

이 책의 주된 내용은 개개인이 리더십 발휘를 위해 문화지능을 어떻게 개발하고 적용할지에 대한 것이었다. 누구나 문화지능을 통해 개인의 역량을 높이고 자신이 속한 조직에 기여하기를 원할 것이다. 이번 마지막 장에서는 문화지능을 활용한 팀과 조직의 발전 전략에 대해 살펴보도록 하겠다.

조직의 문화지능 레벨을 평가하고 개발하는 것은 향후 문화지능 연구가 개척해야 할 분야이기도 하다. 문화 지능이 높은 조직의 형태와 모습에 대해서 보다 많은 연구가 필요하다. 이미 전 세계의 여러 대학, 기업, NGO 등은 조직 차원에서 문화지능 개발을 위해 팀 단위나 부서별 혹은 전체 조직 수준 별로 실천 방안을 만들어 활용하고 있다. 이어지는 내용을 통해 그 사례들을 살펴보기로 하겠다.

## 리더의 궁극적인 역할과 비전

CEO가 조직의 가치와 비전을 구현시키지 못한다면 홈페이지나 파워포인트 안에 들어 있는 내용은 죽어있는 문구에 불구할 것이다. 글로벌 경영을 위한 한 축으로 제시된 문화지능도 마찬가지이다. 고위급 리더들의 문화지능 수준은 세계를 무대로 하는 조직의 역할과 기능에 영향을 미치는 중요한 변수로 언급되고 있다. 이것은 특히 조직의 품격과 위상, 사회적 책임에 관한 문제이기도 하다. 고위급 리더들은 문화지능을 조직 전체의 가이드라인이자 경영 마인드로 우선순위에 두어야 한다. 급변하는 환경 변화에 적절히 대응하면서 글로벌 전략을 세워나가기 위해서는 문화지능의 네 가지 차원에 정통한 리더와 조직을 갖추고 있어야 한다.[1]

조직의 문화지능을 위해 리더들이 기본적으로 생각해 보아야 하는 것은 무엇일까. 아래의 내용은 내가 고위 간부들과 진행하는 컨설팅에서 제시하는 질문들이다:

- 당신이 이루고자 하는 핵심 목표는 무엇인가?
- 이것을 실현시키는 데 있어 가장 힘든 장애물로는 어떤 것들이 있는가?
- 이러한 도전에 문화가 할 수 있는 역할은 무엇이 있겠는가?
  (예: 다국적인 해외 지사, 다국적 인력으로 구성된 팀, 문화적으로 다양한 해외시장, 단기 해외 출장, 조직의 비전 유지)
- 문화지능이 향상된다면 어떠한 내용과 방법으로 당신의 팀을 도우면서 도전을 극복하고 목표를 달성할 수 있겠는가?
  (예: 다양한 고객 분석, 다양한 시장 접근의 신속성, 인적 네트워크의 확대와 심화, 혁신적 기회 창출)

문화지능은 다문화 간 업무와 관련해서 혹은 그 자체만을 위한 것이 아니라 조직의 총체적인 목적과 비전과도 함께 해야 한다. 이럴 때 리더로서의 궁극적인 역할과 역량이 증명되는 것이다. 문화지능을 갖춘 글로벌 조직으로서의 실제적인 역량이 드러나게 된다.

예를 들어 문화지능이 어떻게 조직의 R&D 방향에 영향을 미칠 수 있겠는가? 몇 년 전 세계적인 사무용 가구업체인 스틸케이스가 일본으로의 진출을 결정했다. 일본 측 관계자들도 높은 관심을 보이며 향후 높은 구매력을 예상하고 있었다. 스틸케이스는 신속하게 자사의 제품을 가득 실은 컨테이너 두 대를 일본으로 보내어 도쿄의 중심에 마련한 전시장에서 제품을 홍보하고 판매하였다. 많은 사람들이 방문을 해 제품을 살펴보고 의자에도 앉아 보는 등 관심을 보였으나 판매는 거의 이루어지지 않았다. 한참 후에야 스틸케이스는 미국인에게 맞춘 의자가 일본인에게는 크다는 것을 알게 되었다. 사이즈가 크다 보니 일본인들에게는 불편했던 것이다. 책상도 마찬가지로 클 수밖에 없었는데 이것은 일본인에게 좀 사치스러워 보였는데, 특히 고위급 경영자들의 과시욕으로까지 비추어질 수 있었다. 회사로서는 모든 가구를 다시 본국으로 가지고 올 수밖에 없었다. 그리고는 일본의 디자이너들과 함께 다시 아시아 시장을 겨냥한 가구 제작에 들어갔다. 5년 후 스틸케이스는 아시아에서 가장 큰 사무용 가구업체가 되었다.

토요타 역시 북미 시장에서 비슷한 교훈을 얻었다. 여러 해 동안 토요타는 북미의 미니밴 시장에서 혼다와 크라이슬러와 힘겨운 경쟁을 하고 있었다. 미니밴인 시에나의 디자인을 다시 하기로 결정하고 유지 요코야가 총괄 엔지니어로 임명되었다. 그는 기존 모델이 가지고 있던 약점을 고쳐내는 것을 목표로 미니밴을 타고 미국 전역과 13개 캐나다 주 그리고 멕시코까지 직접 85,000km를 다녀보았다. 북미를 직접 운전하면서 얻게 된 통찰들은 일본 사무실에서의 시장 트렌드와 통계 자료 조사로는 알 수 없는 것들이었다. 캐나다 도로를 주행해보며 일본 도로와 차이가 나는 점들을 비롯해 실제적인 북미 주행을 통한 다양한 것들을 파악할 수 있었다.

사람들이 음식을 먹는 방법에 있어서도 일본과 북미 문화의 차이가 나타난다. 일본에서는 걸어가면서 음식을 거의 먹지 않는다. 일본 가족이 자가용으로 이동 중에 목이 마르거나 배가 고프다면 대부분 스낵바에 차를 세우고 안에서 식사를 하거나 음료도 자동차에 타기 전에 마신다. 그런데 미국인들은 이동 중에 먹을 음식과 음료를 사가지고 차 안으로 가지고 들어온다. 요코야는 많은 미국인 운전자들이 적어도 두 개의 음료 용기를 차 안에 두고 싶어 한다는 것을 알았다. 이것은 다른 승객들도 마찬가지였다. 이렇게 알게 된 내용들을 가지고 새로 만든 시에나 안에는 14개의 병과 컵을 놓을 수 있는 홀더를 두었고 음식도 둘 수 있는 받침대를 접이식으로 추가했다.[2]

이것은 문화지능과 R&D 사업의 결합을 보여주는 사례이다. 상품제조, 인적관리, 법무부서, 판매부서 등에도 다양하게 문화지능이 활용되고 있다. 중국에 생산 공장을 지은 독일 회사가 현지인 관리자와 생산 일정을 조정하고 협의하는 과정에서 중국인의 비즈니스 마인드와 문화를 알 필요가 있는데 이 때 문화지능의 활용은 도움이 되었다. 중국 회사가 나이지리아 회사와 비즈니스를 하고자 한다면 그 때도 마찬가지일 것이다.[3] 외국인 학생 유치를 위해 대학 관계자들이 다른 나라와의 교류와 파트너십을 체결하고자 할 때도 예외일 수 없다.

문화지능이 높은 조직으로 발전시키고자 할 때 리더가 풀어야 할 과제 중 하나는 서로 다른 문화적 상황마다 매번 완전히 새로운 시스템을 만드는 것이 아니라 포괄적으로 유연한 시스템을 개발시키는 것이다. 문화 간 차이에 따는 각각의 상황에서 상대 문화에 친화적으로 적용 가능한 유연한 접근 매뉴얼 개발이다. 문화지능과 결합된 조직 전체의 비전과 목표를 이끌어 갈 수 있는 글로벌 리더의 역량이 중요하지 않을 수 없다.

## 평가

자주 인용되는 만트라 중 하나인 "당신은 어떻게 평가되고 있는가"와 관련된다. 글로벌 시민 교육을 중요하게 여기고 있는 세계의 여러 초·중·고등학교에서는 학생들의 문화역량 개발에 많은 신경을 쓰고 있다. 그런데 학교 관계자들에게 학생들의 문화역량 발전 정도를 어떻게 측정하고 있느냐고 물어보면 구체적으로 제대로 갖추어진 방안이나 모델을 제시하지는 못했다. 이와 같은 질문을 기업이나 병원, NGO 조직 등에 물어보면 매우 다양한 답변을 들을 수 있다. 국제화를 위한 문화역량의 필요성을 인식하고 조직 차원의 역량 평가를 실행하고 있는 곳에서부터 전혀 신경을 쓰고 있지 않은 곳까지 천차만별이다. 평가 기준을 갖추지 않은 채 문화역량이 높은 팀을 개발시킨다는 것은 쉽지 않다. 문화지능은 누구에게나 그리고 어느 조직에게나 발전이 가능하다는 것을 상기할 필요가 있다. 그렇기 때문에 여기서 평가라고 하는 것은 두렵거나 거부감을 주는 것이 아니라 원하는 목표 지점에 도달하기 위한 체크 정도로 보면 될 것 같다.

다음과 같은 질문을 가지고 조직 전반을 큰 틀에서 체크해 볼 수 있다. 조직의 경영과 정책, 마케팅 등에 문화지능적 접근을 어느 정도 반영하고 있는가? 조직을 대표하는 주류 문화는 무엇인가? 어느 문화가 실제보다 낮게 반영되어 고려되고 있는가? 질적 연구방법론에 근거해 조직 내 문화지능을 평가해 볼 수 있다. 관리자는 문화지능적 접근을 얼마만큼 중요하게 여기고 실제로 보여주며 승진에도 반영시키고 있는가? 고용과 승진에 어떤 식으로 문화지능이 고려되고 있는가? 조직의 구성원들이 얼마나 다양한 문화적 배경을 가지고 있으며 실제도 그 다양성이 어떻게 조직 경영에 반영되고 있는가? 조직 내 문화지능의 수준은 어느 정도라고 말할 수 있나? 이 책에서 다루었던 모델을 활용해 조직 구성원들과의 질적 연구 및 평가를 해 볼 수 있다:

1. CQ-동기: 다른 문화의 사람들을 만나고 업무를 하는 데 조직 구성원들이 각자 가지고 있는 동기는 무엇인가?
2. CQ-지식: 조직 구성원들의 핵심적인 문화적 차이에 대한 이해도는 어느 정도인가?
3. CQ-전략: 조직 구성원들은 다문화적 상황과 미팅을 위한 준비를 얼마나 잘 세우고 있는가?
4. CQ-행동: 조직 구성원들은 다른 문화적 맥락에 따른 적응을 얼마나 잘 하고 있는가?

평가 방식은 양적 방법론에 의해서도 가능한데 이 때 두 가지 질문이 중요하다. 양적 방법론에 의한 어떤 종류의 조사나 평가표, 설문 목록을 사용하기 전에 항상 중요하게 고려해야만 한다:

1. 무엇을 측정하고 평가하기를 원하는가?
2. 이것을 위한 타당하고 신뢰할 수 있는 조사방법 도구가 있는가?

또 하나의 문제는 실제로 측정하고자 하는 내용과 맞지 않는 조사방법 도구를 사용하는 경우다. 가령 글로벌 역량을 측정하고자 하는데 개인의 선호도나 가치지향성을 측정하는 도구를 사용하고 있다는 말이다. 개인의 가치지향성(예: 위계적 문화 성향 혹은 평등적 문화 성향)을 파악하는 것은 자기인식의 중요한 측면이다. 이것을 파악하는 것이 주된 목적이라면 글로브 스마트(Globe Smart), 문화 선호 지표(Cultural Orientations Indicator), 컬처 위저드(Culture Wizard)와 같은 측정 도구를 활용하면 된다. 그러나 이문화적 상황에서의 업무 역량을 측정하려면 다른 측정 도구가 필요하다. 이것이 우리들이 문화지능 측정법을 개발하기 위해 애를 쓴 이유이기도 하다. 기존에 나와 있는 여러 측정도구들을 살펴본 결과 문화 간 차이에 대한 성향과 개인적 특성을 알아보는 것에 보다 초점이 맞추어져 있었다. 물론 필요한 내용이기는 하지만 우리가 측정하려는 것과는 차이가 있었다. 우리의 관심은 문화 간 차이에 대한 성향과 더불어 한 단계 더 나아가 상호문화적 역량을 측정하고 예측해 보는 것이었다.

학문적으로 신뢰할 수 있고 타당한 방법인가도 중요했다. 만약 어떤 호텔에서 당신에게 자신의 호텔이 이 도시에서 최고라고 말을 한다면 당신은 어떤 생각을 가지겠는가. 아마 호텔 관계자가 아닌 호텔을 이용한 고객이나 관계자 외의 말도 들어보고 싶을 것이다. 따라서 중요한 것은 연구를 하고 있는 자체 인력을 넘어서 외부에 있는 관련 학자들의 검토와 검증도 필요하다는 말이다. 이 점을 중요하게 여겨 문화지능에 관심을 가진 전 세계의 학자들에게도 우리의 측정법에 대해 그 타당성 여부를 검토하고 입증하는 과정을 거쳐 왔다.

문화역량과 관련하여 당신의 조직과 팀을 체크해보고 평가할 수 있는 여러 방법과 도구들이 있다. 핵심 키는 어떠한 방법과 도구로 이것을 측정하고 있는가이다.

## 학습과 개발

조직의 문화지능을 발전시키는 가장 전형적인 방법은 학습과 개발이다. 교육과 연수와 같은 방법만이 유일한 길은 아니지만 문화지능을 향상시키는 데 유용한 방법 중에 하나이다. 문화지능의 효과적인 학습을 위해서는 CQ-동기에서부터 시작하는 것이 좋다. 회사의 직원들에게 다양성과 이문화 경영 능력에 대한 교육을 하겠다고 한 자리에 모이게 했다고 해서 그들이 진심으로 흥미와 관심을 가질 것이라고 확신할 수 없다. 왜 그들이 문화지능이 필요한가에 대한 설득력 있는 사례와 내용으로 그 필요성과 중요성을 확신시킬 수 있어야 한다. 문화지능과 그들 각각의 개인적인 관심과 흥미를 이어줄 수 있는 연결점을 제시해 주어야 한다. 이제부터 문화지능 교육을 위한 몇 가지 제안을 살펴보겠다.

### 보여주며 말하기

당신의 팀이 모인 자리에서 문화지능의 강점과 필요성에 대해 개인적 차원과 조직적 차원의 이점을 모두 설명해 보자. 그리고 이러한 문화역량이 부족할 때 나타나는 손해에 대해서도 서로 의견을 나누어 보자. 8장에서 다루고 있는 실제적인 연구와 사례들도 활용해 볼 수 있다. 문화지능 그 자체에 대해서보다는 문화지능과 조직의 목표와 비전을 연관지어 이야기를 나누어 보자. 그렇게 함으로써 문화지능의 필요성에 대해 생각해 보고 동기유발과 관심을 불러일으키는 시간을 가지게 된다. 그리고 이어 지는 문화지능의 다른 세 가지 측면도 좀 더 적극적인 자세로 받아들일 수 있게 된다. 어떠한 다문화 간 상황에서도 활용이 가능한 문화지능의 네 가 지 차원에 대해 함께 학습해 보자. 문화지능이 자신의 커리어는 물론 조직 전체의 입장에서도 어떠한 이점을 가져다 줄 수 있는지 그 동기 부여로 시 작하는 것이 중요하다.

## 문화지능의 부서별 적용

문화지능에 대해 소개하는 시간이 끝났으면 그 다음은 대부분의 팀에 서 필요로 하는 바인 자신들의 구체적 상황에 어떻게 적용할 수 있는지에 대한 내용이 이어져야 한다. 판매 부서에서는 문화지능이 어떻게 자신들 의 판매 실적에 효과적으로 활용될 수 있는지를, R&D 부서에서는 높은 문화지능이 어떻게 연구와 혁신에 기여를 할 수 있을지를, 마케팅 부서에 서는 시장마다 다른 문화적 차이를 어떻게 효과적으로 대응해 갈 수 있을 지를 궁금해 할 것이다. 문화지능에 대한 전반적인 개념 위주의 포괄적인 접근법은 고위급 리더들이 큰 그림을 그리면서 거시적인 통찰을 가지는 데에 보다 도움이 된다. 그러나 각각의 특성들을 지닌 세부 부서들 입장에 서는 그런 전반적인 이해 이상으로 자신들에게 실제적으로 도움이 되는 구체적인 방법들을 원하게 된다. 조직 내부 다양한 부서의 기능에 직접적 으로 적용가능한 문화지능의 사례와 개발 방법 그리고 그에 대한 토론과 실습을 제공해 주어야 한다.

## 개인의 문화지능 개발 계획

문화지능을 조직 구성원들의 연간 개발 계획의 일부로 포함시키는 것은 어떨까. 이 책에서 제시한 전략들에 기초해 문화지능을 향상시킬 수 있는 코칭 방법을 제공할 수 있다. 그 계획이 개인과 조직이 필요로 하는 동기와 흥미에 부합한다면 더욱 좋다. 문화지능의 네 가지 차원 각각에 해당하는 구체적인 목표를 세워보도록 하는 것도 좋다. CQ-동기, 지식, 전략, 행동 네 가지의 향상 여부를 그 목표들을 가지고 확인해 볼 수 있기 때문이다. 아니면 네 가지 차원 중에서 가장 취약하다고 생각되는 차원을 선정해 일 년 동안 더 집중적으로 향상시킬 수도 있다.

많은 조직들이 문화지능을 직원들의 연간 성과지표 중 하나로 채택해 활용해 가고 있다. 직접적인 평가의 수단보다는 인적 개발 분야로 고려하는 차원이 많다. 온라인과 오프라인 양 코스를 활용해서 문화지능을 활용한 문화 간 협상 역량 개발, 효과적인 팀 개발, 특정 지역에서의 문화지능 활용방안 등을 학습하고 있다. 여기서 논의되는 내용들을 통해 다양한 문화적 맥락과 환경 안에서 어떻게 상황을 인식하고 행동해야 하는지에 대한 새로운 통찰력을 배울 수 있다.[4]

조직 내 문화지능을 개발시키고 향상시키기 위해 가장 중요한 방법이 그것을 특성에 맞게 모델링하는 것이다. 당신이 리더라면 문화지능의 전략적 장점이 가진 가치를 조직의 입장에서 입증시킬 필요가 있다. 물론 궁극적으로는 휴머니즘의 실현과 맥을 같이 한다. 리더는 문화지능의 네 가지 차원을 조직의 필요와 관점에서 구축시킬 수 있어야 한다. 실수가 가지는 학습의 중요성도 체계화 시킬 필요가 있다. 사실 문화지능이 높은 리더들은 자신의 실수를 중요한 학습으로 여긴다. 그것을 변화의 영감으로 승화시킬 줄 안다. 처음 겪는 완전히 새로운 문화와의 만남에서 실수를 하지 않는 사람은 없다. 중요한 것은 결점 없는 행위가 아니라 실수와 과오를 어떻게 자신의 것으로 받아들이고 배워가면서 끊임없이 변화해 갈 수 있는가이다. 높은 문화지능은 문화 간 경험이 긍정적이었든 부정적이었든 양쪽 모두에 주의를 기울여 발전의 도구로 삼는다.[5]

현대의 다문화 세계에서 일을 하며 살아가는 우리는 평생학습자와도 같다. 조직의 구성원들도 예외일 수 없다. 끊임없이 학습하고 배우는 과정을 통해 창조적 영감을 얻을 수 있다면 개인과 조직 모두가 활기찰 것이다. 새로운 해외 시장을 개척하면서 부딪치는 문화 간 차이로 인한 낙심을 용기로, 과오를 새로운 혁신으로 바꿀 수 있도록 돕는 것이 리더의 역할이다.[6] 새로운 문화권에서 보다 효율적인 업무수행을 위해 활용할 수 있는 문화지능의 학습과 글로벌 소통 기술의 향상은 21세기에 필요한 새로운 자질임에 틀림없다.

## 고용과 승진

당신이 속한 조직 내에서 누군가는 아주 먼 곳 그것도 문화가 전혀 다른 지역에서 온 이메일과 전화에 대답을 해야 할지 모른다. 조직의 고위급 간부라면 이와 같은 상황 전반을 위해 조직 구성원들의 문화지능 역량을 발전시켜야 한다. 물론 일상의 업무에서 문화적 배경이 다른 사람들과 더 많이 접촉을 해야 하는 사람들일수록 문화지능에 대한 이해와 향상이 더 필요할 것이다. 문화지능이 중요한 기술로 요구되는 업무로는 해외협력 담당 매니저, 해외주재원, 해외출장이 잦은 부서의 직원 등이 될 것이다.

그런데 이문화간 업무와 직접적으로 관련이 없는 부서의 사람들에게는 어떻게 문화지능의 필요성을 설명해 나갈 수 있겠는가. 해외 지사와 같은 먼 곳으로 이메일을 보내거나 전화를 거는 사람에게는 응답을 해 주는 사람이 자신이 속한 조직이나 다름없다. 강의를 듣는 학생들에게는 교수가 대학이나 마찬가지고, 치료를 받는 외국인 환자와 가족들에게는 간호사가 병원이나 마찬가지다. 당신의 팀이 다문화간 상황에서 대응하는 행동 방식이 조직 전체를 대표한다고 말할 수 있다. 업무를 전달하거나, 상품을 마케팅하거나, 비전을 공유할 때도 문화지능의 활용이 필요하다. 해외업무를 담당하는 부서는 물론 조직 내 어느 부서든 문화지능 훈련은 필요하며 그에 따른 평가와 피드백도 지속적이어야 한다.

## 인적 자원 관리

인사를 담당하는 부서는 직접적으로 문화지능과 직결된 업무를 맡고 있다. 직원을 채용하고, 업무 성과를 검토하고, 교육을 시키고, 직원을 재배치시키는 등 조직 내 다양한 인사관리를 전담하는 부서로 그 책임자는 높은 문화지능을 소유하고 있어야 한다.[7] 문화지능의 네 가지 차원 모델은 인사담당 부서의 책임자에게 문화적으로 다양한 인력풀을 최대한 존중하면서 적절한 인사정책을 펼쳐나가기 위한 일관된 모델을 제공한다. 인사를 담당하는 전문가들은 조직 구성원들을 채용하고 스크린하고 개발시키기 위한 업무를 위해서도 그렇고 구성원들 자체의 이문화간 업무 능력 향상을 위해서도 조직 내 문화지능 역량을 높여야 한다.

## 해외 인력 파견

　조직을 대표하는 자격으로 해외 출장을 다니는 직원은 본국에서만 근무하는 직원 보다 더 높은 문화지능을 지니고 있어야 한다. 해외 시장의 공급과 소비를 담당하는 프로젝트 매니저들은 자주 낯선 문화권으로 출장을 간다. 따라서 해외 업무를 담당하는 직원들에게 문화지능은 중요한 자질이 아닐 수 없다. 이러한 해외 업무를 위해 단지 전문 지식에만 밝은 사람을 배치하는 것은 한계를 가질 수밖에 없다. 외국인들과 잦은 만남을 가져야 하기 때문에 높은 자기효능감을 가져야 한다. 낮은 CQ-동기도 문제가 되기 때문에 필요하다면 업무에 대한 동기와 관심, 흥미를 높일 수 있어야 한다. 해외에서의 잘못된 의사결정 하나로 인해 회사에 막대한 손해를 끼칠 수 있다. 애틀랜타에서 최고의 엔지니어였다고 해서 두바이에 파견되어서도 최고의 엔지니어가 될 수 있다고 생각하면 큰 오산이다.

　해외 업무에 적합한 구성원들을 신중하게 선발한 후에는 파견을 위해 필요한 전문적인 훈련과 개발 프로그램을 제공해야 한다. 출국 전 급하게 진행하는 방식의 교육은 피해야 한다. 물론 파견을 위해 필요한 몇 가지 정보와 지식이 필요한 것은 맞다. 그러나 이것은 단지 첫 6개월 정도 정착을 하는 데 필요한 생존 정보 정도가 대부분이다. 너무 개념적인 이론 위주의 이문화 관련 지식의 전달일 때가 많다. 더 높은 수준의 프로그램이 필요하다. 교육을 통해 강한 동기부여에서부터 문화 간 차이에 대한 지식, 그 지식을 활용한 전략적 방법 등을 구체적 사례들과 함께 체감되고 활용 및 적용 가능한 내용이어야 한다. 보다 긴 시간적 여유를 두고 파견을 위한 체계적이고 전문적인 교육 프로그램이어야 한다.

## 문화지능 측정 인터뷰

높은 문화지능 역량을 갖춘 인사 부서의 책임자나 해외 파견 인력을 찾고 있다면 문화지능의 네 가지 측면에 대해 하나씩 체크해 보자. 문화지능 측정 테스트와 더불어 아래의 질문을 가지고 네 가지 측면을 인터뷰 방식으로 파악해 보자.

### CQ-동기

□ 다른 문화에 대해 어느 정도의 관심을 가지고 있는가?

□ 문화적 배경이 다른 동료와 함께 일을 해보고자 한 적이 있는가?

□ 다문화적 상황에 직면했을 때 자신감의 정도는 어느 정도라고 생각하는가?

### CQ-지식

□ 문화가 의사결정 과정에서 미치는 영향력에 대해 설명해 볼 수 있는가?

□ 조직 구성원들의 문화적 다양성에서 비롯된 문화적 차이들을 설명해 볼 수 있는가?

□ 다른 언어를 구사할 수 있는가? 문장이나 말에 직접적으로 들어나 있지 않은 행간의 의미를 읽어낼 수 있는가?

### CQ-전략

□ 다문화 간 미팅에서 자신을 한 발 물러서 객관적으로 인지할 수 있는가? 상대방에 대해서도 보이는 것 이외의 것들을 인지할 수 있겠는가?

□ 다문화 간 소통이나 업무를 준비할 때 어떻게 문화마다 다르게 계획

을 세워 보겠는가?

□ 다문화 간 미팅이 얼마나 성공적이고 효과적이었는지 돌아와서 다시 체크해 보는가?

CQ-행동

□ 다양한 맥락에 따라 커뮤니케이션 기술을 바꿀 수 있는가?

□ 유연한 협상 기술을 가지고 있다고 생각하는가?

□ 문화가 다른 사람들과 함께 일을 할 때 어느 정도까지 행동의 유연함을 보일 수 있는가?

## 문화지능 강화와 인센티브

조직의 다양성에 대한 포용력과 성과들을 격려하고 축하해주는 조직문화를 만들어 보자. 문화지능 역량을 발휘하여 훌륭한 성과를 낸 직원들에게는 포상을 해주는 것도 좋다. 누군가에게는 인센티브와 같은 금전적인 포상이 최고의 격려일 수 있다. 업무의 달성, 안정적인 지위 유지, 유연한 업무시간 등과 같은 여러 가지 방법으로 만족을 줄 수 있다. 한 단계 뛰어넘어 자신들과 다른 사람들을 존중하는 팀 문화를 고취시켜 보다 성숙된 사회를 만드는데 기여하고자하는 동기부여에 도전해 보면 어떨까. 자신이 몸담고 있는 조직이 훌륭한 글로벌 정신을 실천하고자 하는 비전을 가지고 구성원들을 독려한다면 어떨까.

점점 많은 수의 조직에서 원하는 직원들에게 유급으로 일주일 간 해외연수를 보내주고 있다. 직원들이 세계의 여러 나라를 경험하는 것이 당장의 비용보다는 궁극적으로 조직의 이익을 위한다고 판단한 것이다. 해외

연수를 통해 문화역량의 필요와 학습 동기를 북돋아 주고 있는 것이다.[8] LA에 있는 제조회사에서는 사하라 아래에 위치한 아프리카의 여러 지역에 수돗물을 공급하는 자원봉사 활동을 하고 있었다. 원하는 직원들에게는 일주일 간 유급으로 현지를 방문하여 함께 활동할 수 있는 기회를 주었다. 이러한 활동으로 인해 CEO와 직원 모두가 해외 원조 이상의 보답을 되돌려 받고 있다.

당신의 조직에서 가장 중요하고 밀접하게 관계 맺고 있는 지역은 어디인가. 인사 관리 부서와 함께 문화지능을 높여 보다 효과적인 업무 역량을 발휘할 수 있도록 도와주자. 고위급 관리자의 시간 당 비용은 매우 높다. 이들의 낮은 글로벌 역량으로 많은 기회를 놓친다면 그 기회비용이 얼마이겠는가. 다양성의 세계를 이끌어 갈 수 있는 CQ 리더십 역량을 통해 지속가능한 경영전략을 이끌어 가는 것은 리더의 책임일 수밖에 없다.

## 브랜드 가치

문화지능을 어떻게 조직의 비전과 가치 제안에 통합시킬 수 있는가. 모든 부서에서 문화지능을 단계적으로 높일 수 있는 전략적 계획을 세워야 한다. 다양한 관점을 활용해 현지화 전략의 강점과 기회를 높일 수 있어야 한다. 문화지능이 발휘된 조직 구성원, 생산품, 마케팅, 서비스 등의 힘으로 21세기 글로벌 조직으로서의 훌륭한 평판과 명성을 높일 수 있어야 한다. 이것을 핵심 가치의 하나로 굳건히 한다면 브랜드 가치는 당연히 높아질 것이다.

오늘날 예측이 불가능한 급변하는 세계의 흐름 속에서 살아남기 위해 끌려 다니는 조직이 아니라 이런 세계를 주도해 가는 조직이 있다고 상상해 보자. 글로벌 벤처기업의 70% 정도가 실패한다고 한다. 이러한 통계가 보여주는 냉혹한 현실을 당신의 조직은 어떻게 극복해 가면서 조직의 비전을 보여줄 것인가. 문화지능이 높은 리더와 조직은 이타성으로 인해 발생되는 비용이 궁극적으로는 더 큰 이윤을 창출한다는 사실을 실제로 경험하게 될 것이다. 이 책 전반에 걸쳐 언급된 연구 결과들을 보면 문화지능과 결합된 리더십과 조직의 변화는 계속해서 경제적 성과로 입증되고 있다. 21세에 걸맞은 리더십을 다시 세워 그 가치를 조직의 비전으로 끌어들여 실천해 가는 새로운 운동에 동참해 보자.

## 제3의 공간 전략

많은 리더들이 질문하는 것 중에 하나가 '누가 누구에게 맞추어야 하는가'의 문제이다. 중국인 매니저가 독일인 매니저를 만났다면 그 미팅을 중국 문화에 맞추어야 하는가 아니면 독일 문화에 맞추어야 하는가의 물음이다. 다른 식으로 질문을 해보면 새로운 해외 시장에서 사무실을 오픈했다면 어느 정도까지를 현지화 시켜야 하는가의 문제와도 같다.

맥도널드의 감자튀김과 셰이크는 시카고나 델리에서 그 맛의 차이가 거의 없어 보인다. 맥도널드는 전 세계 어디를 가든지 한결같아 보인다. 하지만 그 안에서도 현지인의 입맛에 맞는 전략적 접근을 하고 있다. 실제로는 셰이크의 맛이 시카고와 델리에서 약간 차이가 난다. 맥도널드의 기본 메뉴인 햄버거도 인도에서는 다르다. 소를 숭배하는 힌두교의 문화에 맞추어 제3의 접근법을 택하고 있다. 빅맥 대신에 맥베지를 인도의 맥도널드 매장에서는 중심 메뉴로 만들었다. 유연한 구조의 서비스와 상품은 조직과 팀이 제3의 대안을 찾는 데 도움을 줄 수 있다.

이제는 많은 리더와 조직들에서 모두가 본사를 그대로 따라해야 한다고 말하지 않는다. 그러나 현지의 문화에 맞게 100% 변화하는 것도 비현실적이라고 말한다. 그래서 자주 인용되던 대안이 공통분모를 찾아야 한다는 지침이었다. 이것이 틀린 생각이라고 말할 수는 없겠지만 한계점이 있는 것은 사실이다. 너무 공통분모만을 찾으려 하다 보면 개별 문화만의 독특한 가치를 경시할 수 있기 때문이다.

단순하게 공통적으로 교차하는 부분을 찾으려 하거나 어느 한쪽을 일방적으로 따르려는 방식 대신에 문화지능이 높은 팀이라면 제3의 대안적 공간을 창조할 것이다. 개인이든 조직이든 자신들의 고유한 독창적 가치를 완전히 제거한다는 의미가 아니다. 다양한 관점이 가진 최고의 강점을 버리면 안 되기 때문이다. 대안적 문화를 함께 발전시켜 융합된 퓨전형태의 새로운 방법을 모색하려는 노력을 의미한다. 이 지점이 현재 나와 동료들이 집중적으로 연구에 몰두하고 있는 분야이기도 하다. 이어서 출간하려고 하는 책의 중심 내용이기도 한데 핵심 질문들은 다음과 같다. 조직은 어떻게 제3의 공간을 창조해 실현시킬 수 있는가? 제3의 공간 전략이 어떻게 혁신을 주도해 보다 나은 솔루션을 찾아 낼 수 있을까? 그동안의 문화지능 연구에 기반해 조직의 역량을 향상시킬 수 있는 방법의 모색과도 맥락을 같이 한다.

세심한 주의를 기울이며 현재의 경향을 살펴볼 필요가 있다. 여전히 사람들은 우세하고 지배적인 문화가 결국은 모두를 위해 가장 좋은 이문화 경영의 방법이자 해결책이라고 생각하는 것 같다. 그러나 그렇게 간단하지가 않다. 또한 제3의 대안적 공간을 창조한다는 것은 많은 노력과 신중함이 요구되며 외부에서 문화지능에 정통한 변화경영 전문가들의 조언도 필요로 한다.

## 나가며

문화지능과 리더십의 관계는 시간이 갈수록 계속 그 중요성이 입증되고 있다. 글로벌 조직을 위한 최적의 정책을 만들고 올바른 전략적 선택을 하기 위해서 문화지능이 가지는 높은 강점들이 받아들여지고 있다. 당신의 조직을 글로벌 벤처의 70% 이상이 실패하고 있는 무한경쟁의 글로벌 환경에서 승률이 낮은 도박에 그냥 맡겨두어서만은 안 된다.

많은 조직의 리더들은 세계 시장에서의 지속적인 성장을 꾀할 것이다. 하지만 문화지능과 같은 높은 문화역량을 갖춘 조직 개발 전략의 실패로 대부분 원하는 조직의 모습을 만들지 못하고 있다. 문화지능과 관련된 그동안의 연구와 성과는 글로벌 경영을 위한 조직 전략과 깊게 관련된다. 당신 개인의 리더십 향상은 물론 조직 전체의 글로벌 역량을 위한 새로운 가이드임에 틀림없다. 문화지능 리더십은 전혀 다른 세계로 당신과 당신의 조직을 안내할 것이다.

## 당신은 글로벌 리더가 될 수 있는가

우리 모두는 말은 하고 있지 않지만 좋은 리더란 어떠해야 한다고 하는 각자의 생각들을 가지고 있을 것이다. 그리고 이러한 생각들의 많은 부분이 문화적 배경에 기인한다. 이는 다른 문화적 선입견처럼 리더십에 관해서도 마찬가지라는 것을 의미한다. 예를 들어, 당신이 어느 조직의 리더와 인터뷰를 한다고 가정해 보자. 그런데 그의 키가 그리 크지 않다면 어떤 생각이 들겠는가? 물론 우리들 대부분은 그게 무슨 문제인가라고 아무렇지도 않다는 듯 말할 수 있다. 그러나 미국에서 CEO가 되려면 키가 큰 것이 도움이 된다는 말을 수차례 들어볼 수 있다. 미국 남성 평균 키가 대략 175cm 정도이다. 그리고 14%가 183cm 보다 크다고 한다. 미국의 CEO들을 보면 58%가 183cm보다 크다는 통계가 있다.

멕시코 사람들은 자신들의 리더가 자애로운 사람이기를 기대하는 경향이 있다. 그리고 이것이 자신은 물론 부모와 아이들을 포함한 가족들에게까지 이어지기를 기대한다. 그러나 유럽의 많은 나라에서는 이와 같은 리더십을 윗사람 행세를 하려드는 받아주기 거북한 경우로 보기 쉽다. 많은 아프리카 사람들은 자신의 리더가 회사를 이끌어 가는 방식이 마치 부족장과도 같은 역할일 것이라고 기대한다. 물론 이와 같은 방식을 다른 문화권의 사람들은 받아들이기 어려울 수 있겠지만 말이다.

글로벌 리더십 역량은 리더 자신의 문화적 배경뿐만 아니라 조직 구성원들의 문화적 차이도 인지할 수 있어야만 한다. 사이먼이 뉴잉글랜드에 있는 대학을 경영하던 내용과 그 이전에 다른 기업들을 경영하던 경험의 차이를 상기해 보자. 점점 작아지고 있는 세계에서 글로벌 리더가 된다는 것이 의미하는 과제와 도전을 실감할 수밖에 없다. 글로벌 리더는 문화적 배경이 각기 다른 다양한 사람들을 이끌어 가야한다. 그리고 문화지능은 이를 위한 도움이 될 것이다.

문화지능은 21세기의 세계에서 누구에게나 중요한 소통의 기술이다. 삶을 위하든 일을 위하든 상관없이 말이다. 특히 다양한 해외 시장에서의 글로벌 비즈니스를 위해서는 이윤을 창출하고 그것을 지속가능하도록 만들 수 있는 리더가 필요하다. 다른 나라에서 혹은 다른 나라들과의 성공적인 군사작전을 이끌기 위해서도 그렇고, 세계의 어려운 지역을 돕고자 하는 비영리단체를 위해서도 마찬가지이다. 문화지능이 높지 않다면 다른 나라 사람들과 일을 하면서도 자신의 문화적 배경에 근거해 상황과 사람을 판단할 수 있다.[1] 그러나 문화지능은 학습하고 계발할 수 있는 것으로 누구나 높일 수 있다.

문화지능 리더십을 위해 늘 잊지 말아야 하는 몇 가지를 제안해 보면 다음과 같다.

에 필 로 그

1. 모든 리더십 스타일에 적용할 수 있다고 보는 하나의 만트라를 주의
   하라. "리더십에는 반박할 수 없는 법칙이 존재한다"는 주장은 세미나
   주제로 매우 좋아 보일 수 있다. 그러나 세계의 다양한 사람들과 일을
   할 때 현실적으로 과연 가능할까 라는 문제제기를 하지 않을 수 없다.
   예를 들어, 절대적 권위를 내세운 리더십은 피해야한다는 주장은 상
   당히 일리가 있어 보이고 많은 사람들이 동의하는 부분이다. 나 역시
   이런 스타일을 선호한다. 하지만 권력거리가 매우 높은 문화의 사람
   들과 일을 할 때 자칫 직접적 지시에 익숙한 팀원들이 혼란스러워 할
   수도 있다. 또한 이와는 다르게 권력거리가 낮은 그래서 리더와 팀원
   은 동등한 관계에 익숙한 사람들에게 지시적인 리더십 스타일은 어려
   움에 처할 수 있다.

2. 상황과 사람에 따라 리더십 스타일을 유연하게 적용시켜야 한다. 같
   은 팀 안에서도 함께 일하고 있지만 서로 간에 문화적 배경들이 다른
   경우가 많다. 그래서 어떤 차별적 요소나 혹은 비현실적 방안을 피해
   한 팀으로 함께 일할 수 있을지 고민하면서 문제들을 풀어가야 한다.
   바로 이 지점에서 문화지능이 필요하다. 주어진 공통의 과제를 각기
   다른 문화적 배경으로 인한 갈등이 아닌 화합으로 서로에게 동기를
   부여하고 온전히 완수할 수 있어야 하기 때문이다.

3. 문화지능 리더십은 모든 상황과 사람에 자신을 맞추어야 한다는 카
   멜레온식의 방식이 결코 아니다. 하지만 언제 하향식 리더십이 아닌
   수평적 리더십이 적절한지를 안다는 것을 의미한다. 언제 간접적 화

법이 아닌 직접적 화법이 마주하고 있는 구성원들에게 더 익숙한지를 안다는 것을 말한다. 물론 어느 한쪽이 틀렸다는 것이 아니라는 것 역시도 알고 있다. 우리가 문화지능을 구성하고 있는 네 개의 역량을 모두 향상시킨다면 일어날 수 있는 다양한 상황에 맞는 적절한 대응을 해낼 수 있을 것이다.

4. 자기 자신이 되어라. 그러나 창조적인 사람이 되어라. 문화지능이 높은 리더는 다양한 상황과 사람들을 만날 때 지혜로운 적응 능력을 가지고 있다. 그래서 절대 자신의 색깔을 잃지 않는 편암함도 가지고 있다. 자신이 속한 기업의 문화이든 혹은 자신의 정체성이든 상대방과 나의 두 가지 측면을 모두 존중해가며 효과적인 성과들을 만들어 간다. 절대 자신의 색깔을 잃지 않으면서 말이다. 자신이 되어라. 그러나 이것이 의미하는 바는 리더로서 자신을 드러내는 방법에 있어 새롭고 창조적이라는 뜻이다.

부록

# 열 개의 클러스터로 보는 세계문화

세계를 열 개의 거대한 클러스터로 나누어 문화적 가치에 대해 생각해 본 것이다. 5장에서 다루었던 문화 간 가치 차이가 어떻게 나타나는지 볼 수 있다. 각 클러스터마다 유사한 생각과 행동 패턴이 있다. 물론 모든 클러스터에 대한 스테레오타입을 경계해야 한다. 열 개의 그룹으로 나누어 세계를 분류한다는 것은 절대 완전할 수 없다. 그러나 강하게 나타나고 있는 문화적 특성을 파악한다는 측면에서 참조해 볼 수 있는 출발점은 될 것이다. 클러스터 내 인구가 가장 많은 국가들을 제시해 놓았다. 하지만 모든 지역에서 점점 다양성이 증가하고 있기 때문에 대부분 다중적 클러스터가 되어 가고 있는 것이 현실이다. 열 개의 클러스터는 비교문화 심리학자인 조이스 오슬랜드(Joyce Osland)와 알란 버드(Allan Bird)의 실증적인 문화 간 연구에 기초한다.[1] 그 내용을 요약해 보면 다음과 같다.

## 1. 북유럽: 덴마크, 핀란드, 아이슬란드, 노르웨이, 스웨덴

노르딕(Nordic)은 "북쪽"을 의미하고, 노르딕 클러스터는 자주 중세문

학과 역사에서도 언급되듯이 북유럽인 혹은 고대 바이킹의 땅과 사람들을 말한다. 얀테의 법(Jante Law)은 노르딕 클러스터를 이해하는데 매우 중요한 가치 중 하나이다. 이 법은 덴마크 출신 작가 악셀 산데모제(Aksel Sandemose)의 소설 속에 등장하면서 1930년대부터 널리 알려지기 시작했다. 얀테의 법에 있어 가장 중요한 원칙은 바로 '당신이 다른 사람들보다 특별하다고 생각하지 말라'이다. 이 원칙은 노르딕 클러스터 저변에 매우 강하게 깔려있는 것으로, 겸손, 평등, 합리적 의심이 핵심 내용이다. 또한 북유럽 사람들은 열심히 일하는 것보다 스마트하게 일해야 한다고 본다. 일을 하는 목적은 바로 삶을 즐기기 위함에 있기 때문이다. 일하기 위해 사는 것이 아니라 살기 위해 일한다.

## 2. 앵글로: 호주, 캐나다, 아일랜드, 뉴질랜드, 영국, 미국

앵글로 클러스터는 지리적으로 매우 넓게 퍼져있다. 거의 모든 앵글로 국가들은 개척한 땅이다. 국경 역시 바다로 이루어진 곳이 많다. 공간에 대한 욕망과 강한 독립정신이 이루어 낸 산물이다. 앵글로 문화는 그 초창기가 매우 광활한 땅에서 시작이 되었으며 이로 인해 정착하는 과정에서 이웃들과의 거리 역시도 대부분 멀었던 것이 사실이다. 그런 초기 정착문화로 인해 앵글로 사람들은 그들만의 공간을 소중히 여긴다. 앵글로 클러스터의 인구는 그 수가 상대적으로 적은 편으로 세계 인구의 대략 7%정도이다. 그러나 그 수에 비해 GDP는 40%정도를 차지하고 있다.

### 3. 게르만유럽: 오스트리아, 벨기에, 독일, 네덜란드, 게르만계 스위스

게르만 클러스터는 오랜 역사와 풍요로운 유산을 가지고 있다. 당신이 그들의 규칙과 규범 뒤에 있는 가치와 역사를 이해하지 못한다면 게르만적 행동을 잘못 해석할 수 있다. 그들을 형식에 얽매인 차가운 사람들, 심지어 신뢰하기 어려운 사람들이라고까지 여길 수 있기 때문이다. 게르만 문화는 급격한 변화에 매우 저항적이다. 다른 세대와 환경의 변화가 가치와 관습을 표현하는 방법에 영향을 미쳐왔겠지만, 질서 정연함, 직설적이고 솔직한 태도, 충성심과 같은 게르만 문화의 특성은 수세기간 이어져 왔다. 게르만 클러스터는 상대적으로 그 크기가 작다. 하지만 클러스터 내 국가들은 경제적으로 탄탄한 연대를 형성해 세계경제에 큰 영향력을 행사하고 있다. 게르만 클러스터는 또한 문화에 있어서의 영향력도 큰데 유명한 시인, 소설가, 음악가, 철학가 등이 많이 배출된 곳이기도 하다.

### 4. 동유럽: 불가리아, 체코, 에스토니아, 헝가리, 카자흐스탄, 몽고, 폴란드, 러시아, 세르비아

동유럽은 다른 클러스터보다 훨씬 더 내부적으로 다양한 지역이다. 동유럽 클러스터의 중요한 특징 중 하나는 오랫동안 계속되어 온 식민지 역사와 그 영향들이다. 정복자들은 이 클러스터 외부의 지역에서 쳐들어오거나 클러스터 내부의 여러 그룹들 중 하나였다. 소비에트, 오스만제국, 프리시아, 몽고, 타타르를 보면 알 수 있듯이 이 클러스터 내 국가들 대부분은 내부든 외부든 여러 제국의 통치 아래 놓여 있었다. 또한 식민지라는 족쇄로부터 벗어나려 노력할 필요가 없던 시기에는 대자연의 혹독함으로부터 벗어나려 노력을 하였다. 대부분의 지역이 혹독한 지형과 날씨를 가졌기 때문이다. 경우에 따라 생존을 위해 유목민적 삶의 방식이 요구되었다. 동유럽 사람들의 기질에 깊게 영향을 준 것은 바로 날씨와 지형 그리고 긴 역사적 정복전쟁의 경험들일 것이다. 이 지역을 방문한 사람들이 종종 헷갈리는 것은 그들이 차갑고 냉담해 보이기도 하면서 또 한편 매우 따뜻이 환대해 주기도 한다는 점이다. 동유럽 사람들은 자신들을 구소련인으로 간주하는 것을 싫어한다. 구소련 이전에 자신들만의 긴 역사를 가지고 있었으며 상대가 이것을 알아주길 바란다.

### 5. 라틴유럽: 프랑스, 프랑스어권 캐나다, 이탈리아, 라틴계 스위스, 포르투갈, 스페인

라틴유럽은 종종 유럽의 요람으로 불린다. 지중해 바닷가에서 시작된 유럽의 신화가 탄생한 곳이기 때문이다. 라틴유럽 클러스터의 가장 독특한 특징 중 하나는 바로 가부장적(paternalistic) 성향이다. 가부장주의가 부정적일 수 있지만 보이지 않는 긍정적 측면도 있다. 더 많은 특권과 힘과 돈을 가진 사람들은 그것들을 덜 가진 사람들을 위해 베풀고 돌보아야 하는 의무를 지녔다고 보기 때문이다. 또한 비록 라틴유럽인들 중 자신들을 종교적으로 매우 독실하다고 생각하는 사람들의 수가 적어지고는 있으나, 여전히 로마가톨릭교회의 가치와 정신은 그들의 사고와 행동에 많은 영향을 미치고 있다.

## 6. 라틴아메리카: 아르헨티나, 브라질, 칠레, 콜롬비아, 코스타리카, 에콰도르, 멕시코, 베네수엘라

라틴아메리카에서는 라틴유럽의 문화적 특성들을 볼 수 있는데 가령 가부장주의, 정부의 역할, 분명한 남녀의 역할 구분 등이 그렇다. 그런가 하면 라틴아메리카는 또한 그들만의 독특한 규범을 만들어 왔다. 부분적 이지만 라틴 유럽적 가치의 영향을 최소화하면서 말이다. 라틴아메리카 와 라틴유럽 사이의 가장 분명한 차이점은 그들의 지리적 위치와 역사일 것이다. 유럽인들이 이곳에 들어와 정착하는 동안 우리가 지금 중앙아메 리카와 남아메리카로 알고 있는 이 땅에는 원주민들이 각각의 터전에서 살아오고 있었다. 지역 사회들끼리 상업과 무역을 위해 어느 정도 연결고 리가 있었을 수는 있지만, 대부분 각각의 부족과 공동체들은 서로 분리되 어 각 지역에 독립적인 영역을 차지하고 있었다. 라틴아메리카 국가들은 모두가 아는 것처럼 스페인 정복자들에 의해 세워졌다. 언어는 물론 가족 에 대한 존중, 함께 모여 천천히 식사하는 문화, 가부장주의는 두 문화권 에 동시에 나타나는 공통된 특징이다. 그러나 라틴유럽과는 다른 라틴아 메리카만의 특징이 있는데, 보다 자유로운 정신으로 느긋하게 삶을 대하 는 낙관적 태도이다. 대부분의 라틴아메리카인들은 여전히 자신들 고유 의 강한 토착 문화와 유산들을 존중하고 있다.

## 7. 유교권 아시아: 중국, 일본, 싱가포르, 한국, 대만

유교는 때론 '이(理)의 종교'로 불리기도 했는데, 이(理)가 생각하고 행동하는 데 있어 유교의 정수를 나타내고 있기 때문이다. 이(理)는 글자그대로 해석하면 '질서 있게 정돈되어 있는 것'이다. 유교권 국가를 방문하거나 그게 아니더라도 일본 항공기나 한국 항공기를 타게 되거나 혹은 일본이나 한국의 전통 레스토랑에 가게 되면 이(理)를 경험하게 될 것이다. 이(理)는 에티켓, 관습, 매너를 의미하는데, 격식, 예의바름, 공손함, 예절 등이 이에 해당한다. 공자의 궁극적 관심은 유교에서 가장 중요한 덕목인 인(ren, 仁)을 함양하는데 있었다. 인은 내면의 조화와 평화로 이(理)의 질서를 따를 때 경험할 수 있다고 한다. 존재(being)의 상태로 종종 선(Zen)의 상태에 있는 것과 유사하게 묘사된다. 인은 왜 이(理)가 중요한지를 설명한다. 인은 평화와 조화에 관한 것으로 아시아의 유교권 문화에서 관계의 철학에 있어 핵심과도 같다. 이(理)와 인을 바탕으로 다섯 가지 기본적인 인간관계를 설정하여 인륜의 기본으로 삼았는데 이는 유교문화를 이해하는데 가장 중요한 부분이다. 이것은 유교문화권에서의 만남과 관계에 대한 상호관계성을 이해하는데 기본이 된다.

## 8. 남아시아: 인도, 인도네시아, 말레이시아, 필리핀, 태국

남아시아의 문화는 다양성 그 자체이다. 이 클러스터를 이해하기가 쉽지 않은 점은 다양성 속의 통합에 기인한다. 외부인의 눈에는 이 클러스터가 다소 혼란스러워 보일 수 있다. 하지만 이 지역의 특성 중 하나는 오랜 기간 다양한 문화들의 평화로운 관계와 공존이다. 가령 인도에서는 이슬람 사원 옆에 있는 힌두교 사원을 자주 볼 수 있다. 기독교 교회나 시크교 사원 옆에서 불교 사원도 볼 수 있다. 인구가 밀집된 지역에 다양한 형태의 종교 사원들이 함께 서 있는 것이 불안해 보일 수 있다. 그러나 남아시아 대부분의 지역에서 이런 광경들은 흔히 볼 수 있는 평화로운 모습이다. 이 클러스터에서는 상대에 대한 배려와 봉사는 성장하면서 자연스럽게 배우는 덕목 중 하나이다. 그래서 찾아오는 손님은 정성스레 대접한다. 대부분의 경우 손님이 미리 연락하지 않고 방문을 했더라도 큰 문제가 되지 않는다. 이 지역의 거의 모든 나라에서 신분과 지위에 따라 계층 간 뚜렷한 구분을 볼 수 있다. 사회 내 계층과 위치에 따른 역할에 대한 암묵적 규정이 강함을 의미한다. 체면을 중시하는 것 역시 이 지역의 중요한 특징이다. 사람들 간의 존중은 종교나 문화적 배경은 물론 사회적 지위에 따른 고려가 많다.

### 9. 사하라이남 아프리카: 가나, 케냐, 나미비아, 잠비아, 짐바브웨

아프리카에 있는 문화 대부분이 오랜 역사를 지니고 있다. 인간 문명의 탄생지가 아프리카 대륙이라는 것도 널리 받아들여지고 있다. 외지인이 아프리카 하면 떠오르는 이미지들을 보면 부족민, 노예, 부패와 같은 것들이 여전히 많다. 이와 같은 고정관념들은 물론 사실인 것들도 있지만 아프리카에 대한 왜곡된 정보에 의한 것들이 더 많다. 질병, 가난, 문맹률이 여전히 아프리카의 큰 사회 문제이지만 BBC의 여론조사에 의하면 설문에 응한 아프리카인 중 90%가 자신이 아프리카인이라는 것에 자긍심을 가지고 있으며 언젠가는 성공하고 번창하게 될 것이라고 한다. 이 클러스터에서는 지역 곳곳에 스며들어 있는 우분투의 영향을 볼 수 있다. 아프리카의 오래된 이상이 담긴 말이 있다. "우리 모두가 함께 있기 때문에 내가 있다." 시골 지역들의 고대 부족 관습이나, 대도시 내 비즈니스 관행 혹은 정치적 슬로건 등을 살펴보게 되면 사하라이남 아프리카 전역에 깔린 상호 연계성에 대한 강조를 볼 수 있다.

### 10. 아랍: 바레인, 이집트, 요르단, 쿠웨이트, 사우디아라비아, 튀니지, 아랍에미리트

아랍인이 된다는 것은 인종적인 문제보다는 문화적인 정체성이 강하다. 문화적 정체성을 정의하는 중요한 요소 중 하나가 제1언어로 아랍어를 사용하는가의 여부이다. 아랍인을 의미하는 다른 한 가지는 이 지역에서 유래된 가족 관계이다. 아랍 클러스터는 모로코에서부터 북아프리카를 지나 페르시아 만에 이른다. 이 클러스터에 속한 개개인들은 아라비아 반도에 정착했던 과거 초기 부족의 후손들이다. 아랍인이 반드시 무슬림이라는 의미는 아니다. 사실 대부분의 무슬림들은 아랍 클러스터에 살고 있지 않다. 이 지역에는 무슬림 외에도 유대인, 기독교인, 불가지론자들도 살고 있다. 그러나 의심할 여지가 없이 이 클러스터에 속한 나라들은 이슬람의 영향 아래 있다. 종교적으로 독실하지 않은 아랍인들도 이슬람식의 이상과 교의에 영향을 받고 있는데 그들을 "문화적 무슬림"이라고 말하기도 한다.

열 개의 클러스터에 대한 보다 자세한 내용은 『문화지능 CQ 월드맵 (Expand Your Borders: Discover Ten Cultural Clusters)』이라는 나의 다른 책에서 살펴볼 수 있다.(2018년 봄 한국판 출간예정)

## 각 주

### Preface

1. Soon Ang and Linn Van Dyne, "Conceptualization of Cultural Intelligence," in *Handbook of Cultural Intelligence: Theory, Measurement, and Applications,* ed. Soon Ang and Linn Van Dyne (Armonk, NY: M.E. Sharpe, 2008), 3.
2. Aimin Yan and Yadong Luo, *International Joint Ventures: Theory and Practice* (Armonk, NY: M.E. Sharpe, 2000), 32.
3. R. J. Sternberg and D. K. Detterman, *What Is Intelligence? Contemporary Viewpoints on Its Nature and Definition* (Norwood, NJ: Ablex, 1986).
4. S. Ang et al., "Cultural Intelligence: Its Measurement and Effects on Cultural Judgment and Decision-Making, Cultural Adaptation, and Task Performance," *Management and Organization Review* 3 (2007): 335–71.
5. A compilation of much of the CQ research conducted to date is reported in Soon Ang and Linn Van Dyne, eds., *Handbook of Cultural Intelligence: Theory, Measurement, and Applications* (Armonk, NY: M.E. Sharpe, 2008).

### Chapter 1: Culture Matters: Why You Need Cultural Intelligence

1. Soon Ang and Linn Van Dyne, "Conceptualization of Cultural Intelligence," in *Handbook of Cultural Intelligence: Theory, Measurement, and Applications,* ed. Soon Ang and Linn Van Dyne (Armonk, NY: M.E. Sharpe, 2008), 3.
2. Thomas Friedman, *The World Is Flat: A Brief History of the Twenty-First Century* (New York: Farrar, Straus & Giroux, 2005).
3. Economist Intelligence Unit, "CEO Briefing: Corporate Priorities for 2006 and Beyond," 2006, http://a330.g.akamai.net/7/330/25828/20060213195601/graphics.eiu.com/files/ad_pdfs/ceo_Briefing_UKTI_wp.pdf, 3.
4. Ibid., 5.
5. Ibid., 9.
6. Economist Intelligence Unit, "Competing Across Borders: How Cultural and Communication Barriers Affect Business," April 2012, http://www.economistinsights.com/countries-trade-investment/analysis/competing-across-borders.
7. Gary Ferraro, *The Cultural Dimension of International Business* (Upper Saddle River, NJ: Prentice-Hall, 2006), 2–3.
8. Economist Intelligence Unit, "CEO Briefing," 9.
9. Economist Intelligence Unit, "Competing Across Borders."
10. Economist Intelligence Unit, "CEO Briefing," 9.
11. Economist Intelligence Unit, "Competing Across Borders."

12. Douglas A. Ready, Linder A. Hill, and Jay A. Conger, "Winning the Race for Talent in Emerging Markets," *Harvard Business Review* (November 2008): 63–70.
13. Jessica R. Mesmer-Magnus and Chockalingham Viswesvaran, "Expatriate Management: A Review and Directions for Research in Expatriate Selection, Training, and Repatriation," in *Handbook of Research in International Human Resource Management*, ed. Michael Harris (Boca Raton, FL: CRC Press, 2007), 184; Linda J. Stroh et al., *International Assignments: An Integration of Strategy, Research, and Practice* (Boca Raton, FL: CRC Press, 2004).
14. Margaret Shaffer and Gloria Miller, "Cultural Intelligence: A Key Success Factor for Expatriates," in *Handbook of Cultural Intelligence: Theory, Measurement, and Applications*, ed. Soon Ang and Linn Van Dyne (Armonk, NY: M.E. Sharpe, 2008), 107, 120.
15. Bruce Brown in Jeff Dyer and Hal Gregersen, "How Procter & Gamble Keeps Its Innovation Edge," *Forbes,* April 12, 2012, http://www.forbes.com/sites/innovatorsdna/2012/04/12/how-procter-gamble-keeps-its-innovation-edge/.
16. Chris Gibbons, "The Top Team," *Acumen,* October 2013, 35.
17. Friedman, *The World Is Flat.*
18. Robert A. Kenney, Jim Blascovich, and Phillip R. Shaver, "Implicit Leadership Theories: Prototypes for New Leaders," *Basic and Applied Social Psychology* 15, no. 4 (1994): 409–37.

## Chapter 2: What Is Cultural Intelligence?

1. Cheryl Tay, Mina Westman, and Audrey Chia, "Antecedents and Consequences of Cultural Intelligence Among Short-Term Business Travelers," in *Handbook of Cultural Intelligence: Theory, Measurement, and Applications*, ed. Soon Ang and Linn Van Dyne (Armonk, NY: M.E. Sharpe, 2008), 130.
2. Linn Van Dyne et al., "Sub-dimensions of the Four Factor Model of Cultural Intelligence: Expanding the Conceptualization and Measurement of Cultural Intelligence," *Social and Personality Psychology Compass* 6 (2012): 295–313.
3. Ibid.
4. Ibid.
5. Ibid.
6. Ibid.
7. S. Ang et al., "Cultural Intelligence: Its Measurement and Effects on Cultural Judgment and Decision Making, Cultural Adaptation, and Task Performance," *Management and Organization Review* 3 (2007): 335–71.
8. Van Dyne, Ang, and Koh found convergent validity between self-reported and observer-reported cultural intelligence. See Linn Van Dyne, Soon Ang, and Christine Koh, "Development and Validation of the CQS," in *Handbook*

*of Cultural Intelligence: Theory, Measurement, and Applications*, ed. Soon Ang and Linn Van Dyne (Armonk, NY: M.E. Sharpe, 2008), 16–38.

9. David Matsumoto and Hyisung C. Hwang, "Assessing Cross-Cultural Competence: A Review of Available Tests," *Journal of Cross-Cultural Psychology* 44 (2013): 855.

10. Ibid., 867.

11. R. J. Sternberg and D. K. Detterman, eds., *What Is Intelligence? Contemporary Viewpoints on Its Nature and Definition* (Norwood, NJ: Ablex, 1986).

12. J. D. Mayer and P. Salovey, "What Is Emotional Intelligence?" in *Emotional Development and Emotional Intelligence: Educational Applications*, ed. P. Salovey and D. Sluter (New York: Basic Books, 1997), 3–31.

13. M. Janssens and T. Cappellen, "Contextualizing Cultural Intelligence: The Case of Global Managers," in *Handbook of Cultural Intelligence: Theory, Measurement, and Applications*, ed. Soon Ang and Linn Van Dyne (Armonk, NY: M.E. Sharpe, 2008), 369.

14. Soon Ang, Linn Van Dyne, and Christine Koh, "Personality Correlates of the Four-Factor Model of Cultural Intelligence," *Group & Organizational Management* 31 (2006): 100–123.

15. Van Dyne et al., "Sub-dimensions of the Four Factor Model of Cultural Intelligence."

16. Linda Fenty, personal conversation, May 1, 2008.

## Chapter 3: CQ Drive: Discover the Potential

1. Linn Van Dyne et al., "Sub-dimensions of the Four Factor Model of Cultural Intelligence: Expanding the Conceptualization and Measurement of Cultural Intelligence," *Social and Personality Psychology Compass* 6 (2012): 295–313.

2. A. Bandura, *Self-efficacy: The Exercise of Control* (New York: W. H. Freeman, 1997), 15.

3. Klaus Templer, C. Tay, and N. A. Chandrasekar, "Motivational Cultural Intelligence, Realistic Job Preview, Realistic Living Conditions Preview, and Cross-Cultural Adjustment," *Group & Organization Management* 31, no. 1 (2006): 167–68.

4. P. Christopher Earley, Soon Ang, and Joo-Seng Tan, *CQ: Developing Cultural Intelligence at Work* (Stanford, CA: Stanford Business Books, 2006), 69.

5. Cheryl Tay, Mina Westman, and Audrey Chia, "Antecedents and Consequences of Cultural Intelligence Among Short-Term Business Travelers," in *Handbook of Cultural Intelligence: Theory, Measurement, and Applications*, ed. Soon Ang and Linn Van Dyne (Armonk, NY: M.E. Sharpe, 2008), 130.

6. Earley, Ang, and Tan, *CQ*, 67–68.

7. Craig Storti, *The Art of Crossing Cultures* (Yarmouth, ME: Intercultural Press, 1990), 44.

8. W. Maddux et al., "Expanding Opportunities by Opening Your Mind: Multicultural Engagement Predicts Job Market Success Through Longitudinal Increases in Integrative Complexity," *Social Psychological and Personality Science*, December 11, 2013.

9. John Elkington, "Towards the Sustainable Corporation: Win-Win-Win Business Strategies for Sustainable Development," *California Management Review* 36, no. 2 (1994): 90–100.

10. Thich Nhat Hanh, *The Art of Power* (New York: Harper One, 2007), 68.

11. Paulo Freire, *Pedagogy of the Oppressed* (New York: Continuum, 1997).

12. Fareed Zakaria, *The Post-American World* (New York: Norton, 2008), 224.

13. Ibid., 226.

14. Henry Cloud, *Integrity: The Courage to Meet the Demands of Reality* (New York: HarperCollins, 2006), 242.

15. L. M. Shannon and T. M. Begley, "Antecedents of the Four-Factor Model of Cultural Intelligence," in *Handbook of Cultural Intelligence: Theory, Measurement, and Applications*, ed. Soon Ang and Linn Van Dyne (Armonk, NY: M.E. Sharpe, 2008), 41–54; Ibraiz Tarique and Riki Takeuchi, "Developing Cultural Intelligence: The Role of International Nonwork Experiences," in *Handbook of Cultural Intelligence: Theory, Measurement, and Applications*, ed. Soon Ang and Linn Van Dyne (Armonk, NY: M.E. Sharpe, 2008), 56.

## Chapter 4: CQ Knowledge (Part 1): Know What Differences Matter

1. Allan Hall, Tom Bawden, and Sarah Butler, "Wal-Mart Pulls Out of Germany at a Cost of $1bn," *The Times*, July 29, 2006.

2. Edgar Schein, *Organizational Culture and Leadership* (San Francisco: Jossey-Bass, 2004), 11.

3. Linn Van Dyne et al., "Sub-dimensions of the Four Factor Model of Cultural Intelligence: Expanding the Conceptualization and Measurement of Cultural Intelligence," *Social and Personality Psychology Compass* 6 (2012): 295–313.

4. C. Kluckhohn and W. H. Kelly, "The Concept of Culture," in *The Science of Man in the World Crisis*, ed. R. Linton (New York: Columbia University Press, 1945), 78–105.

5. Claudia Strauss and Naomi Quinn, *A Cognitive Theory of Cultural Meaning* (Cambridge: Cambridge University Press, 1997), 253.

6. William Rugh, "If Saddam Had Been a Fulbrighter," *Christian Science Monitor*, November 2, 1995.

7. William Kiehl, *America's Dialogue with the World* (Washington, DC: Public Diplomacy Council, 2006), 42.

8. *Baywatch*. http://en.wikipedia.org/wiki/Baywatch. Accessed August 24, 2007.

9. Gary Ferraro, *The Cultural Dimension of International Business* (Upper Saddle River, NJ: Prentice-Hall, 2006), 12.

10. S. T. Shen, M. Wooley, and S. Prior, "Towards Culture-Centered Design," *Interacting with Computers* 18 (2006): 820–52.

11. R. J. House et al., *Culture, Leadership, and Organizations: The GLOBE Study of 62 Societies* (Thousand Oaks, CA: Sage, 2004).

12. Ferraro, *The Cultural Dimension of International Business*, 48.

13. Ibid., 49.

14. R. Parkin, *Kinship: An Introduction to Basic Concepts* (Malden, MA: Blackwell, 1997), 49.

15. Kwok Leung and Soon Ang, "Culture, Organizations, and Institutions," in *Cambridge Handbook of Culture, Organizations, and Work*, ed. R. S. Bhagat and R. M. Steers (Cambridge: Cambridge University Press, 2008), 26.

16. M. Weber, *The Protestant Ethic and the Spirit of Capitalism* (New York: Charles Scribner's Sons, 1958).

17. Leung and Ang, "Culture, Organizations, and Institutions," 29.

18. A. Ong, *Spirits of Resistance and Capitalist Discipline: Factory Women in Malaysia* (Albany: State University of New York Press, 1987), 101.

19. Paul Hiebert, *Anthropological Reflections on Missiological Issues* (Grand Rapids, MI: Baker Academic, 1994), 114.

20. Ibid., 113.

## Chapter 5: CQ Knowledge (Part 2): Understand Ten Cultural Value Dimensions

1. Check out *Cultures and Organizations, Riding the Waves of Culture, From Foreign to Familiar,* and *The Silent Language* as great places to begin. The first two and others are cited throughout this chapter.

2. Geert Hofstede, Gert Jan Hofstede, and Michael Minkov, *Cultures and Organizations: Software of the Mind* (New York: McGraw-Hill, 2010), 89–134.

3. My experience closely mirrors a simulation referenced in Craig Storti, *Cross-Cultural Dialogues* (Yarmouth, ME: Intercultural Press, 1994), 64. Storti's analysis helped my own thinking about the role of hierarchy in this encounter.

4. L. Robert Kohls and John Knight, *Developing Intercultural Awareness: A Cross-Cultural Training Handbook* (Yarmouth, ME: Intercultural Press, 1994), 45.

5. Hofstede, Hofstede, and Minkov, *Cultures and Organizations*, 53–87.

6. David Livermore, "How Facebook Develops Its Global Leaders: Conversation with Bill McLawhon," *People and Strategy* 36 (2013): 24–25.

7. Hofstede, Hofstede, and Minkov, *Cultures and Organizations*, 187–233.

8. Soon Ang, personal conversation, October 26, 2005; M. J. Gelfand, L. Nishii, and J. Raver, "On the Nature and Importance of Cultural Tightness-Looseness," *Journal of Applied Psychology* 91 (2006): 1225–44.

9. Hofstede, Hofstede, and Minkov, *Cultures and Organizations*, 135–84; note that Hofstede et al. refer to this dimension as feminine versus masculine but many have moved away from using these terms lest they perpetuate gender stereotypes.

10. Ibid., 235–74.

11. Ibid.

12. Edward Hall, *The Hidden Dimension* (New York: Anchor Books, 1969), 77–95.

13. Patty Lane, *A Beginner's Guide to Crossing Cultures* (Downers Grove, IL: InterVarsity Press, 2002), 61–71.

14. Fons Trompenaars and Charles Hampden-Turner, *Riding the Waves of Culture: Understanding Diversity in Global Business* (New York: McGraw-Hill, 1997), 125–56.

15. Andres Tapia, *The Inclusion Paradox: The Obama Era and the Transformation of Global Diversity* (Chicago: Andres Tapia, 2009), 112–113.

16. Trompenaars and Hampden-Turner, *Riding the Waves of Culture*, 78–103.

17. Hall, *The Hidden Dimension*, 122–45.

18. As noted in the citations throughout this chapter, a number of scholars have contributed to the research on cultural value dimensions, including Geert Hofstede, Fons Trompenaars, and Edward Hall. My colleagues and I have benefited a great deal from this work and have also built on it by doing our own research and analysis of the ten cultural dimensions included. For more information on how to assess your individual orientation on these ten dimensions, visit www.culturalQ.com.

19. J. S. Osland and A. Bird, "Beyond Sophisticated Stereotyping: Cultural Sense Making in Context," *Academy of Management Executive* 14, no. 1 (2000): 65–80.

## Chapter 6: CQ Strategy: Don't Trust Your Gut

1. Linn Van Dyne et al., "Sub-dimensions of the Four Factor Model of Cultural Intelligence: Expanding the Conceptualization and Measurement of Cultural Intelligence," *Social and Personality Psychology Compass* 6 (2012): 295–313.

2. P. Christopher Earley and Soon Ang, *Cultural Intelligence: Individual Interactions Across Cultures* (Stanford: Stanford Business Books, 2003), 115.

3. Tom Rath, *StrengthsFinder 2.0: A New and Upgraded Edition of the Online Test from Gallup's Now, Discover Your Strengths* (Washington, DC: Gallup Press, 2007).

4. P. Christopher Earley, Soon Ang, and Joo-Seng Tan, *CQ: Developing Cultural Intelligence at Work* (Stanford, CA: Stanford University Press, 2006), 11.

5. Soon Ang and Linn Van Dyne, "Conceptualization of Cultural Intelligence," in *Handbook of Cultural Intelligence: Theory, Measurement, and Applications,* ed. Soon Ang and Linn Van Dyne (Armonk, NY: M.E. Sharpe, 2008), 5.

6. R. Brislin, R. Worthley, and B. Macnab, "Cultural Intelligence: Understanding Behaviors That Serve People's Goals," *Group and Organization Management* 31, no. 1 (February 2006): 49.

7. Six Sigma Financial Services, "Determine the Root Cause: 5 Whys," http://finance.isixsigma.com/library/content/c020610a.asp.

8. Kok Yee Ng, Linn Van Dyne, and Soon Ang, "From Experience to Experiential Learning: Cultural Intelligence as a Learning Capability for Global Leader Development," *Academy of Management Learning & Education* 8 (2009): 29.

## Chapter 7: CQ Action: Be Yourself, Sort Of

1. Edward Stewart and Milton Bennett, *American Cultural Patterns: A Cross-Cultural Perspective* (Boston: Intercultural Press, 1991), 15.

2. Linn Van Dyne et al., "Sub-dimensions of the Four Factor Model of Cultural Intelligence: Expanding the Conceptualization and Measurement of Cultural Intelligence," *Social and Personality Psychology Compass* 6 (2012): 295–313.

3. University of Phoenix is a for-profit institution that specializes in adult education with more than 100,000 students across numerous campuses.

4. Van Dyne et al., "Sub-dimensions of the Four Factor Model of Cultural Intelligence."

5. Helen Spencer-Oatey, "Rapport Management," in *Culturally Speaking,* ed. Helen Spencer-Oatey (London: Continuum Press, 2000), 236–37.

6. Adapted from Helen Spencer-Oatey's example of asking someone to wash the dishes in Spencer-Oatey, "Rapport Management," 22.

7. Originally reported in my book *Cultural Intelligence: Improving Your CQ to Engage Our Multicultural World* (Grand Rapids, MI: Baker Books, 2008), 115.

8. Peter Hays Gries and Kaiping Peng, "Culture Clash? Apologies East and West," *Journal of Contemporary China* 11 (2002): 173–78.

9. Gary Ferraro, *The Cultural Dimension of International Business* (Upper Saddle River, NJ: Prentice-Hall, 2006), 90–92.

10. David Thomas and Kerr Inkson, *Cultural Intelligence: People Skills for Global Business* (San Francisco: Berrett-Koehler, 2004), 113.

11. Ibid., 116.

12. Research findings on CQ and negotiation presented in Lynn Imai and Michele J. Gelfand, "The Culturally Intelligent Negotiator: The Impact of Cultural Intelligence (CQ) on Negotiation Sequences and Outcomes," *Organizational Behavior and Human Decision Processes* 112 (2010): 83–98; L. Imai and M. J. Gelfand, "Culturally Intelligent Negotiators: The Impact

of CQ on Intercultural Negotiation Effectiveness," *Academy of Management Best Paper Proceedings* (2007).

13. Jeswald W. Salacuse, *The Global Negotiator: Making, Managing, and Mending Deals Around the World in the Twenty-First Century* (New York: Palgrave Macmillan, 2003).
14. Ibid., 172.
15. H. Giles and P. Smith, "Accommodation Theory: Optimal Levels of Convergence," in *Language and Social Psychology*, ed. H. Giles and R. N. St. Clair (Baltimore: University Park Press, 1979), 45–63.
16. Michele J. Gelfand et al., "Differences Between Tight and Loose Cultures: A 33-Nation Study," *Science* 27 (May 2011): 1100–1104.

## Chapter 8: The ROI for Culturally Intelligent Leaders

1. S. Ang, L. Van Dyne, and T. Rockstuhl, "Cultural Intelligence: Origins, Conceptualization, Evolution, and Methodological Diversity," in *Advances in Culture and Psychology: Volume 5*, ed. M. Gelfand, C. Chiu, and Y. Y. Hong (New York: Oxford University Press, 2014, in press).
2. Soon Ang, Linn Van Dyne, and Christine Koh, "Personality Correlates of the Four-Factor Model of Cultural Intelligence," *Group & Organizational Management* 31 (2006): 100–123.
3. Efrat Shokef and Miriam Erea, "Cultural Intelligence and Global Identity in Multicultural Teams," in *Handbook of Cultural Intelligence: Theory, Measurement, and Applications*, ed. Soon Ang and Linn Van Dyne (Armonk, NY: M.E. Sharpe, 2008), 180.
4. Cheryl Tay, Mina Westman, and Audrey Chia, "Antecedents and Consequences of Cultural Intelligence Among Short-Term Business Travelers," in *Handbook of Cultural Intelligence: Theory, Measurement, and Applications*, ed. Soon Ang and Linn Van Dyne (Armonk, NY: M.E. Sharpe, 2008), 126–44; S. Ang et al., "Cultural Intelligence: Its Measurement and Effects on Cultural Judgment and Decision Making, Cultural Adaptation, and Task Performance," *Management and Organization Review* 3 (2007): 335–71; L. M. Shannon and T. M. Begley, "Antecedents of the Four-Factor Model of Cultural Intelligence," in *Handbook of Cultural Intelligence: Theory, Measurement, and Applications*, ed. Soon Ang and Linn Van Dyne (Armonk, NY: M.E. Sharpe, 2008), 41–55.
5. Tay, Westman, and Chia, "Antecedents and Consequences," 126–44.
6. Shokef and Erez, "Cultural Intelligence and Global Identity," 177–91.
7. Ang, Van Dyne, and Rockstuhl, "Cultural Intelligence: Origins, Conceptualization, Evolution, and Methodological Diversity."
8. M. Abdul Malek and P. Budhwar, "Cultural Intelligence as a Predictor of Expatriate Adjustment and Performance in Malaysia," *Journal of World Business* 48 (2013): 222–31; G. Chen et al., "When Does Intercultural

Motivation Enhance Expatriate Effectiveness? A Multilevel Investigation of the Moderating Roles of Subsidiary Support and Cultural Distance," *Academy of Management Journal* 53 (2010): 1110–30; L. Y. Lee and B. M. Sukoco, "The Effects of Cultural Intelligence on Expatriate Performance: The Moderating Effects of International Experience," *International Journal of Human Resource Management* 21 (2010): 963–81; Y. C. Lin, A. Chen, and Y. C. Song, "Does Your Intelligence Help to Survive in a Foreign Jungle? The Effects of Cultural Intelligence and Emotional Intelligence on Cross-Cultural Adjustment," *International Journal of Intercultural Relations* 36 (2012): 541–52; H. K. Moon, B. K. Choi, and J. S. Jung, "Previous International Experience, Intercultural Training, and Expatriates' Intercultural Adjustment: Effects of Cultural Intelligence and Goal Orientation," *Human Resource Development Quarterly* 23 (2012): 285–330; S. Sri Ramalu et al., "Cultural Intelligence and Expatriate Performance in Global Assignment: The Mediating Role of Adjustment," *International Journal of Business and Society* 13 (2012): 19–32; C. Ward et al., "The Convergent, Discriminant, and Incremental Validity of Scores on a Self-Report Measure of Cultural Intelligence," *Educational and Psychological Measurement* 69 (2009): 85–105; P. C. Wu and S. H. Ang, "The Impact of Expatriate Supporting Practices and Cultural Intelligence on Intercultural Adjustment and Performance of Expatriates in Singapore," *International Journal of Human Resource Management* 22 (2012): 2683–2702.

9. T. Oolders, O. S. Chernyshenko, and S. Shark, "Cultural Intelligence as a Mediator of Relationships Between Openness to Experience and Adaptive Performance," in *Handbook of Cultural Intelligence: Theory, Measurement, and Applications*, ed. S. Ang and L. Van Dyne (Armonk, NY: M.E. Sharpe, 2008), 145–58; Ang et al., "Cultural Intelligence: Its Measurement and Effects."

10. Linn Van Dyne, Soon Ang, and Christine Koh, "Development and Validation of the CQS," in *Handbook of Cultural Intelligence: Theory, Measurement, and Applications*, ed. Soon Ang and Linn Van Dyne (Armonk, NY: M.E. Sharpe, 2008), 16–38.

11. Tay, Westman, and Chia, "Antecedents and Consequences of Cultural Intelligence," 126ff.

12. Economist Intelligence Unit, "CEO Briefing: Corporate Priorities for 2006 and Beyond," 2006, http://a330.g.akamai.net/7/330/25828/20060213195601/graphics.eiu.com/files/ad_pdfs/ceo_Briefing_UKTI_wp.pdf, 14.

13. P. Christopher Earley, Soon Ang, and Joo-Seng Tan, *CQ: Developing Cultural Intelligence at Work* (Stanford, CA: Stanford Business Books, 2006), 10.

14. Ang et al., "Cultural Intelligence: Its Measurement and Effects."

15. Lynn Imai and Michele J. Gelfand, "The Culturally Intelligent Negotiator: The Impact of Cultural Intelligence (CQ) on Negotiation Sequences and

Outcomes," *Organizational Behavior and Human Decision Processes* 112 (2010): 83–98.

16. Ibid.; Roy Y. J. Chua, Michael W. Morris, and Shira Mor, "Collaborating Across Cultures: Cultural Metacognition and Affect-Based Trust in Creative Collaboration," *Organizational Behavior and Human Decision Processes* 118 (2012): 116–31.

17. Eva Cheng, personal conversation, Hong Kong, March 10, 2014.

18. Ibid.

19. K. S. Groves and A. E. Feyerherm, "Leader Cultural Intelligence in Context: Testing the Moderating Effects of Team Cultural Diversity on Leader and Team Performance," *Group & Organization Management* 36 (2011): 535–66; Ang et al., "Cultural Intelligence: Its Measurement and Effects."

20. Ang, Van Dyne, and Rockstuhl, "Cultural Intelligence: Origins, Conceptualization, Evolution, and Methodological Diversity."

21. David Livermore, "How Facebook Develops Its Global Leaders: Conversation with Bill McLawhon," *People and Strategy* 36 (2013): 24–25.

22. Ang et al., "Cultural Intelligence: Its Measurement and Effects."

23. T. Rockstuhl et al., *International Military Officer Potential: Effects of Cultural Capital on Cultural Intelligence* (Working Paper, Nanyang Business School, Singapore, 2014); T. Rockstuhl et al., *Beyond International Experience: Effects of Cultural Capital on Cultural Intelligence.* Paper presented at the Academy of Management Annual Meeting, Orlando, FL, August 2013.

24. Chua, Morris, and Mor, "Collaborating Across Cultures"; T. Rockstuhl and K. Y. Ng, "The Effects of Cultural Intelligence on Interpersonal Trust in Multicultural Teams," in *Handbook of Cultural Intelligence: Theory, Measurement, and Applications,* ed. S. Ang and L. Van Dyne (Armonk, NY: M.E. Sharpe, 2008), 206–220.

25. Daniel Pink, *To Sell Is Human: The Surprising Truth About Moving Others* (New York: Riverhead Books, 2012), 158.

26. Economist Intelligence Unit, "CEO Briefing," 14.

27. X. P. Chen, D. Liu, and R. Portnoy, "A Multilevel Investigation of Motivational Cultural Intelligence, Organizational Diversity Climate, and Cultural Sales: Evidence from U.S. Real Estate Firms," *Journal of Applied Psychology* 97 (2012): 93–106.

28. R. Nouri et al., "Taking the Bite Out of Culture: The Impact of Task Structure and Task Type on Overcoming Impediments to Cross-Cultural Team Performance," *Journal of Organizational Behavior* (in press); Chua, Morris, and Mor, "Collaborating Across Cultures."

29. Visit www.culturalQ.com for more information on the *CQ Multi-Rater Assessment.*

30. Earley, Ang, and Tan, *CQ,* 10.

31. S. K. Crotty and J. M. Brett, "Fusing Creativity: Cultural Metacognition and Teamwork in Multicultural Teams," *Negotiation and Conflict Management*

*Research* 5 (2012): 210–34; L. M. Moynihan, R. S. Peterson, and P. C. Earley, "Cultural Intelligence and the Multinational Team Experience: Does the Experience of Working in a Multinational Team Improve Cultural Intelligence?" *Research on Managing Groups and Teams* 9 (2006): 299–323; W. L. Adair, I. Hideg, and J. R. Spence, "The Culturally Intelligent Team: The Impact of Team Cultural Intelligence and Cultural Heterogeneity on Team Shared Values," *Journal of Cross-Cultural Psychology* 44 (2013): 941–62.

32. Economist Intelligence Unit, "Competing Across Borders: How Cultural and Communication Barriers Affect Business," April 2012, http://www.economistinsights.com/countries-trade-investment/analysis/competing-across-borders.

33. Rhonda Colvin, "The Cost of Expanding Overseas," *Wall Street Journal,* February 27, 2014, B6.

34. Abraham Sorock, "The Expat's Competitive Edge: Technical Skills, Cross-Cultural Knowledge, and Language Abilities Can Help Expats in China Find Positions in a Competitive Market," October 21, 2013, http://100kstrong.org/2013/11/01/china-business-review-the-expats-competitive-edge/.

35. Brian Carroll, "China Daily USA, Apco Worldwide Examine Experiences Facing Chinese Enterprises Doing Business in United States: Joint Study Identifies Key Factors for Success," February 25, 2013, http://www.apcoworldwide.com/content/news/press_releases2013/china_daily_research0225.aspx.

36. K. Kim, B. L. Kirkman, and G. Chen, "Cultural Intelligence and International Assignment Effectiveness," in *Handbook of Cultural Intelligence: Theory, Measurement, and Applications,* ed. S. Ang and L. Van Dyne (Armonk, NY: M.E. Sharpe, 2008), 71–90; Ramalu et al., "Cultural Intelligence and Expatriate Performance in Global Assignment"; S. Sri Ramalu, F. M. Shamsudin, and C. Subramaniam, "The Mediating Effect of Cultural Intelligence on the Relationship Between Openness Personality and Job Performance Among Expatriates on International Assignments," *International Business Management* 6 (2012): 601–10.

37. Earley, Ang, and Tan, *CQ,* 10.

38. Soon Ang and Andrew C. Inkpen, "Cultural Intelligence and Offshore Outsourcing Success: A Framework of Firm-Level Intercultural Capability," *Decision Sciences* 39, no. 3 (2008): 346.

39. Ang, Van Dyne, and Rockstuhl, "Cultural Intelligence: Origins, Conceptualization, Evolution, and Methodological Diversity."

## Chapter 9: Developing a Culturally Intelligent Team

1. Soon Ang and Andrew C. Inkpen, "Cultural Intelligence and Offshore Outsourcing Success: A Framework of Firm-Level Intercultural Capability," *Decision Sciences* 39, no. 3 (2008): 343–44; M. A. Carpenter, W. G. Sanders,

and H. B. Gregersen, "Bundling Human Capital with Organizational Context: The Impact of International Assignment Experience on Multinational Firm Performance and CEO Pay," *Academy Management Journal* 44, no. 3 (2001): 493–511.

2. Jeffrey Liker, *The Toyota Way: 14 Management Principles from the World's Greatest Manufacturer* (New York: McGraw-Hill, 2004), 228–30.

3. Ang and Inkpen, "Cultural Intelligence and Offshore Outsourcing Success," 346.

4. Maddy Janssens and Tineke Cappellen, "Contextualizing Cultural Intelligence: The Case of Global Managers," in *Handbook of Cultural Intelligence: Theory, Measurement, and Applications,* ed. Soon Ang and Linn Van Dyne (Armonk, NY: M.E. Sharpe, 2008), 369.

5. P. Christopher Earley, Soon Ang, and Joo-Seng Tan, *CQ: Developing Cultural Intelligence at Work* (Stanford, CA: Stanford Business Books, 2006), 29.

6. Michael Goh, Julie M. Koch, and Sandra Sanger, "Cultural Intelligence in Counseling Psychology," in *Handbook of Cultural Intelligence: Theory, Measurement, and Applications,* ed. Soon Ang and Linn Van Dyne (Armonk, NY: M.E. Sharpe, 2008), 264.

7. Margaret Shaffer and Gloria Miller, "Cultural Intelligence: A Key Success Factor for Expatriates," in *Handbook of Cultural Intelligence: Theory, Measurement, and Applications,* ed. Soon Ang and Linn Van Dyne (Armonk, NY: M.E. Sharpe, 2008), 107ff.

8. Cheryl Tay, Mina Westman, and Audrey Chia, "Antecedents and Consequences of Cultural Intelligence Among Short-Term Business Travelers," in *Handbook of Cultural Intelligence: Theory, Measurement, and Applications,* ed. Soon Ang and Linn Van Dyne (Armonk, NY: M.E. Sharpe, 2008), 130.

## Epilogue

1. Edgar Schein, *Organizational Culture and Leadership* (San Francisco: Jossey-Bass, 2004), 23.

## Appendix 1: Ten Cultural Clusters

1. Simcha Ronen and Oded Shenkar, "Clustering Countries on Attitudinal Dimensions: A Review and Synthesis," *Academy of Management Review* 10, no. 3 (July 1985): 435-442.

# 문화지능 CQ 리더십

2017년 12월 07일 1판 1쇄 **인쇄**
2017년 12월 13일 1판 1쇄 **펴냄**

**지은이** 데이비드 리버모어
**옮긴이** 홍종열
**펴낸이** 구모니카
**마케팅** 신진섭
**디자인** 김해연
**펴낸곳** 꿈꿀권리
**등록** 제7-292호 2005년 1월 13일
**주소** 경기도 고양시 일산서구 고양대로 255번길 45, 903-1503
**전화** 02-323-4610
**팩스** 0303-3130-4610
**E-mail** nikaoh@hanmail.net

**ISBN** 979-11-87153-14-6  03300